国宝迷踪 Ⅱ

NATIONAL TREASURE
MYSTERIES II

傅小凡 著

文物出版社

图书在版编目（ＣＩＰ）数据

国宝迷踪．Ⅱ／傅小凡著．－－北京：文物出版社，2019.1

ISBN 978-7-5010-5847-1

Ⅰ．①国… Ⅱ．①傅… Ⅲ．①文物－考古－中国－通俗读物 Ⅳ．①K87-49

中国版本图书馆CIP数据核字(2018)第267999号

国宝迷踪Ⅱ

著　　者：傅小凡

选题策划：刘铁巍
责任编辑：张朔婷
责任校对：安艳娇
责任印制：张　丽
封面设计：林大可

出版发行：文物出版社
社　　址：北京市东直门内北小街2号楼
网　　址：http://www.wenwu.com
邮　　箱：web@wenwu.com
经　　销：新华书店
制版印刷：天津图文方嘉印刷有限公司
开　　本：710mm×1000mm　1/16
字　　数：234千字　　图幅数：151幅
印　　张：18.5
版　　次：2019年1月第1版
印　　次：2019年1月第1次印刷
印　　数：1-10000册
书　　号：ISBN 978-7-5010-5847-1
定　　价：68.00元

本书版权独家所有，非经授权，不得复制翻印

序

《国宝迷踪》第二部，在结构上与《国宝迷踪》第一部完全一样，通过一组中华民族的国宝，展现我们悠久的历史和灿烂的文化。其实，两本书本来就是一体的，只是因为制作和播出的周期，才使《国宝迷踪》分成了两个部分展现给广大读者和观众。

可是，我在创作和录制《国宝迷踪》第二部时，与录制《国宝迷踪》第一部时的心情和体会却有很大的不同。其实，创作和录制第一部的过程就已经偏离了我的初衷。我本想要通过一组国宝，连缀出一部中华文明史，可是这个愿望却落空了。这主要由于《百家讲坛》是学术研究成果走向大众的平台，虽然要求一定的学术品位，但毕竟面对着不同层次的观众，必须尽力做到通俗易懂。现在电视传播面对巨大的收视压力，因此电视台方面考虑收视率是无可厚非的。所以，整个《国宝迷踪》的框架就不能完全根据中华文明史的时间顺序来安排，否则在讲先秦时期的国宝时，就会集中讲述青铜器；在讲晋代国宝时，就会集中介绍书法；在讲宋代的国宝时，就会集中展示绘画。这样的节目播出节奏，观众一定会感到重复和单调。考虑到节目内容的多样性，就必须考虑播出时的节奏，创作和录制的内容也就必须让各类国宝穿插并行，让青铜器、书法、绘画、瓷器等不同种类的国宝交替出现，那么，时间的顺序就必须服从节目播出的节奏，因此，中华文明史的线索就不可避免地被打乱了。虽然不免有些遗憾，但是，如果读者和观众喜欢这样的形式，这就是对我最大的安慰。

在创作和录制《国宝迷踪》第二部时，还有一个令我非常纠结的问题，就是"国宝"与"迷踪"之间的冲突。这种冲突首先表现为所讲述的国宝的入选标准。这个标准的确立，取决于我讲述国宝的重点是偏重于国宝本身，还是偏重于国宝的迷踪。如果纯粹讲国宝不考虑种种迷踪，会直接影响收视率，也很难与《国宝档案》有所区别。一些国宝虽然意义重大，可是它本身没有谜，就只能忍痛割爱，比如，红山文化遗址出土的"中华第一龙"，仰韶文化的代表作品"人面鱼纹"陶盆等。所以入选的国宝必须既无比珍贵、意义重大，又重重谜团、引人入胜。因此，两部《国宝迷踪》中所讲述的所有国宝基本同时符合这两个条件。

然而，我在讲述这些国宝的时候，又面对新的两难困境。以我个人的兴趣而言，我喜欢讲述国宝本身，国宝的科技含量、制作技巧、审美意义和文化价值。可是，这样讲学术性太强，很可能会影响收视率。我必须详细述说国宝背后的迷踪。

有些国宝本身就有谜，比如，《越王剑之谜》，明明是越王的宝剑，为什么会出现在距离越国千里之外、几百年之后楚国贵族的墓葬里？有的国宝的背景故事本身就引人关注，比如《东方微笑之谜》背后西魏文皇后悲惨的命运。可是，另外很大一部分国宝之谜往往与中华民族的苦难历程纠缠在一起。比如，《敦煌卷子之谜》，讲敦煌经卷如何被发现，如何被盗卖，又如何流失海外。比如，《北京人头盖骨之谜》，侵略者的无耻和贪婪，让我们祖先的骨殖一直下落不明。回忆和讲述这段历史，我内心感受着极其苦痛的煎熬。当看到"鬼谷子下山图罐"出现在海外文物拍卖市场时，当听到日本人说，"敦煌在中国，敦煌学在日本"时，我不是扼腕叹息，而是心头滴血！一部中华国宝的流失史，就是近代中华民族的苦难史，这需要何其坚硬的心肠才会直面我民族悲惨历史的点点滴滴！可以说，在整个《国宝迷踪》的创作和录制过程中，我始终承受着心灵的煎熬，近乎是一种精神自虐！值得欣慰的是，我把这段民族的苦难历史，通过中华瑰宝讲述给读者和观众，让他们在欣赏国宝的同时，永远记住这段民族的屈辱历史，让这样的历史不再重演。如此一来，无论多么难熬都值得了。

目 录

001 / 第 1 讲　越王剑之谜

013 / 第 2 讲　神秘的石鼓

027 / 第 3 讲　《听琴图》之谜

041 / 第 4 讲　李斯碑之谜

055 / 第 5 讲　和氏璧与传国玉玺之谜

067 / 第 6 讲　《清明上河图》之谜

085 / 第 7 讲　海内三宝之谜

099 / 第 8 讲　《永乐大典》之谜

111 / 第 9 讲　《富春山居图》之谜

127 / 第 10 讲　蔡侯申铜方壶之谜

139 / 第 11 讲　《鹊华秋色图》之谜

153 / 第 12 讲　《姨母帖》之谜

167 / 第 13 讲 "东方微笑"之谜

183 / 第 14 讲　曾侯乙编钟之谜

197 / 第 15 讲　元青花之谜

211 / 第 16 讲　金缕玉衣之谜

223 / 第 17 讲　《苦笋帖》之谜

235 / 第 18 讲　"马踏飞燕"之谜

247 / 第 19 讲　《洛神赋图》之谜

261 / 第 20 讲　素纱襌衣之谜

273 / 第 21 讲　敦煌卷子之谜

第 1 讲

越王剑之谜

湖北省博物馆展厅内，陈列着一柄春秋时期的青铜宝剑，整体长55.7厘米，剑柄长8.4厘米，剑宽4.6厘米，重875克。剑柄底部外翻呈圆箍形，圆箍内铸有11道同心圆，剑格正面镶嵌蓝色玻璃，反面镶嵌绿松石。剑身上刻着8个鸟篆体铭文，很难辨认。宝剑身上清晰可见规则的黑色菱形暗格花纹，制作极其精美。据专家考证，这柄宝剑从制作到今天至少2500年，在地下埋藏了至少2400年，可是，在它出土的时候，竟然一丝锈迹也没有，黑暗中闪着幽幽蓝光，锋利无比。面对这柄宝剑，人们不禁会产生一连串的疑问：宝剑的主人是谁？2500年以前中国古代先民是如何打造出如此精美的宝剑的？宝剑上的花纹是怎么刻上去的？2500多年过去了，这柄宝剑为什么不生锈，难道那个时候的中国人已经掌握金属的防锈技术了？为了解答这一系列的疑问，我们还是从宝剑的出土说起。

　　1965年12月，湖北省江陵地区开始兴修水利工程，改善这一带的灌溉条件。可是，水利工程刚刚开始不久，却突然停了下来，这是为什么呢？因为，当其中的一条灌溉渠开挖到纪南城西北大约七公里的地方时，人们发现这里的土质比较疏松，显然此处曾经被人挖开之后又填埋了。纪南城曾经是楚国首都郢都所在地。说起郢都，可是一座大名鼎鼎的历史名城，当年著名诗人屈原自沉汨罗江，就是因为秦军攻破了郢都。虽然，楚国人经常迁都，首都迁到哪儿，就称哪里为郢都，曾被称为郢都的地方很多。不过，现在纪南城附近的郢都，作为楚国的首都至少存续了二百年。虽然有专家坚决反对纪南城曾为郢都的推论，但是，面对疏松的熟土填埋层，人们立刻意识到，这一带的地下很可能有古墓，开挖水渠的工程只好暂时停了下来。考古专家们闻讯赶来，经过仔细勘测之后发现，地下果然有古代墓葬，而且不只一座，是一个墓葬群。就这样，这一带的水利工程修建就被古代墓葬发掘取代了。

　　发现古代墓葬群的地方叫望山，地处春秋战国时期的楚国境内，因此，第一个发掘的古墓就被称作"望山一号楚墓"。经过几天的发掘，望山一号楚墓出土了近400件随葬品，其中包括青铜器、漆器和玉器等等。专家通过这些随葬品的数量和质量，确认这座古墓的主人很有可能是楚威王时期或者楚怀王前期的贵族，并且与楚国王室有密切的关系。楚威王时期和楚怀王前期，年代大约在公元前340年至公元前300年之间，这是中国古代的战国时期，距今大约有2400年。这个结论太令人兴奋了，既然发现的是战国时期楚国王公贵族的墓葬，里面一定会有更多的宝物。工作人员的热情一下子高涨起来。

可是，望山一带地下水位很高，土质又比较松软，很容易崩塌，再加上严冬季节，经常有雨加雪天气，工地陷入一片泥泞，发掘工作非常困难。然而，这些困难根本挡不住考古工作人员的热情，他们废寝忘食地工作，心中都抱有强烈的期待，这座战国时期的古墓中，一定会有稀世珍宝。

几天之后的一个傍晚，望山一号楚墓的墓坑终于清理完毕，一个巨大的棺椁完整地呈现在考古人员面前，大家渴望已久的开棺时间终于到了。几位工作人员小心翼翼地开启棺椁，周围的人们屏住呼吸，等待惊人的发现。当棺椁的盖被缓缓地打开时，人们的目光一下子就被墓主人尸骨旁的一柄古剑吸引住了。当考古人员小心翼翼地将这把古剑从剑鞘中抽出来时，只见一道寒光闪过，在场的人都被震惊了。

此剑制作得十分精美，剑柄以丝线缠缚，剑柄底部外翻呈圆箍形，圆箍内铸有

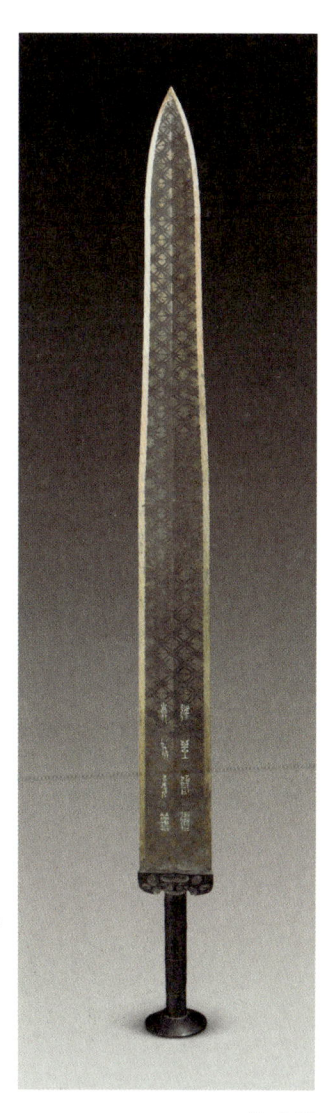

越王剑

11道同心圆，同心圆之间的间隔只有0.2毫米。在剑格也就是剑柄与剑刃的相接处，正反两面都镶有装饰物，正面是蓝色玻璃，反面是绿松石，真是精美绝伦。正是由于这样的装饰，使得此剑在黑暗中也能够发出幽幽的寒光，毫无疑问，这是一件国宝级的文物。墓葬中发现宝剑的消息，让整个发掘工地沸腾了。

当人们兴奋过后，一个疑问马上产生了，这座古墓的主人是谁呢？他怎么会拥有如此精美的宝剑呢？从墓中出土的竹简显示，墓主人名"滑"。据专家考证，这位墓主人很可能是楚怀王时期的大贵族邵滑。既然墓主人是邵滑，那么墓葬中的这柄宝剑就一定也是他的了。

可是，当人们再仔细观察这把宝剑的时候却发现，靠近剑格的地方有两行八个字的鸟篆铭文。这种古文字史称"鸟虫文"，是篆书的一种变体，按照现代的说法叫"美术字"，也就是经过美化的篆体，可是现代人解读起来十分困难。现场专家毕竟经验丰富，很快就辨识出其中的六个字，它们是："越王"、"自作"、"用剑"，意思是，某某越王专门给自己打造的宝剑，显然这把剑属于某个越王。

越王勾践剑剑格正面

这就奇怪了，宝剑的主人不是墓主人，却是一位越王。那么，这位越王究竟是谁呢？可惜，表明越王名字的两个鸟篆文，专家们看不懂。因此破解这两个鸟篆铭文就显得非常关键了，因为它们是宝剑主人的名字。只有准确地破解了这两个字，人们才能够解开宝剑主人之谜。可是，在场专家从未见过这两个鸟篆铭文。怎么办？

越王勾践剑剑柄

为了解开宝剑主人之谜，考古学家方壮猷教授受命主持宝剑的研究工作。方壮猷是湖南湘潭人，时任湖北省文物管理委员会副主任，长期从事民族史和宋辽金元史的研究。虽然方教授擅长古代文献的考证和诠释，对于这两个鸟篆铭文，他也显得力不从心了，只好请教全国其他同行专家，大家一起来辨认。

鸟篆铭文

当时采集图像和信息交流的方式非常落后，方教授和工作小组的专家们只能先对剑身铭文作临摹、拓片和拍照，然后，将这些材料分别寄给十几位全国著名的考古学家、古文字学家及历史学家，让他们帮助辨识这两个鸟篆铭文。

很快，方教授收到了故宫博物院研究员唐兰先生的来信，他辨识出代表越王名字的两个字是"鸠浅"。也就是说，唐兰先生认为，这把宝剑的主人名叫鸠浅。可是，春秋战国时期的越王，前后一共出现了11位，他们分别是允常、勾践、鹿郢、不寿、朱勾、翳、诸咎、错枝、之侯、无颛、无疆，其中并没有叫鸠浅的人啊！

唐先生进一步判定："鸠浅"就是"勾践"。这下大家更糊涂了，因为，勾践是大名鼎鼎的越王，可是他什么时候变成鸠浅的呢？唐先生解释说："勾践"这两个字其实是"鸠浅"的通假字。所谓"通假字"，就是古人写的错别字。也就是说，这位越王本来叫鸠浅，不知道什么时候被某个古人写成勾践，从此以讹传讹，将错就错，最终鸠浅就变成了勾践。

各地专家经过多次书信往来的交流，最后形成一致意见，同意唐兰先生的看法：鸠浅就是勾践。至此，这把宝剑的主人之谜终于破解了，他就是勾践，从此这把宝剑被称作"越王勾践剑"。

可是，当宝剑主人之谜解开之后，人们不禁要问：越国地处浙江省一带，与地处湖北省江陵地区的楚国相隔几千里，这么远的距离，越王的宝剑怎么会出现在楚国的墓葬中呢？更令人不解的是，越王勾践是春秋时期人，楚国贵族邵滑属于战国时期人，两个人在时间上相距一百多年；那么，原来属于越王勾践的宝剑，怎么会葬在楚国贵族邵滑的墓中呢？为了解开这个谜，就得先说说这位本来名叫鸠浅，后来被错写成勾践的越王了。

说起越王勾践，这可是一位赫赫有名的人物。公元前496年，越国第一代国王允常去世，其子勾践即位。可是，勾践刚刚继位不久，吴王阖闾趁越国举行国丧之际，发兵攻打越国。吴越两国在今浙江嘉兴西南一带，爆发了一场大战。从战争的性质上看，吴国是侵略，越国是保家卫国。因此，吴王阖闾虽然信心满满，以为必胜无疑，可是，没想到不但吃了败仗，而且自己还中箭受了重伤。年事已高的吴王阖闾，回到国内之后不久就咽了气。按理说，这是咎由自取。

然而，阖闾临死时却对儿子夫差说："不要忘了为我报仇！"阖闾死后，夫差即位。夫差为了记住父亲的嘱咐，叫人经常提醒他。每当他经过宫门时，宫门的卫士们就扯着嗓子喊："夫差！你忘了越王杀你父亲的仇了吗？"夫差立刻泪流满面地回答："不敢忘啊！"可是，这仇不能光在嘴里喊，得用实际行动去报啊！所以，为了报杀父之仇，夫差让大臣伍子胥和伯嚭操练兵马，准备攻打越国。经过两年多的精心准备，吴王夫差亲自率领大军攻打越国。

面对来势汹汹的吴国大军，越国大夫范蠡对勾践说："吴国练兵快三年了。这回决心报仇，来势凶猛。咱们最好坚守城池，不与他们交战。"可是，勾践却不同意范蠡的正确主张，执意带着部队跟吴国大军决战。两国军队经过一番惨烈的战斗，越国军队被打败了。越王勾践带着五千多残兵败将逃到会稽，被吴国军队团团包围。面对这种情况，勾践惭愧地对范蠡说："我真后悔没听你的话，现在落到这步田地，该怎么办呢？"

范蠡说："只能向吴王求和了。"勾践只好派文种到吴国大营面见吴王，转告自己求和的请愿，并且承诺，只要吴王答应和平，越王夫妻情愿为吴王当奴婢。文种在夫差面前转达了勾践求和的意愿。吴王夫差本来想答应勾践的请求，可是身边的大臣伍子胥却坚决反对，吴王夫差只好拒绝了越王勾践的请求。

就在越国君臣一时不知如何是好的时候，文种也不知道通过什么途径，打听到吴王夫差的宠臣伯嚭特别贪财好色，于是就把一批美女和珍宝送给伯嚭，请伯嚭在吴王夫差面前说说好话，接受越王勾践求和的请求。收受了越国贿赂的伯嚭，立刻劝吴王夫差接受越王勾践的请求。吴王夫差听从了伯嚭的劝告，不顾伍子胥的反对，接受了越王勾践的求和。但是，要求勾践必须履行承诺，夫妻二人到吴国给吴王夫差当奴婢。

勾践只好把国家大事托付给文种，自己带着夫人和范蠡来到吴国。夫差让他们夫妇俩住在阖闾坟墓旁边的一间石屋里每天忏悔，让勾践给他喂马，勾践夫人当婢女，范蠡做奴仆。君臣三人在吴国过了三年极其屈辱的生活，终于骗取了吴王夫差的信任。三年之后，吴王夫差不顾伍子胥的坚决反对，将勾践夫妻和大臣范蠡放回越国。这可真叫"放虎归山"啊！

越王勾践回到自己国家之后，决心雪耻，于是开始了各方面的准备工作。其中有一项重要的任务，就是打造最锋利的宝剑。在当时的历史条件下，锋利的宝剑是最先进的武器。其实打造最先进武器的工作，早在勾践的父亲，第一代越王允常时期就已经开始着手了。据《越绝书·外传记宝剑》记载："越王允常，命欧冶子铸剑。"

欧冶子是当时著名的铸剑工匠，他奉越王之命，来到福建、浙江一带的名山大川，到处寻找适合铸剑的地方。当他来到湛卢山（今福建松溪县）时，只见山上树林茂密，矿藏丰富，山泉清冽，特别适宜铸剑、淬剑，于是，欧冶子就在湛卢山搭建茅舍，开始铸剑。

由于欧冶子掌握了当时最先进的锡铜合金技术，因此他打造的宝剑在当时是最锋利的。经过三年的艰苦努力，欧冶子终于打造出五柄宝剑，它们分别是：湛卢、纯钧、胜邪、鱼肠和巨阙，其中的湛卢号称天下第一剑。据说此剑削铁如泥，迎风断发，举世无可匹敌。勾践得到这五把剑，如获至宝。有人提出用两个乡的土地，一千匹骏马和二千户的都城换其中的一把剑，勾践坚决不肯。

勾践为什么如此珍惜他手中的宝剑呢？因为，在勾践看来这是战争取胜的关键因素。正如《管子·参患》中记载的春秋时期著名的政治家管仲所说："故一器成，往夫具，而天下无战心。"意思是，有一种武器达到最高水平，再有敢于出征的战士，则天下没人敢与你交战。所以，勾践手中的先进武器，怎么可能轻易转让给别人呢？

那么，战国楚墓中发现的这柄越王勾践剑，是不是欧冶子打造的那五柄宝剑中的一柄呢？据有关专家分析，湖北江陵楚墓出土的这把越王勾践剑与古籍上记载的天下第一剑十分神似，很可能就是当初欧冶子为越王铸造的宝剑之一。显然，欧冶子铸造宝剑的故事，并非空穴来风，望山一号楚墓出土的越王剑就是证明。

在当年的发掘现场，一位工作人员兴奋地抢上前，要仔细观看这柄宝剑，结果不小心手臂碰在了剑刃上，立刻被划破了一道口子，鲜血顺着手臂淌了下来。埋在地下几千年的宝剑真的有这么锋利吗？人们不相信，于是有人拿来二十几张纸叠在一起，想验证一下此剑到底有多锋利，结果剑锋划过，纸被轻松地划为两叠。

人们不禁大感不解，这柄打造于2400年前的青铜剑，为什么会如此锋利呢？冶金和金属专家对此剑的制作工艺进行了各种方式的测试和研究。研究结果让专家们大吃一惊。数据显示，这把宝剑的青铜合金主要是由铜、锡以及少量的铝、铁、镍、硫等元素组成的，每种元素在合金中所占的数量有着严格的配比。

更令人惊叹的是，虽然是同一把宝剑，可是剑的不同部位却有着不同金属配比。比如，剑脊含铜较多，能使剑韧性好，不易折断，而剑刃部分含锡高，硬度大，使剑非常锋利。这说明此剑分两次浇铸而成，这种工艺叫复合金属工艺，用这种工艺制造的宝剑，被称作复合剑。复合金属工艺在世界上许多国家都是近代才开始出现的，而越王勾践剑证明，中国早在2400多年前的春秋时期就已经掌握了这项技术，着实令人叹为观止。

还有更令人感到奇妙的，就是这柄宝剑身上布满了规则的黑色菱形暗格花纹。人们一直在想方设法找到这种在金属器具上打造花纹的技术。

开始人们认为是铸造工艺，在模具上刻制格子花纹，然后铸造在剑身上。可是，这种方法无法解释花纹处与剑身合金成分不一致的问题。后来，有专家做了这样的试验，将不同成分的金属粉末和成涂料，在剑身上绘制花纹，然后在高温中煅烧，这些不同成分的金属粉末与剑身的青铜合金发生化学反应，冷却之后就形成了现在依然清晰可辨的黑色暗格花纹。我们不禁为祖先精湛的技艺拍案叫绝！

这种剑身和剑刃硬度完全不同的宝剑，刚柔并济，是古代青铜剑的巅峰之作。因此有人认为，越王勾践正是凭借这些制作精良的兵器，最终打败了吴国。可是，我通过仔细观察这柄越王勾践剑，却发现了问题。此剑整体长 55.7 厘米，剑柄长 8.4 厘米，剑宽 4.6 厘米，重 875 克。这样规格的青铜剑，根本不像是进攻用的兵器。再说，用来搏杀的剑，在接近剑格处有一段用来招架的钝面，可是，这柄越王勾践剑整体都非常轻薄而且锋利，如何招架得了敌人沉重的戈矛的打击？

其实，虽然西周时期就出现了青铜剑，作为近战刺杀和劈砍的兵器。可是，到了春秋战国时期，宝剑已经转化为贵族身上的装饰，佩剑成为一种礼仪，剑成为权力、身份和等级的象征。古代君王、贵族、将领生前死后都喜欢身佩宝剑，这正是楚国墓葬中发现宝剑的重要原因。因此，可以得出这样的结论，这柄越王剑是勾践的佩剑，是越王权力的象征，充其量是用来防身的。

靠几柄锋利的宝剑，就能够打败吴国，是根本不可能的。因为真正决定战争胜负的因素，是人不是物。况且，勾践为了骗取吴王信任，还将手中五柄宝剑中的三柄送给吴王，这岂不是将胜利的希望拱手让给了敌人？那么，越国最终战胜吴国的原

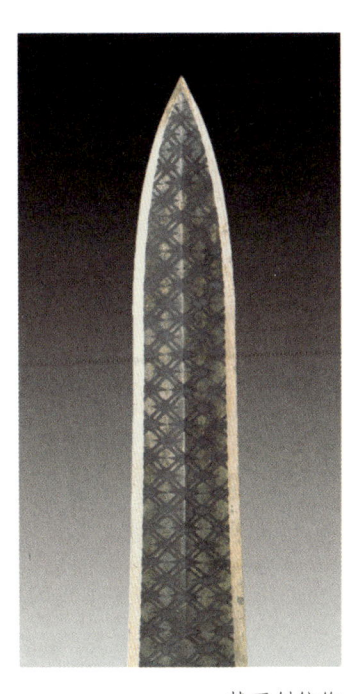

越王剑纹饰

因究竟是什么呢？具体分析起来，大致有如下几点：

首先，领导人的意志和决心。勾践回到越国后，立志报仇雪耻。为了激励自己，勾践在吃饭的地方挂一个苦胆，吃饭前必须先舔一下苦胆，然后问自己："你忘了会稽的耻辱吗？"他每天晚上睡在草铺上，以提醒自己不忘报仇雪耻。这就是后世传诵千年的勾践"卧薪尝胆"的故事。

其次，越国百姓的支持。为了争取百姓的支持，勾践决心先使越国富强起来，那就必须发展生产。为达此目的，勾践身穿粗布衣服，顿顿吃粗粮，和百姓一起耕田播种。勾践的夫人带领妇女养蚕织布，鼓励生产。在全国老百姓的支持和努力之下，越国很快强大起来。

再次，巧妙运用谋略。勾践采用大臣文种的建议，贿赂吴王，麻痹对方；收购吴国粮食，使其粮库空虚；赠送木料，引诱吴王修建宫殿，以耗费吴国的人力物力；散布谣言，离间吴国君臣，杀害伍子胥；施用美人计，消磨夫差精力，让他不问政事。

最后，果断地抓住战机。公元前482年，夫差去黄池会盟，越王乘机偷袭吴国成功，吴国只好求和。后来越国再次起兵，灭掉吴国，夫差自杀身亡。从此，勾践卧薪尝胆，励精图治，最终雪耻灭吴的故事一直在中华大地上流传，可以说是家喻户晓。

可是，有人却考证出越王勾践"卧薪尝胆"的故事是虚构的，吴国灭亡另有原因。甚至怀疑勾践是否真的是越王剑的主人。他们的理由如下：

第一，人不可能睡在薪上。从字面上看，卧薪就是睡在草铺上。可是，此处的"薪"虽然是草字头，却不是草，而是圆木劈成的柴，所以卧薪不是睡在草铺上，而是睡在木柴上。一个细皮嫩肉的越王，怎么可能每天睡在木柴上呢？

第二，胆是尝不出苦的。卧薪尝胆的故事告诉我们，勾践将动物的胆悬挂起来，每天用舌头舔。这种传说的内容缺乏生活常识。因为，能够悬挂的只能是动物的胆囊，而胆囊不苦，苦的是胆囊中的胆汁。

第三，史料中没有记载。通过翻阅春秋战国时期的史料，找不到任何关于勾践卧薪尝胆的事迹。无论是《左传》还是《国语》，虽然都记载了吴越两国之间的争斗，却没有关于勾践卧薪尝胆的叙述。

第四，对史料的误读。虽然，司马迁在《史记》中根据民间传说记载了勾践"尝胆"的故事，却没有"卧薪"的情节。那么这"卧薪"又是哪来的呢？据《吴越春秋》记载：越王勾践归国后，励精图治，日夜操劳，"目卧则攻之以蓼薪"。意思是，困得睁不开眼睛时，用苦菜刺激一下。可是，后人却将"目卧则攻之以蓼薪"，简化为"卧薪"，并误解为睡在草铺上。

第五，卧薪尝胆纯属艺术虚构。"卧薪尝胆"一语最早出现在北宋文学家苏轼的《拟孙权答曹操书》一文中。苏轼为孙权虚拟了一篇书信写给曹操，苏轼在信中发挥想象，说孙权"卧薪尝胆"，显然，卧薪尝胆，是苏轼的艺术想象，纯属子虚乌有，与勾践根本没有任何关系。

虽然通过以上考证，否认了勾践曾经"卧薪尝胆"，却并不能因此否认越王剑是勾践的宝剑。虽然"卧薪尝胆"是经过加工之后的艺术形象，但这并不影响越王勾践雪耻复国的精神意义。再加上，剑上有"越王鸠浅（勾践）自制用剑"的鸟篆铭文，它足以证明这柄宝剑的确曾经为越王勾践拥有，越王勾践是此剑当之无愧的主人！

可是，这柄属于越王勾践的"王者之剑"，为什么会出现在湖北江陵楚国贵族邵滑的墓葬中呢？墓主人邵滑既然不是宝剑的主人，他是如何拥有了这柄越王宝剑的呢？对于这个问题，目前学界有两种解释：

第一种解释，越王宝剑是陪葬品。根据史书和出土竹简记载，楚越之间的关系自越王允常时期就很亲密，两国曾经是盟友。楚昭王还曾经娶越王勾践的女儿为妃，生下了楚惠王。因此，勾践很有可能将这柄珍贵的王者之剑，作为女儿出嫁时的陪嫁品。所以，正是越王的女儿将父亲的宝剑带到了楚国。楚王后来又把这柄剑赐给了邵滑。邵滑死后，这柄剑就葬于墓中。可是，我认为这种说法很难成立。既然是王者之剑，是越王权力的象征，它自然是无价之宝。有人曾经提出用两个乡的土地，一千匹骏马和二千户的都城与之交换，勾践都不肯，他怎么可能将此宝剑当作嫁妆，拱手送人呢？

因此，我更倾向于第二种解释，越王宝剑是战利品。根据《史记·甘茂列传》记载，邵滑是楚国灭越国的大功臣。楚怀王在位时，邵滑曾经被派到越国，大搞离间活动，诱使越国内乱，楚怀王乘乱灭掉了越国。因此楚怀王把从越国缴获的战利品，越王勾践剑赏赐给邵滑，而邵滑死后便将这把驰名天下的宝剑作为殉葬品，以炫耀他生前的功绩。

无论这两种说法哪一种更符合历史的真实，宝剑的主人是勾践却是无可置疑的。这柄宝剑问世迄今至少 2500 年，埋在地下至少也有 2400 年了。可是，它在出土的时候，一丝锈迹也没有，光洁如新，寒气逼人，锋利无比。难道说，2500 多年前的中国人就已经掌握了现代科技也很难实现的加工手段和防锈技术了吗？

这似乎不太可能。那么，深埋地下 2400 余年的青铜剑为什么没有生锈呢？这引起了有关专家的注意。经过专家们研究之后得出结论，越王剑之所以埋藏千年而不锈，大致有如下几个原因：

第一，含铜量高。首先，通过合金分析后得知勾践剑的含铜量约为 80%~83%。铜是一种不活泼的金属，在日常条件下一般不容易生锈。

第二，密封好。望山一号楚墓深埋在数米深的地下，一椁两棺，层层相套，而椁室四周和底部都用致密性非常好的白色黏土填充。此墓坑上部是夯实的填土，使墓室几乎成了密闭的空间，基本上隔绝了墓室与外界之间的空气交换。在这种完全隔绝了氧气的条件下，即使在中性或微酸性的水中，钢铁都不会生锈。

第三，水封环境。望山一号楚墓所在地的地下水位相对比较高，墓室曾经长期被地下水浸泡，这使得墓室内空气的含量更少了。再加上地下水的酸碱性很弱，剑身就更不容易生锈了。所以，越王勾践剑不生锈并不神秘。

虽然，越王勾践剑历经 2400 年不生锈的原因已经解开，但是，这并不影响这柄宝剑的意义和价值。美国科学家曾经感慨：通过越王勾践剑，我们感到惊奇，中国古代青铜器为什么做得这么好？好得我们现在都做不出来！这对中国人的民族自信和文化自信也是一种肯定与鼓励。

第 2 讲

神秘的石鼓

在故宫博物院的石鼓馆，珍藏着十枚花岗岩材质的石头，它们高二尺，直径一尺多，每个重约一吨。因其形状上细下粗，顶部微圆，很像鼓，因此被称为"石鼓"。由于最初发现于陕西凤翔陈仓山，因此人们又称它们为"陈仓石鼓"。在每一枚石鼓上，都刻着一篇四言诗，字体既不是大篆，又不是小篆，人们只好称之为"石鼓文"。石鼓文记载着春秋时期一段鲜为人知的历史故事。这十枚石鼓是公元627年发现的，那是大唐贞观时期，距今已经1300多年了。由于石鼓长年被遗弃在野外，因此严重风化剥落，字迹模糊且残缺不全。面对这些石鼓，人们不禁产生了一系列的疑问：是谁制作了这些石鼓？石鼓文究竟表现的是什么人的故事？在石鼓被发现之后的1300多年里，它们为什么长期被遗弃在野外，它们都经历了哪些磨难呢？为了解答这些谜团，我们还得从石鼓经历的最惊险的一幕说起。

1937年卢沟桥事变爆发，日本侵略者开始全面侵华。存放在南京的一些国宝陆续向西南地区转移。一天，在湖南省酉阳一个叫"高坎子"的地方，十几辆卡车组成的车队在一个大下坡的山路上，艰难而缓慢地行驶着。突然，几架日本鬼子的轰炸机向车队俯冲下来。打头的司机为了躲避敌机扫射，一脚踩住油门，车子立刻加速，顺着山路往下冲。可是，刚刚拐过一个弯道，又突然发现一辆汽车迎面开了过来，司机向右猛打方向盘，结果撞到了山坡上，他又急忙将方向盘向左打，汽车失去了平衡向路边冲去，下面就是万丈深渊。司机和坐在副驾驶位子上押车的宪兵立刻跳车逃生。车子在路边翻倒，随即又打了一个滚，掉下了山涧。整个车队停了下来，人们纷纷下车，向山涧里望去，只见掉进山涧的汽车摔成一堆废铁。车上装的可是国宝啊，为了避免损坏，所有国宝都经过精心包装，然后用木箱封装，整个搬运过程人们极其小心地轻抬轻放。现在，汽车都摔碎了，国宝自然被毁，望着汽车残骸，人们彻底绝望了。

就在这个时候，有人突然高喊：快看啊！国宝还在！当众人顺着声音回头看时，发现装着国宝的箱子并没有和汽车一起滚下山，而是掉出车箱落到路边。人们立刻打开箱子检查，发现箱子虽然有些破损，可是箱子里的国宝却完好无损。大家一定会不相信，既然是国宝怎么可能摔不坏呢？原来，每个箱子里装的是一枚大约一吨重的石鼓，大家一见国宝安然无恙，心中的石头落了地，有人感慨道："这国宝有灵性，自然是摔不坏了。"那么，这些其貌不扬的石头真的有灵性吗？它们又是什么样的国宝呢？这还得从一千多年前，发现这些石鼓的大唐贞观年间说起。

石鼓之一

　　唐贞观元年，即公元627年的一天，在陈仓（即今天陕西省宝鸡市）的荒郊野地里，有人发现了十枚像坐墩一样奇怪的石头。十枚石头好像从一个模子里刻出来似的，大小相差不多，圆中带方，下大上小，中间部分略微突起，其外形就像一面鼓。这些既像坐墩又像鼓的石头，在这荒郊野地里也不知待了多少年，几乎被黄土掩埋了。这古朴浑厚的石墩，乍看起来，的确其貌不扬。发现者将石墩上的泥土清除掉之后，惊奇地看到，石墩的表面光滑，显然经过人工精心打磨。更令发现者吃惊的是，表面光滑的石墩上，居然刻着文字，而且十个石墩无一例外！可是发现者根本看不懂这文字。难道这些石墩是从天上掉下来的？这文字是天书不成？于是，当地的政府官员就称这十枚石墩为"天赐奇石"。天赐奇石的消息不胫而走，远近的文人墨客们闻讯赶来，观看这奇异的石头。这荒郊野地一时间人流不息非常热闹。文人墨客根据石墩发现的地点，给这些石墩起了个名字叫"陈仓十碣"。"碣"的意思就是刻有文字的石头。

　　自从这"十碣"被发现之后，不断有诗人为它们吟诗作词。在这些

石鼓之二

诗歌中,要属韩愈的《石鼓歌》最有名。韩愈的诗中有这样一句:"张生手持石鼓文,劝我试作石鼓歌。"显然,当时已经有人对石墩上的文字作了拓片。从此,"十碣"就被称为"石鼓",石鼓上的文字被称作"石鼓文"。

唐代学者经过认真研究之后发现,每一面石鼓上刻着的并不是什么天书,而是一首四言诗。十枚石鼓,总共十首诗。这十首诗是一个整体,分别记述了某位君主的巡游、狩猎和祭祀的全过程。人们根据每枚石鼓文诗句的第一句,给每个石鼓起了一个名字,它们分别是:汧沔、霝雨、而师、吾水、车工、銮车、田车、马荐、吴人和乍原。

石鼓文的内容解读出来之后,人们不禁要问:这些石鼓是什么时代制作的呢?人们纷纷结合史料分析石鼓文中出现的这位君主的身份,可是,意见却并不一致。唐代诗人韦应物认为这位君主是周文王;唐代大臣李吉甫和书法家张怀瓘都认为石鼓文中出现的君主是周宣王。韩愈接受了李吉甫和张怀瓘的观点,认为石鼓是周宣王时期的作品。

说起周宣王,算得上是西周时期一位比较有作为的君主。他姓姬名静,西周第十一代天子。周宣王担任周天子之初,政治上任用一帮贤臣辅佐朝政;军事上借助诸侯之力,讨伐猃狁、西戎、淮夷、徐国和楚国,使西周的国力得到恢复,史称"宣王中兴"。因此,这十枚石鼓很有可能是周宣王为了夸赞自己的功绩而制作。如果这个结论成立,那么,这十枚石鼓就是周宣王时代的作品,距今已经有2800多年的历史了。

然而又有人对这种观点提出了反驳。理由有三:

第一，时间太早。众所周知，开凿、打磨、镌刻花岗岩是需要钢制工具的。2800年前的西周时期，中国还处于青铜器时代。因此，这十枚石鼓不太可能是周宣王时代的作品。

第二，地点不对。虽然周天子经常出外狩猎，可是，周天子仅在河南荥阳一带狩猎，并没有在石鼓出土地陈仓出现过，况且史料也没有记载周宣王有过巡游狩猎之举。

第三，字体不符。从字体上看，周宣王时期使用大篆，而石鼓文与大篆体有非常鲜明的区别，显然不是周宣王时期的文字。因此石鼓文中描述的君主不太可能是周宣王，那么，石鼓也就不太可能是周宣王时期制作的。

虽然，石鼓制作于周宣王时期的结论被否定了，但是，石鼓文字体独特的风格为石鼓的制作年代提供了线索。石鼓文每个字约二寸见方，既不像西周金文那么随意豪放，也不像秦朝小篆那么规范纤细。那么，石鼓文究竟属于什么字体呢？金石家们翻阅了所有的书籍、档案，也没有找到类似的字体。最终他们认定，石鼓上的

大篆（西周青铜兵器上的铭文）

文字，属于我国文字演进史上缺失的一环，它是从大篆到小篆演化的中间环节。也就是说，石鼓文比西周的大篆晚，比秦朝的小篆早。因此，可以得出结论，石鼓文不会晚于秦一统天下的公元前221年。也就是说，这些石鼓文，距今至少有2300多年的历史了。即使距离发现它的大唐贞观元年，也将近一千年了。

由此可见，石鼓文的意义非常重大，的确是货真价实的国宝。因为，它是迄今为止发现的最早的石刻文字。能够在坚硬的花岗岩上刻字，说明中国人已经掌握了炼钢工艺，毕竟无论是铁工具还是青铜工具，都不可能在花岗岩上凿字。因此，石鼓文无论对于研究中国古代文化还是研究中国古代文字，都是无价之宝。

可是，当时的人们并没有认识到这一点。当他们知道这石鼓不是天赐奇石之后，兴趣大减，后来再也没有人问津这些石鼓了。唯独文学家韩愈，四处奔走呼号，向朝廷上疏，希望政府能够重视和保护这十枚石鼓。韩愈有着强烈的使命感和责任感。在他生活的时代，中华文化受到佛教的强烈冲击，整个中国几乎成了佛教国家。韩愈首提"中华道统"说，就是为了对抗佛教的冲击，保持中华文化的传统。因此，当韩

石鼓文拓片

小篆（《峄山碑》拓本局部）

愈看到周朝时期的石鼓文，自然会格外地珍惜。可是，当时的朝廷并没有采纳他的建议。这是为什么呢？一个主要原因是，当时的统治者宠信佛教。他们不惜花费大量的人力物力和财力迎接佛骨，却让这十枚石鼓，这代表一个重要时代的中华文化的国宝，一直在荒郊野地里忍受着风雨的侵蚀。

直到几年之后，才有一位名叫郑余庆的国子监祭酒，将石鼓移到凤翔的孔庙。唐代的国子监是朝廷主管教育的部门，祭酒是这个部门的负责人。显然，郑余庆与韩愈一样，是一位有使命感和责任感的学者和官员。文化的传承与生命的延续不同，它不是自然现象，需要传承者具有强烈的文化自觉；文化传承与财产继承更是不同，它是超功利的，需要传承者付出财力、精力甚至生命。中华历史上如果没有无数个像韩愈、郑余庆这样的学者，我们的许多国宝就不可能保存到今天。

就这样，石鼓终于有了遮风避雨的安身之地。可是，此时距离发现石鼓的时间已经过去了二百多年。在这段时间里，不但石鼓上的文字剥落了很多，而且十枚石鼓只剩下了九枚，其中一枚名叫"乍原"的石鼓不知去向。将近一吨重的石鼓自己不会飞，一定是被某个人据为己有了。

更大的灾难还在后头。九十年之后，大唐王朝崩溃了，各地军阀割据一方，中国进入五代十国的分裂和动荡时期。不但中华大地生灵涂炭，而且文化出现了巨大的断层。关中地区更是饱受战争摧残，存放在凤翔孔庙中的九枚石鼓在战火中不知被什么人盗走，从此下落不明。

公元960年，大宋王朝建立，经过分裂战乱的五代十国之后，华夏大地终于再次统一。大宋王朝不仅统一了疆土，也担负着恢复中华文明的历史责任，在这一点上，宋朝的皇帝的确非常有建树。中华文明在宋代得到了发扬光大，文化建设取得了辉煌的成就。正是在这样的大背景下，丢失的石鼓再度引起人们的关注。

有一天，宋代第四位皇帝仁宗赵祯，看到唐代诗人韩愈的《石鼓歌》之后，立刻要求有关部门将这些石鼓收藏。可是，得到的回答却是，这十枚石鼓早已经在战乱中销声匿迹！仁宗皇帝下达圣旨，凡属大宋王朝管辖的区域内,所有地方官吏立即行动起来,想方设法寻找遗失的十枚石鼓。能够找到石鼓者,必有重赏。

几年之后,凤翔知府司马池经过多方探查和各地走访,终于找到了丢失的石鼓。说起司马池大家也许不知道,可是,说起司马光就无人不知,无人不晓了,而司马池就是司马光的父亲。美中不足的是,被司马池找到的石鼓,还是当初丢失的九枚,那枚早在唐朝时期就下落不明的"乍原",依然不见踪影。

司马池下决心一定要把下落不明的第十枚石鼓找回来,为皇帝献上一个"十全十美"的礼物。于是,他进一步深入研读相关的文字档案,加派人手,四处打探。人们也许会感到不解,为什么非要把十枚石鼓都找齐,反正模样都差不多,缺一个有什么要紧呢?这是因为,每枚石鼓上镌刻着一首四言诗,描写一个特定的场景,十枚石鼓是一个整体,构成一幅君主出巡、狩猎和祭祀的完整画面。这就像集邮一样,一套十张,缺了一张,整套的价值会大打折扣。因此,十枚石鼓,一个也不能少。

时间一天天地过去了,但那第十枚石鼓,始终杳无音讯。司马池心想,石鼓早在唐朝时就已不知去向了,这说明它也许已经不存在了。既然这

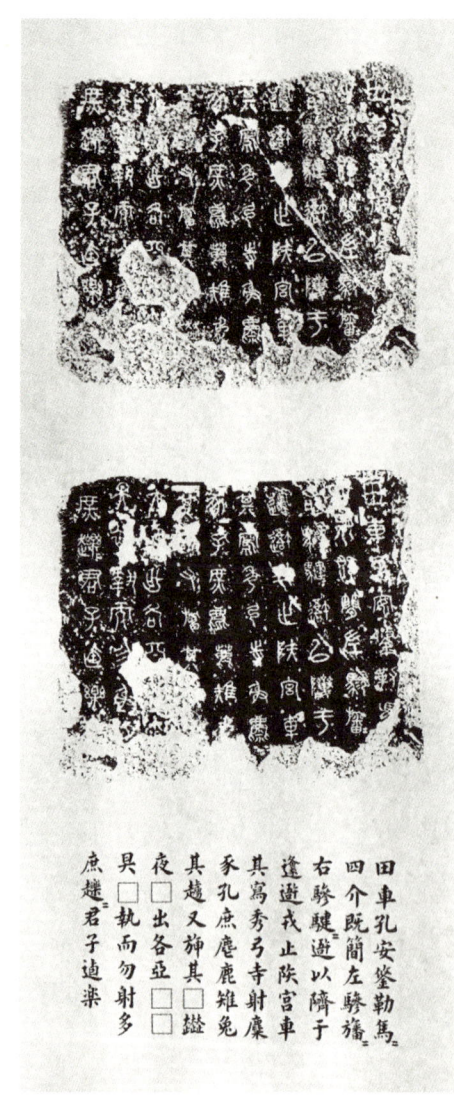

"田车"石鼓拓片

么多年没人见过它，那为什么不重新仿制一枚"乍原"石鼓呢？一想到这儿，司马池来了精神，立刻找来石匠、书法家，按照现有的九个石鼓，依葫芦画瓢地制造了一个赝品。可是，满朝文武之中，有许多研究金石学的饱学之士。因此，伪造的石鼓，很快就被精通金石之学的大臣识别出来，奏了司马池一个欺君之罪。

由于司马池毕竟找到了九枚石鼓，仁宗皇帝并没有治司马池的罪。可是，对缺少一个石鼓，皇帝依然感到遗憾。几年之后，仁宗皇帝再次过问遗失的"乍原"石鼓。满朝文武又一次行动起来。经过一段时间寻找，"乍原"石鼓依然毫无音讯，甚至连一点线索也没有。大家一致认为，毕竟已经过去几百年了，这枚石鼓估计再也找不回来了。

仁宗皇帝不甘心，他再次下旨，命令朝廷张榜悬赏，寻找遗失多年的"乍原"石鼓。这个时候，一位名叫向传师的金石专家，在研究石鼓拓本的时候，发现了"乍原"石鼓的拓片，而这些拓本是太氏制作。这个线索让向传师大喜过望，他立刻决定寻找这位姓太的人。他既然能够制作"乍原"的拓本，就一定知道"乍原"的下落，找到他就一定能够找到"乍原"。

经过多方探查，向传师终于得知太氏远居关中。关中就是陕西渭河流域一带，那里正是最初发现石鼓和乍原石鼓丢失的地方。显然丢失的石鼓离它被发现之地并不远。向传师立刻出发，一路风餐露宿、马不停蹄，直奔关中而来。

向传师终于抵达了太氏住的村庄，他立刻打听太氏家的住处。可是，得到的回答却让向传师大吃一惊。太氏一家在半年前全部死于一场瘟疫。官府为了防止瘟疫传染和蔓延，把太氏家的房子、财产全部烧得一干二净。听到这个消息之后，向传师并没有绝望，因为他心里很清楚，石鼓是由石头做的，一般的火烧不毁它。

向传师来到太氏家的遗址，希望能在废墟中发现一些线索。遗憾的是，他在废墟里搜寻了很久，什么也没有发现。向传师不甘心，决定在这个村子里住下来，继续寻找石鼓的线索。

向传师投宿的人家是一家屠户。第二天一大早,他被屠夫的磨刀声吵醒了。向传师穿好衣服,准备出门继续打探石鼓的下落。可是,当他走出房门的时候,却被眼前的情景惊呆了。只见那屠夫磨刀的石头,正是人们多少年来一直朝思暮想,四处找寻而未得的"乍原"石鼓!

可是,令人非常痛心的是,这枚石鼓已经面目全非,上端被削去一块,顶部中心又被挖出一个坑,做成舂米的石臼。石鼓上的四言诗句,整整被切去了一行。向传师为了获得这枚石鼓,给这位屠夫打了一个月的工,用这枚石鼓当工钱;也有人说,向传师立刻给凤翔知府写了一封信,凤翔知府收到信之后,马上派人把向传师和石鼓一起接到了凤翔府。总之,这枚石鼓终于在失踪了二百多年之后,被朝廷收藏了。

此时是北宋皇祐四年,即公元1052年,丢失了二百多年的十枚石鼓历经磨难,终于再次聚在一起,真是可喜可贺。喜庆之余,又令人担忧。为什么呢?因为,最初发现石鼓的时候,上面可以分辨的文字有700多个。可是,四百多年之后,十枚石鼓再次团聚时,上面的文字只剩不到500个了。

半个世纪之后,到了宋徽宗时代。徽宗皇帝下令将石鼓移送汴梁,此时石鼓上完整的文字,仅剩432个了。为了更好地保护石鼓上的文字,宋徽宗下令将石鼓上镌刻的字用金子填满,目的是阻止人们继续在石鼓上拓片,客观上减少了石鼓的人为磨损和自然氧化,起到了一定的保护作用。并且使本来其貌不扬的石鼓,变得金碧辉煌。可见,这位艺术家皇帝为了保护文化遗产,真是不惜血本啊!

可是,到了靖康二年,北宋灭亡了。这一年的四月初一,金兵押着徽宗、钦宗父子,以及皇子、后妃和宫女等四百多人,还有无数掠夺来的金银财宝返回金国。在这些财富中,就包括这十

"乍原"石鼓

北京国子监

枚石鼓。

本来,这十枚石鼓在文化落后的金国贵族眼里,根本不是财富。可是,宋徽宗在石鼓文中填注了金子,金国人为了金子运走了石鼓。石鼓被金人运到燕京,也就是今天的北京之后,剔去石鼓文里的黄金,然后将石鼓随便丢弃在京城郊外的荒野中。在剔除黄金的过程中,石鼓文再次遭到摧残,字数不但减少,而且字迹更加模糊。

时间一晃又过去了将近200年,一个名叫虞集的翰林待制,就是皇帝的顾问,偶然在荒郊野外发现了这十枚石鼓。虞集学识渊博,是当时著名的理学家,他当然知道石鼓的价值,立刻上奏元仁宗,请求对石鼓加以保护。

元仁宗是元帝国第四代皇帝,在位期间利用儒家思想加强自己的统治,对汉族知识分子也比较重视,因此采纳了虞集的建议,立刻派人将这十枚石鼓从淤泥中挖出,然后运往北京城国子监内保存。从此,这十枚石鼓在北京国子监度过了600多年的平安岁月。

在这600多年里,中华大地经历了几度王朝更替和残酷的战争摧残。比如,元末民族起义,明末农民战争,满族入主中原,晚清列强烧杀抢掠,民国初年军阀混战。在这些动荡和战乱中,存放在国子监的石鼓始终平静安全。也许是因为石鼓其貌不扬,一般人不知道它的珍贵价值。可是,这样的平静安全最终还是被打破了。

1931年日本挑起"九一八"事变,不久占领了整个东三省。1933年1月3日,日军攻入山海关。6天之后,故宫博物院召开理事会,正式决定自1月31日起,将国宝分批迁往上海。

藏于国子监的石鼓随第四批故宫文物一起运往上海。到了上海,石鼓被安置在天主堂街仁济医院库房的最下层。3年后,故宫博物院南京分院成立,石鼓迁往南京,暂时有了安身之所。

可是,1937年卢沟桥事变爆发。存放在南京的国宝陆续向西南地区转移。这十枚石鼓也被装上一辆卡车,向西南转移。当转移国宝的车队走到湖南省酉阳附近24公里处时,为躲避日本鬼子的飞机轰炸,运载石鼓的卡车掉进了万丈深渊,摔成一堆残骸。可是这些石鼓却并没有随卡车一起掉进深渊,这是为什么呢?

因为石鼓很重,不需要用绳子捆扎在车上。车子一翻,在车底朝天的时候,将装石鼓的箱子扣在了路旁。所以,卡车翻到山涧里,十个箱子却安然地留在路旁,不过这些箱子还是受到不同程度的损毁。

工作人员立刻拆箱检查,打开箱子的整个过程,在场的所有人都把心提到了嗓子眼。可是最终发现,石鼓竟然毫发无损!大家松了一口气。工作人员不敢懈怠,一口气将十个箱子都打开查看,结果所有石鼓都完好无损!

不少人对此甚为好奇,甚至有人说:"古物有灵,炸不烂,摔不坏。"其实,经历这么剧烈的震荡,石鼓仍然能够安然无恙,其中的秘密在于装箱的方法。说起来石鼓并非易碎品,可是几千年来长期裸露在野外,风吹日晒,石鼓外表的抛光层不断剥落,而且有些石鼓的皮已经与鼓身分离,敲起来"嘭嘭"作响。如果在长途搬运过程中,石鼓的表皮都剥落了,那么石鼓将毫无价值。

怎么办？如何才能够保证这十枚石鼓在搬运过程中不受损毁呢？故宫博物院的专家经过反复考虑，终于想出一个办法。他们用浸湿的"高丽纸"，一种朝鲜产的书画用纸，覆在石鼓面有字的地方，再用棉花轻轻地按，让纸与石鼓表面完全贴紧，尤其是有字的凹陷处。为什么选择用高丽纸呢？因为这种纸的纤维绵长而且牢固，按进字口时不会断裂，湿的时候按进去，干了之后就固定在那里，等于把石鼓上的字，贴紧在石身上了。

高丽纸

将石鼓用高丽纸贴好之后，再包上两层棉被，在棉被的外面用绳子紧紧捆绑。最后再把捆绑好的石鼓放在用厚木板制成的大箱子里面，石鼓的周边再用稻草塞紧，箱外再包上铁皮条。事实证明，这个办法是成功的，历经多次惊险，石鼓始终没有受到新的损伤。

抗战胜利后，石鼓终于迁回南京。1949年，国民党政府败逃台湾，并将大部分故宫收藏珍品运到台湾。本来也想将十枚石鼓运走，或许是嫌石鼓太笨重，就将它们丢在了南京。新中国成立之后，石鼓踏上重归北京的路途，最终回到自己的新家故宫博物院，成为故宫博物院的镇院之宝。

1950年石鼓回到故宫博物院之后，终于得到了真正的保护和认真的研究。但是，2000多年过去了，十枚石鼓经历了太多的风风雨雨，损毁相当严重。今天的人们，已经无法知道这十枚石鼓最初的样子。可是，就在这个时候有人却对这石鼓的价值提出质疑，认为石鼓根本不可能产生于2300多年前的先秦时期，它们实际上是某个时期古人制作的赝品。

古人会造假，这是历史事实，可是，造假都是为了利益。那么，古人假造十枚石鼓的目的是什么呢？石鼓被发现时就已经有损毁，根据损毁程度推测，即使造假也得在发现石鼓的一百多年之前。这是南北朝时期，陕西关中地区在北方游牧民族统治之下。如果这个时候，有人要造假，那么这个人首先得造十个石墩，然后再编十个古代君主的故事，用和《诗经》一样古老的文体，将这些故事记载下来，最后再写成不是大篆，也不是小篆的创造性的字体。那么，这个人的文化水平，该有多高啊，简直就是一位文化大师。水平如此高的大师级人物，他造假的动机是什么？因此，我认为造假的可能性完全可以排除。

既然否定了造假的可能，那么这十枚石鼓究竟是什么时代制作的呢？经过多年的争论，现在的观点逐渐趋于一致，石鼓文描述的巡猎的主人公不是周天子，而是某位秦公。那么，究竟是哪位秦公呢？说法居然有十几种之多。虽然意见不能统一，但是石鼓文是秦国的作品，已经是学界的共识。至于，究竟是哪一位秦公，在哪一个时间点制作，似乎也没有必要过度纠缠。

因为，石鼓和石鼓文自身包含的信息已经为我们提供了它制作年代的上限和下限。正如我们前文所说，能够生产出石鼓并且镌刻石鼓文，这说明当时的人们已经使用钢制工具，这是石鼓制作年代的时间上限；石鼓文在字体上既不同于西周时期的大篆，也不同于秦一统天下时的小篆，这种字体的过渡性，提供了石鼓制作年代的下限。也就是说，石鼓文也不会晚于秦小篆出现的时代。

总之，石鼓与石鼓文所包含的如此丰富的文化含义，充分证明它们是一组不可多得的国宝。

第 3 讲

《听琴图》之谜

1949年春的北平，故宫博物院一位名叫朱家溍的工作人员在库房里发现了几个大木箱子，外面贴着法院的封条。朱家溍感到有些奇怪，一打听才知道，这是十多年前，因为一桩"故宫盗宝案"，被法院封存的赝品，是为证实被告有罪搜集的证据。可是朱家溍却对这几个箱子里面的赝品充满了好奇心，他想知道这里面究竟装了一些什么样的赝品，当然也想证实和表现自己识别真伪的能力。于是他找到故宫博物院的院长马衡，建议重新检查这些赝品。按理说，既然是法院的封条，不经过法院的同意是不能拆封的，而且此案当时还没有最终结果。可是，马院长经过慎重考虑之后，最终同意了朱家溍的要求，并责成他全权负责，重新查验箱子里的赝品。人们对此感到不解，马院长对朱家溍为什么这么信任呢？这还得从北平和平解放的前夜说起。

　　1948年秋，北平被解放军团团包围，南京国民党政府的行政院给北平的故宫博物院院长马衡多次打电报，催促他尽快将故宫博物院收藏的文物精品，空运到南京去。当时，朱家溍在故宫博物院古物馆工作，中共北平地下党写信给朱家溍，让他坚守工作岗位，并且设法保护故宫博物院的文物，尽力阻止国民党当局将其运到南京去。以朱家溍当时在故宫博物院的地位，要做到这一点，几乎不可能。怎么办？朱家溍与古物馆的其他几位同事商量，也没有想出什么好办法，只能尽量拖延文物的装箱了。可是，他们在拖延装箱的过程中发现，马院长对南京行政院的命令并不积极执行。就这样，上下默契，一起拖延，故宫博物院的文物终于成功地留在了北平。北平解放之后，朱家溍问马院长："院长啊，您是不是根本就不打算空运这批文物？"马院长微笑着说："我们彼此会心不远吧！"说完，二人相视一笑。

　　二人之间的相互信任除了彼此在政治倾向上的心照不宣之外，还基于马院长对朱家溍业务能力的欣赏。就在朱家溍要求打开法院封条之前不久，他在天津海关协助检查一位德国侨民的几十箱仿古青铜器，在这些仿古青铜器中，朱家溍一眼就认出了其中一件是真品，商代青铜大铙，有三千多年的历史了！海关立刻将这个青铜大铙扣留，成功地阻止了这件珍贵的商代青铜器流失海外。

这件事让马院长对朱家溍更加刮目相看了。正是基于这种信任和欣赏，马院长才决定让朱家溍打开法院的封条，对这批赝品进行重新鉴定。同时也表明，马院长对这个案子有着自己的看法。于是，这几个尘封了十多年的箱子被打开，里面的赝品一件一件地摆放出来，接受朱家溍的重新查验。

突然，一幅精美的立轴绢本画，引起了朱家溍的注意。此画高147.2厘米，宽51.3厘米，画面上题着"听琴图"三个瘦金体大字。朱家溍一眼就认出，这是宋徽宗的御批，显然，这是一幅北宋的真迹，而且很有可能

《听琴图》

就是宋徽宗的亲笔之作。朱家濟细细地观赏这幅画,深深地被画面的场景所吸引。

只见画中树下一人,道士打扮,端坐于石墩上,头微微向下低着,正在专心致志地抚琴。在他的左边有一人,也端坐于石墩之上,头戴纱帽,身穿绿色长袍,拱手而坐,抬头仰望,像是被这美妙的琴声带入到了一种忘我的境界。此人旁边,还站立着一个蓬头童子,双手交叉抱胸,远远地注视着抚琴者,用心倾听,完全陶醉在动人的曲调之中。抚琴者的右边还有一人,头戴纱帽,身穿红袍,侧身坐在石墩上,一手支着石墩,一手持扇按膝,全神贯注地在听琴。在朱家濟看来,如此传神的画作,是做假者无论如何也完成不了的。

更重要的是,根据画面上的题字和钤印来看,此图与宣和内府所藏名画的规格相同,表明宋徽宗对这件作品非常珍视。因此,朱家濟大胆断定,这幅画很有可能是宋徽宗的亲笔画,可是它怎么会被鉴定为赝品呢?这要是被当作赝品处理掉,那该是多么大的损失啊!

于是,朱家濟拿着《听琴图》向马院长报告,并且阐述了自己的观

《听琴图》局部

点。马院长觉得朱家溍分析得有道理，立刻派人把《听琴图》送往古物馆进一步进行鉴定。让朱家溍没有料到的是，经过一番认真的研究之后，文物鉴定专家们面对这幅《听琴图》开展了激烈的争论，观点分歧，各持己见。有人坚决反对朱家溍的观点，认为《听琴图》不可能是宋徽宗的亲笔画。其理由有三：第一，从宋徽宗的传世作品来看，此图与宋徽宗其他画作的笔法有所不同，不太可能出自他的手笔；第二，虽然"听琴图"三个瘦金体字是宋徽宗所题，可是，以往宋徽宗的亲笔画，都会署名"某御制"，并且画押，可是《听琴图》却没有御制署名和画押，只留下一款"天下一人"的印章；第三，蔡京在《听琴图》上的题诗，只是简单地描述抚琴者的高超与听琴者的知音，却并没有对画面表示赞赏，这不太符合蔡京给皇帝画作题诗时阿谀奉承的习惯。由此得出结论，《听琴图》不是宋徽宗的作品。

可是，也有人力挺朱家溍，认为《听琴图》的作者就是宋徽宗。其理由有三：其一，此画构图简单却气宇不凡，十分正确的抚琴姿态以及反映皇帝赵佶生活情趣的各种器物，这只有宋徽宗这样的写生高手才能完成，是当时的画院画师画不出来的。其二，《听琴图》中的抚琴者，就是宋徽宗本人。理由是，宋徽宗信奉道教，曾经在皇宫附近兴建道观，请道士讲道，而道士们也乘此机会，尊称宋徽宗为"教主道君皇帝"，所以，宋徽宗把自己装扮成一个道士的模样，在宫中抚琴，然后，将抚琴的过程画下来，以表达自己的道教信仰，是说得通的。其三，既然抚琴者是宋徽宗，那么他身边穿红衣服的就应该是宰相蔡京，穿绿衣服的可能是大太监童贯。这两人是宋徽宗身边的大红人，非常受皇帝的宠信。宋徽宗在画自己的同时，将身边最宠信的人也纳入画面之中。

可是，我认为这种观点基本站不住脚，有如下几个理由：

理由一，观点内容与此画的名称不对应。

画面中的主人公如果是宋徽宗，那么这幅画就应该称作《抚琴图》，而不是《听琴图》。既然称为《听琴图》，那么抚琴的人自然不是宋徽宗。同时也表明，宋徽宗不可能是作者。为什么呢？因为，如果宋徽宗是作者，他画《听琴图》的主角应该是听琴者,可是,画面中的听琴者明明是陪衬,显然此画不太可能是宋徽宗把自己画成陪衬者。

理由二,画面中的其他二人不可能是蔡京和童贯。

因为,蔡京当时的身份是宰相,官居一品,怎么可能穿红衣服呢?按照宋代的等级制度,三品以上的官员应该穿紫色官服才对。画面中穿绿衣服的人也不可能是大太监童贯,太监怎么可能长出胡子来呢?

因此,可以得出这样的结论,宋徽宗既不是此画的主人公,也不是此画的作者。这一点,蔡京在画面上题的诗中也可以为证。蔡京在《听琴图》上题写道:"吟徵调商灶下桐,松间疑有入松风。仰窥低审含情客,似听无弦一弄中。"意思是,口中低吟,手指轻抚,有如松林轻风;抬头仰望,低头含情,恰似心弦拨动。整首诗盛赞这幅画生动传神,由画面的视觉效果,欣赏推及音乐之美。蔡京这首题诗,咏的既不是抚琴的感觉,也不是听琴的体验,而只是观画的感受。将视觉效果转化为听觉效果,人只能在画面之外。由此可以证明,宋徽宗既不是作者,也不是

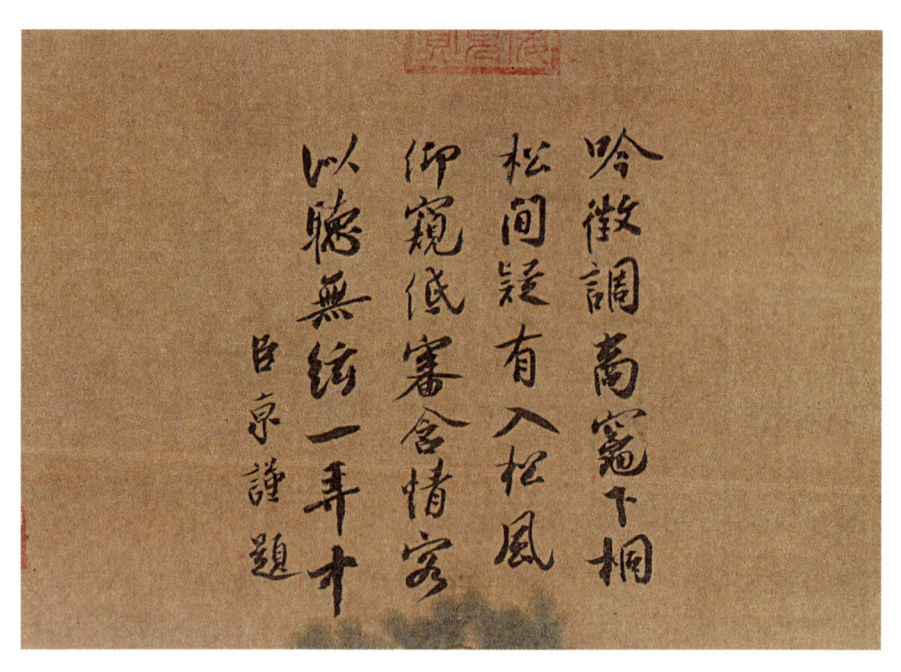

《听琴图》蔡京题字

画面中的人物，他就是一个画面外的观赏者。通过这首诗，人们虽然无法知道此画的作者是谁，但是肯定不是宋徽宗。

其实，根据绘画艺术的常理，只要没有标明是某人的肖像画，那么画面中的人物，往往是源于生活且高于生活的艺术形象。因此，《听琴图》中的人物，不太可能是现实生活中具体的人，这才符合绘画艺术创作的规律。

经过反复鉴定和讨论，专家们虽然在此画的作者问题上存在意见分歧，但是却得出一致的结论，无论此画的作者是谁，《听琴图》的确是北宋的真迹，是国宝级的艺术珍品。可是，当专家们得出这个结论之后，人们一定会感到惊奇，鉴定文物需要多年经验的积累，可是，年轻的朱家溍何以如此独具慧眼呢？

原因说来并不神秘，因为朱家溍有家传。他出生于一个显赫的官宦世家，是朱熹第二十五世孙。高祖朱凤标，咸丰年间曾担任内阁大学士，道光年间曾出任户部尚书。父亲朱文钧，毕业于英国牛津大学，是一位著名的金石学家，曾担任故宫博物院专门委员会委员，负责鉴定书画碑帖。朱家溍的大哥朱家济，曾在故宫博物院任职，抗战期间护送故宫文物南迁四川。正是在这样的家风影响之下，朱家溍从小耳濡目染，对文物鉴定有着强烈的兴趣和爱好。

1941年，朱家溍从辅仁大学国文系毕业，不知道应该做什么工作好，一直闲居在家。1943年，故宫博物院在重庆市区举办了一次短期展览。参展的文物，都是曾经参加过伦敦艺术展的中国古代名画。当时，朱家溍毕业在家没事干，被借调到博物院当临时工。从十几岁的时候就跟着父亲接触古代书画的朱家溍，一边工作，一边欣赏，用他自己的话说，"这种享受无法形容"。显然，朱家溍终于找到了自己的位置，知道自己这辈子应该干什么了。

抗战结束后，朱家溍回到北京，正式成为故宫博物院的工作人员。参加工作仅三年，朱家溍就在几个箱子的赝品中发现了宋代真迹《听琴图》以及马麟的《层叠冰绡图》，朱家溍一下子声名鹊起。可是，新的

张继 　　　　　　　易培基 　　　　　　　周肇祥

疑问又随之产生。什么疑问呢？既然这个箱子里装的都是赝品，并且作为法院指控"故宫盗宝案"的证据，那么，宋代真迹怎么会混在其中，而且不止一件呢？这就得说一说，20世纪30年代在故宫发生的这起盗宝案了。

这起盗宝案的起因，主要是故宫博物院文物的搬迁。1933年，日军攻陷山海关，北平告急。围绕着故宫博物院收藏的国宝是否迁移，或者迁往什么地方的问题，故宫博物院的决策层意见不一致，并且陷入了不息的争吵之中。一时间谁也说服不了谁。

观点主要分为三派：古物保管委员会主席张继主张迁往西安，被称为"西迁派"；故宫博物院院长易培基提出迁往上海，被称为"南迁派"；一位名叫周肇祥的人，坚决反对故宫文物迁移，被称为"反迁派"。

周肇祥曾经担任过故宫博物院古物陈列所所长，还曾经担任过湖南省代理省长，此人的活动能力很强。在他的鼓动之下，一些反对古物搬迁的人成立了北平市民保护古物协会，周肇祥自任主席，并且通电全国，坚决反对故宫文物搬迁。这派人的观点，在北平市得到强大的舆论支持，就连鲁迅等文化名人都站在他们一边。

那么，人们为什么反对故宫文物搬迁呢？这与反对国民党当局采取对日本不抵抗政策有关。反对故宫文物搬迁的人认为：大敌当前，如果故宫文物运出北京，就是对日本侵略者的妥协退让，必定会动摇人心，引起社会的不安和动荡。他们向政府呼吁，保卫国土必须安定民心，民心不安定，国土难保。因此，要求政府立刻停止故宫文物搬迁，以安定民心。而且，还强调说，文物一旦运出故宫，必定散失，再难重新聚集。甚至主张要以武力阻止故宫文物的搬迁。

可是，以易培基为首的"南迁派"则认为：日军占领了东三省，又进攻山海关，很有可能得寸进尺，继续南侵，占领华北。所以，必须将故宫博物院的重要文物转移到南方安全地带，否则这些国宝一旦落入敌手，或者在战火中被毁，我们都将成为千古的罪人。

两派观点争执不下，只好由国民政府决定。一味主张对日本妥协、退让的国民党政府，很快批准了故宫博物院文物南迁的决定。同时指令北平市政府及交通运输部门积极协助故宫，完成文物南迁的任务。

可是，反对派根本不把国民政府的决定放在眼里，他们反对故宫文物南迁的声浪反而更加高涨，行动更激烈，甚至给易培基以及其他故宫工作人员写匿名信，警告他们不要押运故宫的文物南下。社会上也有谣传，说只要装载故宫文物的列车启运，就会有人在铁路沿线埋炸弹，把列车炸毁。

可是，易培基坚决执行南迁计划。为了让故宫中的国宝能够安全地从北平迁移至南京，易培基与张学良商定了文物转移的方案。1933年2月5日夜晚，南迁开始了。当晚，故宫至天安门、前门的大街，都实行了戒严。易培基在太和殿前指挥。为了避免遇到反对派的阻止，北平市长下令，将周肇祥秘密逮捕。

可是消息还是走漏了，前门火车站被抗议的人群团团围住，不少人甚至卧在铁轨上，士兵和抗议民众发生了严重的对峙。这个时候，张学良及时赶来，他以人格担保，战争结束后，一定将这批故宫文物再运回来。最后，抗议的民众才让开了铁路，让第一批南运文物的火车通过。在易培基的督办下，从1933年2月至5月，故宫博物院数十万件珍贵文物先后分四批运出北平。

就在第五批，也是最后一批文物即将启运的时候，从南京来了一位检察官，带着一干人等来到故宫博物院，查封了会计科。最后一批文物南迁的工作只好暂时停止。查封的原因是，有人指控易培基利用职务之便，侵占、盗卖故宫文物。指控者名叫崔振丽，背后支持者是她的丈夫，主张故宫文物西迁的古物保管委员会主席张继。

遭到指控的易培基只好放下手头的工作来到上海，住在法租界的家中准备上法庭应辩。他在北平、南京、上海的住所都被查封，财产也被没收。易培基在上海不敢公开身份，也基本不和朋友来往，每天都像个罪人似的待在家里等待开庭。

不久，故宫博物院的最后一批文物，费了很大周折，终于安全运抵上海。易培基觉得自己的使命已经完成，于是正式辞去了故宫博物院院长的职务。江宁地方法院开庭审理"故宫盗宝案"，可是易培基却没有出庭，人们都以为他自动放弃申辩，各家报纸都登载了易培基没有出庭的消息。人们普遍认为，易培基心虚，一定有把柄被人抓住，所以才无颜面出庭。可是，人们哪里知道，易培基遭受指控之后，心情非常郁闷，精神几乎崩溃，不久患上了糖尿病，而且非常严重，无法亲自出庭，只好请北平著名律师作辩护人，代他出庭。

江宁地方法院在易培基生病缺席的情况之下，判易培基"监守自盗"罪。当易培基得知对自己的宣判之后，病情更加严重，他抱病将事实真相向国民政府最高领导以及司法部门申诉，可是，他的几次申诉都如石沉大海，毫无音讯，最后，易培基绝望地放弃了申诉。

1937年9月22日，易培基在上海去世，终年57岁。他在临终前的遗嘱中感叹道："我没有及时出庭，我个人被诬陷是小事，可是国内外的人们并不知道详情，恳请上峰能够派人调查事情真相，为我昭雪，我在九泉之下，感激不尽！"

易培基死后，崔振丽和张继却怀疑易培基是假死，一方面指使法院派人调查易培基死亡真相；同时又在报纸上宣传，说易培基逃亡到大连投降了日本人。并且指使南京地方法院的检察官，对已经死去的易培基，继续提起公诉，指控易培基"吞没"故宫的国宝。

虽然，易培基在上海、北平、南京等地的住所都被查封，财产大半被没收，可是，并没有搜查出一件赃物。法院宣判易培基有罪，却拿不出一件真凭实据。况且，几十万件故宫文物从北平运到上海，没有发生一件文物丢失或被盗事件，这足以证明易培基的清白。可是，张继却指控易培基，将故宫文物调包了。意思是，易培基用赝品替换了真品。

为了证实这一点，在张继的指使之下，南京最高法院派出检察官对故宫文物进行查验，检查的前提是"故宫无假物"，意思是，故宫收藏的文物肯定都是真迹，如果发现赝品，必定是易培基用赝品替换真品的结果。这样一来，只要发现赝品，就认定是易培基偷盗故宫文物的罪证。为了搜集证据，法院雇了一位著名画家，对故宫收藏的古代字画，一一做了查验，结果发现了许多赝品，这些赝品就都成了易培基有罪的证据。

有了这些赝品，似乎证据确凿，可是被告易培基已死，此案一直悬而未决，法院就将这些赝品装进几个大箱子，贴上封条，放在库房，这一放便是十多年。面对这些证据，人们也感到困惑了，易培基真的以院长的身份，对故宫收藏，用赝品替换真迹，监守自盗吗？这就得说一说易培基的为人了。

易培基，湖南长沙人，在湖北方言学堂攻读日文，毕业后去日本留学，后来在日本加入了同盟会。易培基从日本回国参加武昌起义。辛亥革命之后在湖南省立第一师范学校任教。后来，他以孙中山全权代表的身份去了北京。冯玉祥发动北京政变，随后成立了清室善后委员会，易培基担任委员，负责接收故宫一应事务。故宫博物院正式成立时，易培基被任命为首任院长。

易培基担任院长后，曾为了故宫博物院事业的发展，发动社会各界捐款维修故宫，在陈列展览、藏品保管以及分类编目、文献整理和鉴定版本等方面都取得了比较突出的成就。这段时间称得上是故宫博物院建院直到北平解放这一阶段的鼎盛时期。对故宫博物院做出如此贡献的人，怎么可能对故宫文物以假换真，监守自盗呢？

因此，但凡对易培基的为人有所了解的人，都对张继夫妻的指控以及法院的判决表示怀疑，并且指出，"故宫无假物"的假设根本不成立，理由很简单：第一，故宫很多东西是贡品，进贡者是外行，分不清真伪，进贡赝品是经常的；第二，宫中太监经常以假换真，因此发现赝品并不能证明是易培基所为；第三，人们在判定古代字画真伪的过程中，经常会发生误判，比如，朱家溍就在法院搜集的赝品中发现了宋代真迹《听琴图》和《层叠冰绡图》。

既然，法院所谓"故宫无假物"的判断是错误的，那么法院立案的依据就不成立，根据这个依据搜集的所谓"赝品"就不能作为证据。显然，说易培基用赝品调换真迹，完全是莫须有的罪名，易培基是冤枉的。

人们一定会问：既然明知易培基是冤枉的，那么张继夫妻为什么要制造这起冤案呢？原因很简单，就是为了争权夺利。众所周知，故宫收藏着无数的珍宝和财富，因此，故宫博物院成立之后，各派力量都在争院长的位置，想控制这笔巨大的财富。最后，居然让易培基当上了院长，这让张继心中非常不服。为什么呢？因为，张继于1928年9月出任国民政府司法院副院长，兼全国古物保管委员会主席。在他看来，故宫博物院院长非他莫属。没想到，这个肥缺居然落到易培基手里，张继无论如何也想不通，并且想尽一切办法，甚至不择手段，也要把故宫博物院院长的宝座夺回来。

不过，易培基与张继的矛盾总爆发还是故宫文物南迁引起的。前文我们说过，易培基主张南迁，张继主张西迁。表面上看只是迁移的地点不同，暗地里却包含着对故宫博物院文物控制权力的争夺。后来，张继又提议，他主管的文献馆迁往西安，迁运费的三分之一归他支配，不料当时的行政院院长否决了张继的计划，要求故宫文物全部迁往上海租界。就这样，围绕故宫文物迁移地点的争执，最终让易培基占据了上风。

这让张继觉得太没面子了，对易培基的不满无法继续忍受，必欲除之而后快。于是张继指使由他一手提拔起来的南京政府司法界的亲信，

浑如冷蝶宿花房
拥抱檀心忆旧香
开到寒梢尤可爱
此般必是汉宫妆

层叠冰绡

《层叠冰绡图》

多方串联，贿买人证，指控易培基私占故宫宝物，一个冤案就这样罗织而成了。由此看来，所谓"故宫盗宝案"无非是民国政府高官为达到一己之私利，通过权势操控司法程序的重大丑闻。

新中国成立之后，易培基的生前好友给人民政府的领导写信呼吁，要为易培基平反昭雪。朱家溍在赝品箱子中发现的《听琴图》和《层叠冰绡图》就是易培基无罪的最好证据。其实，故宫博物院院长马衡对此案的过程比较了解，这也是他支持朱家溍对赝品进行重新查验的原因，毕竟他当时担任故宫博物院的副院长。因此，他给新中国政府写出了一份报告，陈述当时的真实情况。就这样，易培基的冤案，终于在新中国政府的主持之下，得到平反昭雪。从此，《听琴图》也洗去赝品的误判，成为故宫博物院的重要收藏。

第 **4** 讲

李斯碑之谜

光绪十六年，即1890年的夏天，一个漆黑的夜晚，泰山脚下风雨交加，突然几个黑影鬼鬼祟祟地潜入岱庙，不一会儿这几个黑影又慌慌张张地抬着一块石碑溜出了岱庙，很快就消失在夜幕之中。第二天一大早，岱庙的管理者发现一座石碑被盗，立刻到泰安县衙报案。泰安县令马上下令封锁全城，严加搜查。十天之后，有人在泰安城北的石桥下发现了被盗的石碑。原来这伙盗贼偷了这座石碑之后，由于城内封锁严密，一直找不到机会转手，又害怕东窗事发，只好把偷来的石碑丢弃在石桥下。失而复得的石碑，被重新放回岱庙收藏，直到今天。人们不禁要问：这是一块什么样的石碑，至于让泰安县令如此大动干戈呢？原来，盗贼们偷走的是李斯碑。在泰山上大约有1400多块刻石，李斯碑是其中最珍贵也是最古老的一块，号称"泰山石刻之首"。它立于泰山之上已经有2300多年的历史了，上面曾经刻有223个字。虽然现在只剩下了10个字，而且其中还有1个字残缺不全，但它依然非常珍贵，是一段历史的见证，并且具有极高的文化意义。那么，李斯碑究竟见证了哪段历史，又具有什么样的文化意义呢？这还得从秦始皇说起。

公元前221年，秦王嬴政横扫六合，一统天下，建立了中国历史上第一个中央集权制的帝国，他自称"始皇帝"，也就是第一位皇帝。这位号称始皇帝的嬴政，13岁即位，只用了二十几年的时间，便一统江山，君临天下。事业的成功，让秦始皇觉得自己是历史上最伟大的君主，他要完成一桩心愿，否则寝食难安。

为了完成这桩心愿，在大秦帝国建立之后的第三年，秦始皇就迫不及待地在大军的护卫之下，浩浩荡荡地从陕西出发，经河南奔山东而来。秦始皇进入山东地界之后，立刻召见齐鲁两地的儒生，说有要事商量。这些儒生们诚惶诚恐地来到秦始皇的行宫，听候吩咐。

原来，秦始皇要登泰山举行封禅大典，找这些儒生们商量一下如何操办。所谓"封禅"是两种大典的统称，"封"是在泰山上修筑祭坛，

第 4 讲 李斯碑之谜

《泰山刻石》拓本

泰山岱庙

祭祀天神；"禅"，是在泰山脚下整理出一片干净的地面，祭祀地神。这两种仪式有着悠久的历史，可以追溯到遥远的古代。当然，只有古代帝王才会举行这样的仪式。

那么，中国古代帝王为什么要举行封禅仪式呢？因为，太阳从东方升起，中国古代的先民就认为东方主生，也就是生命的源头和主宰。地处东部最高峰的泰山，就象征着新生，代表新朝代的开始和新帝王的诞生。因此，每逢改朝换代，新一代帝王都要登泰山，举行"封禅"仪式，向上天昭告自己的功德，向万民表示自己拥有统治天下的合法性。

其实，在中国古代有这样一种传统，凡是发生了有悖常理，不符合规矩的重大事件，都必须举行隆重的仪式，以求得上苍或神明的谅解和准许。比如，新朝代的开始，新帝王的诞生，其中往往隐含着对前朝的颠覆和对前任君主的取代，而这种颠覆和取代，又都是通过战争和暴力手段完成的，因此，必须举行隆重的仪式，以求得天地神明的宽恕和谅解。所以，只要发生王朝更迭，就必须举行这样的仪式，这已经成了惯例。因此，截至大秦帝国的建立，这样的仪式已经经历了几千年，举行了几十次了。

不过，秦始皇与以往历代的帝王有所不同。过去，天下最高统治者，有的称皇，有的称帝，比如，远古时期有"三皇五帝"，可是到了夏、商、周三代，天子们只敢称"王"，从来没有人敢称"皇"或"帝"，更没有人敢把这两个称号并在一起自称"皇帝"的，因为这是一个将古代所有帝王统统超越的称号，可见秦始皇是何其自信和骄狂。当然，过去的天下一统，不过是松散的政治邦联，或者宗法制的分封，从来没有建立过像大秦帝国这样高度统一的中央集权制国家。因此，秦始皇的确是史无前例的帝王。为了显示自己的丰功伟业，为了让天地保佑大秦帝国千秋万代，也为了震慑那些被打败却不甘心的六国贵族的残余势力，秦始皇决定举行泰山封禅。

众位儒生得知秦始皇要登泰山封禅，都沉默不语。因为，这是国家大事，不小心说错话会有杀身之祸。更重要的是，虽然此前已经有几十位国君登临泰山举行封禅，但是并没有形成统一的礼仪规范。这是为什么呢？因为，中国古代的礼仪都是不成文的，朝代与朝代之间很难传承，所以，古代帝王究竟怎样封禅，如何操作，谁也说不清楚。

令人难堪的沉默，终于被一位儒生打破了，他小心翼翼地说：据说古代帝王在登泰山封禅的时候，都用蒲草将车轮包裹，以防伤了山上的草木；祭祀时，地上铺的也都是草席，以免惊动神明。一见有人打破沉默，众位儒生们纷纷附和道：是啊，封禅礼仪并不复杂，既然奉上苍旨意，封禅就应该一切从简。

儒生们主张"一切从简"，其实并没有什么依据，显然是为了减轻沿途百姓的负担，可是，秦始皇根本不会听这些儒生的建议。他心里早已经盘算好封禅仪式的规模，找儒生们商量，无非是想证实一下有什么规矩不能违背，有什么要求没有想到。一切从简，岂不说明这封禅仪式并没有什么特定的规格？既然功劳远远超过三皇五帝，那为什么还要一切从简呢？不仅不能从简，而且还要超过历代帝王。打定主意之后，秦始皇将封禅仪式的组织工作，全权交给了丞相李斯。

说起李斯这可是一位大名鼎鼎的人物。他是战国时期楚国上蔡（今河南省驻马店市上蔡县）人，曾经师从于著名的思想家荀子，学习治国理政之道。学成之后来到秦国，投靠了宰相吕不韦。吕不韦非常赏识李斯的才能，将其引荐给秦王嬴政。李斯终于有了施展才华的机会。李斯对嬴政说：要想成功，必须利用对手之间的矛盾，并且要心狠手辣。以秦国的强大和大王您的贤明，打败六国就像扫除灶上的灰尘一样，因此，成就帝业，一统天下的最佳时机到了。如果此时不抓住机遇，等到诸侯重新强盛起来，并且联合在一起，您就是有黄帝一样的贤明，也无能为力了。

秦王嬴政听了李斯这番话之后大喜，立刻任命李斯为长史，按照他的计谋暗中派遣谋士带着财物去各国游说。对一些著名人物，能收买的尽量收买，不能收买的统统杀掉。同时，离间各诸侯国的君臣关系，待其内乱爆发，便派大军随后攻打，结果取得了一系列的胜利，李斯的计谋奏效了。

从此，秦王嬴政对李斯言听计从，李斯的官也越做越大，最终出任秦国的廷尉，即全国最高司法官。经过二十多年的努力，在李斯的辅佐之下，秦国成了秦朝，秦王成为秦始皇，李斯则成为秦朝的第一任丞相。对于大秦帝国的建立，李斯功不可没，并且充分发挥了他治国理政的才能。

所以，秦始皇登泰山封禅这种事情，怎么离得开丞相李斯呢？在李斯的周密安排之下，秦始皇顺利地举行了封禅大典。为了向天下表彰自己的功绩，并且永传千古，秦始皇命令李斯写一篇赞美他的文章，然后用最坚硬的石头铭刻成碑，立在泰山的顶峰。

这可是李斯的拿手好戏啊，为什么呢？因为，李斯不仅是政治家还是一位文学家。他的几篇流传至今的文章，都是传世佳作。因此，在泰山之巅留下石刻铭文，记载这一历史瞬间，自然非李斯莫属。李斯将歌颂秦始皇丰功伟绩的文章写好之后，就镌刻在坚硬的石头上，李斯碑就这样诞生了。可以说，李斯碑见证了秦始皇一统天下的历史瞬间。

这座见证历史的李斯碑，不仅由李斯亲自撰文，而且还由李斯亲自题写。李斯不仅是文学家，还是一位书法家，在中国书法史中，李斯是第一个留下自己姓名的人。他擅长写小篆，并且在他的主持下，确立小篆体为大秦帝国的统一文字，这一举措的文化意义非常重大。由此可见，李斯碑无论是形式还是内容，都堪称国宝。

但是，自秦朝灭亡之后，人们对李斯碑一直不重视，甚至不屑一顾，曾经一千多年无人问津。这是为什么呢？主要原因有二：其一，痛恨秦朝暴政；其二，厌恶李斯的人品。那么，李斯的人品究竟有什么问题，以至于人们对李斯碑不闻不问呢？这还得从韩非之死说起。

韩非是韩国贵族的子弟，是法家思想的集大成者。可是，韩非口吃，不善言表，无缘为官，只好著书立说，将思想写成文字，在各国传诵。秦王嬴政读到韩非的《孤愤》、《说难》和《五蠹》之后对李斯说："如果能够见到这些文章的作者，并且能和他交往，我死而无憾。"李斯说："这太容易了，这些文章都是韩非所作，他是我师兄，是韩国人。"

嬴政一听李斯这话，立刻下令：派大军攻打韩国！于是，秦国大军兵临韩国首都新郑城下。秦国使臣对韩王说：交出韩非我们就退兵。韩王本来没把韩非当回

小篆

事，没想到秦国会因韩非攻打韩国。可是，又不能直接把韩非交给秦国，这也太没面子了。于是，任命韩非为韩国的使者，出使秦国。就这样，韩非以外交使臣的身份，随着秦国大军，来到了秦国首都咸阳。

秦王一见韩非，真是相见恨晚，二人相谈甚欢。但是，韩非毕竟是外交使臣，因此秦王并没有立刻重用韩非的意思。可是，李斯深知韩非的学识和才华远在自己之上，唯恐秦王重用韩非，于是对秦王说："韩非是韩国贵族，现在大王要吞并各国，韩非只会帮助韩国而不会帮助秦国，这是人之常情。如今大王不任用他，等他在秦国待一段时间再回去，这是给自己留下祸根啊。不如给他加个罪名，依法处死他，以绝后患。"秦王认为李斯说得对，就下令司法官给韩非找个罪名定罪。就这样，韩非被打入大牢。

李斯怕秦王反悔，立刻派人给韩非送去了毒药，叫他服毒自杀。韩非想要见秦王，可是李斯坚决不同意。后来秦王后悔了，派人去赦免韩非，可是韩非已经自杀身亡。人们不禁要问，李斯为什么要陷害自己的师兄呢？原因很简单，就是因为嫉贤妒能，怕韩非取代自己。显然，李斯的人品很坏。

不过，李斯还有更坏的表现。事情发生在秦一统天下之后不久，李斯向秦始皇建议，把人们收藏的《诗》、《书》和诸子百家的著作统统集中起来，然后烧掉，只留下医药、占卜、种植等书籍。秦始皇批准了李斯的建议，于是，李斯在全国范围内下达了焚书的命令。

李斯建议焚书，的确是中华文化的破坏者，因此后人厌恶李斯，对李斯碑不闻不问，也就可以理解了。不过，说起李斯碑还有更令人感到蹊跷的地方。怎么个蹊跷呢？就是在一座石碑上居然连续两次刻下铭文，也就是说，这座李斯碑是分两次才完成的，而且其间相隔了整整十年。那么，一座李斯碑为什么相隔十年分两次完成呢？这就得从秦始皇突然驾崩说起了。

公元前210年，七月，秦始皇巡视天下来到了沙丘，今河北省邢台市广宗县境内，突然病倒而且非常严重。眼看自己不久人世，秦始皇只好命令赵高给长子扶苏写诏书:"把军队交给蒙恬,赶快到咸阳参加葬礼。"显然,秦始皇要把帝位传给长子扶苏。可是,诏书写完封好之后,还没有来得及交给信使,秦始皇就驾崩了。

于是,赵高扣留了诏书,然后对胡亥说:"皇帝去世了,只赐给长子扶苏一封诏书。如果扶苏当了皇帝,你可怎么办呢?"

胡亥说:"父亲临终命令,我有什么可说的呢?"

赵高说:"当今天下的大权都在你、我和李斯手里。你要考虑如何驾驭群臣,而不是向人称臣!"

胡亥说:"废兄立弟是不义,不服从父亲诏命是不孝,依靠别人帮助勉强登基是无能,此三件事大逆不道,恐怕天下人不服。"

赵高说:"办大事不拘小节,行大德不必谦让,关键时刻不能犹豫,否则一定后悔,希望你果断而大胆地去做。"

胡亥在赵高的劝说下,同意了赵高的阴谋。赵高又找李斯商量,因为没有李斯的支持,赵高的阴谋不可能得逞。赵高对李斯说:"始皇去世,赐给长子扶苏的诏书还没有送出。不过,皇帝去世,没人知道。现在立谁为太子只在于你、我的一句话。你看这事该怎么办?"

李斯说:"你怎么能说出这种话呢?这根本不是人臣应当议论的事!"

赵高说:"那么,您和蒙恬相比,谁更有本事?谁的功劳更高?谁更有谋略?谁更受百姓拥戴?谁和长子扶苏的关系更好呢?"

李斯说:"这五个方面我都不如蒙恬,但您为什么这样苛求于我呢?"

赵高说:"长子扶苏刚毅勇武,即位之后一定任命蒙恬为丞相,而公子胡亥慈悲仁爱,诚实厚道,在秦始皇的儿子中,没人能赶得上他,可以立他为继承人。您考虑一下再决定。"听了赵高这番话之后,李斯为了保住自己丞相的地位,参与了赵高的阴谋。就这样,李斯与赵高合谋,伪造遗诏,将扶苏和蒙恬赐死,把胡亥捧上皇帝的宝座,史称"秦二世"。

公元前209年,当上了皇帝的胡亥,仿效其父秦始皇,也来到泰山举行封禅大典。大典举行完毕,秦二世要让李斯也为他刻石立碑,可是

李斯碑残存字

李斯却没有另立新碑，只是将秦二世的诏书，刻在秦始皇刻石的背面。就这样，同时拥有父子两代皇帝铭文的李斯碑，相隔十年终于完成了。因此，李斯碑上的石刻文字就由两部分构成。一部分歌颂秦始皇丰功伟绩，共 144 个字；另一部分是秦二世的诏书，共 79 个字；两部分文字加在一起，一共 223 个字。

其实，不仅李斯碑如此，秦二世在位期间，根本没有自立新碑，他所有的题记，都刻在秦始皇原有的碑刻之上。由此可见，秦二世对自己当皇帝是何其缺乏自信。为什么这样说呢？因为，按照以往的规矩，开国之君才登泰山封禅，胡亥是第二代皇帝，既要登泰山封禅，却又把自己的诏书和赞美秦始皇的碑文刻在一起，以表达自己是大秦帝国的合法继承人。就这样，李斯碑不仅是秦始皇统一中国的历史见证，也成为李斯参与赵高夺权阴谋的见证。

可是，这座见证历史的李斯碑，立于泰山之巅一千多年，几乎无人问津。直到北宋时期，著名文学家欧阳修才在他的《集古录》里提到了李斯碑。欧阳修之所以忽略秦皇暴政和李斯人品，再提此碑，无非是因为北宋时期重建中华文化的需要。众所周知，经过五代十国的动荡和分裂，中华文化出现了巨大的断层。北宋建立，重建中华文化成了当时知识分子的历史使命。正是在这样的大背景之下，被忽略了一千多年的李斯碑，才会引起北宋著名文学家欧阳修的关注。据欧阳修描述，李斯碑由于缺乏保护，长期的风雨侵蚀，所剩字数已和《史记》记载的字数不相符了。也就是说，李斯碑在北宋时期就已经不完整了。

到了明朝嘉靖年间，李斯碑被损毁得更加厉害了，仅存秦二世诏书中的 29 个字。为了防止风雨的继续侵蚀，人们将李斯碑移到了泰山顶部的碧霞祠内收藏。到了清乾隆五年，即公元 1740 年，碧霞祠突然起火，大火将碧霞祠烧成一片废墟，李斯碑也在这场大火中不翼而飞了。可是，李斯碑有 1.6 米高，它不可能自己长腿跑了，一定是被盗，而且是团伙作案。

嘉庆二十年，即公元 1815 年，泰安县新任知县汪汝弼，一上任就要寻找李斯碑的下落，他令人到处张贴告示，悬赏寻碑。可是，几天之后，却一点消息也没有，汪知县心急如焚。就在这时，一位白发苍苍的老人家来到县衙，对汪县令说："大人，在下是个瓦匠，以前在泰山顶修筑玉女池的时候，见过一截残碑，不知是不是大人要找的东西。"接着，老人家把石碑的形状、字迹，仔细描述给县令听。汪县令听罢非常高兴，立刻上山一看究竟。一行人在玉女池中，果然找到了一截残碑。冲洗过后，石碑上清晰地呈现出 10 个小篆体大字："斯臣去疾，昧死臣请，亦臣……"它确实是李斯的真迹。于是汪县令立刻下令，在山顶上的东岳庙西侧，盖了一座精美的小亭子，取名为"宝斯亭"，后来又改为"读碑亭"。安放李斯碑的那天，还举行了隆重的仪式，并且给予那位老人家丰厚的奖赏。

转眼到了道光年间，读碑亭倒塌了，李斯碑被转移到泰山脚下的岱庙保存。光绪十六年，存放在岱庙中的李斯碑再次被盗。幸好泰安县令行动果断，十天之内就将被盗的李斯碑找了回来，然后，重新安置于岱庙之内，直到今天。

李斯碑虽然历经磨难，只剩下秦二世诏书中的十个字，但是，它的文化意义并未因此而减损。秦始皇统一中国之后，实行"书同文"的政策，所使用的文字就是李斯创造的小篆，而李斯碑上所残存的十个大字，正是李斯的亲笔，为"书同文"的文化政策提供了实证材料。

说起"书同文"，对中华文化的延续和发展，意义非常重大。为什么呢？因为，中华大地幅员辽阔，各地文化差异很大，在语言方面主要表现在语音不同，交流起来非常困难。自从有了相同的文字之后，尽管

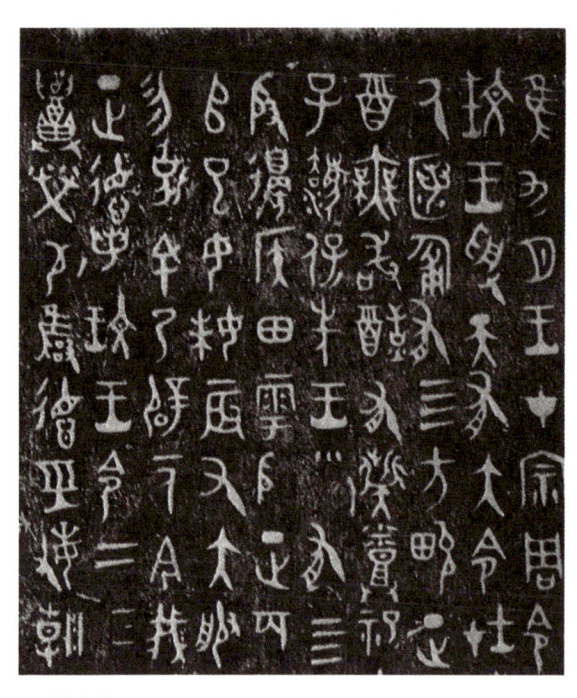

西周大篆

语音不同，依然可以凭借文字进行交流。因此，"书同文"对于中华民族共同体的形成，起着不可估量的作用。

当然，"书同文"并非秦始皇的创举，早在西周时期，周宣王就曾经主导发起过一次"书同文"的运动。周宣王命令太史对当时通用的文字进行全面整理，编成《史籀》十五篇向全国颁行，作为史官给学生教写字的课本，这就是历史上著名的大篆体。这种大篆体的规范化程度很高，是首次由国家制定的书写字体的标准和典范。

但是，春秋战国时期，中国陷入诸侯割据的状态，直到秦一统天下之前，经历了五百多年的分裂，诸侯国各自为政，文字的形体极其紊乱，区域性的差异非常大，这给政令的推行、经济的往来和文化的交流造成严重的障碍。因此在统一天下之后，秦始皇把统一文字作为当务之急，命令丞相李斯对文字进行整理。李斯以秦国文字为基础，创造出一种形体齐整、笔画简略的新文字，史称"秦篆"，又称"小篆"，作为官方规范文字颁布天下，同时废除其他异体字。

李斯之所以能够创立小篆体，除了他个人的才华之外，主要是秦国文化对周朝文化的继承。众所周知，公元前760年，平王东迁，秦国在周王朝的故地逐渐扩大疆土，最终从西戎手中收复了失地。也就是说，秦国是在周朝故地上建立的。周王室东迁之后，周王朝的一些文化官员，留在了周朝故地，成为秦国的官员，从而使秦国文化成为周朝文化的直接继承者。比如，石鼓文就是在西周大篆基础上形成的秦国文字。李斯正是在秦国文字的基础之上，创立了秦小篆。

对李斯的小篆，历来评价都非常高，尤其以清代康有为评价得最为贴切。他在《广艺舟双楫》中说："相斯之笔，画如铁石，体若飞动，为书家宗法。"意思是，宰相李斯的字体，笔法如铁石般坚硬，字体却有飞动之感，是书法家必须效法的对象。

从书法艺术的角度分析，李斯的小篆具有如下几大特色：

其一，结构偏长。

由于小篆体的笔画一般横画比竖画多，一样粗细的笔画，为了避免横画在叠加时过分拥挤，只能增加字体的高度，从而形成小篆体结构偏长的特点。

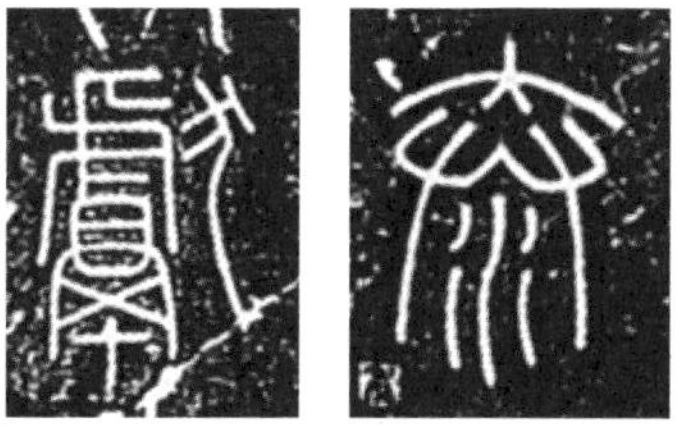

其二，横平竖直，左右对称。

由于小篆体的线条粗细相等，在纵横排列时，如果稍有不平，就会导致字体结构不匀称。因此必须在书写时保持横平竖直，左右对称的结构原则。

其三，风格华丽。

小篆体在规范、严整的基础之上，笔势绵长而具有张力，字体均匀整肃，给人以巍峨壮观、大气磅礴的感觉。

李斯不仅创立了小篆体，而且在书法理论方面也有建树。他在《蒙恬笔经》中说："夫用笔之法，先急回，回疾下；

石鼓文

《峄山碑》"献"、"泰"字

《峄山碑》"帝"、"群"字

《峄山碑》"立"、"暴"字

如鹰望鹏逝，信之自然，不得重改。"意思是，运笔的时候，笔锋回转要迅速，笔锋下行不能拖沓；就像天空中翱翔的雄鹰，借助自然的气流，一气呵成。李斯的用笔之法，不仅在民间流传，而且为朝中群臣所效仿，甚至连秦始皇也经常练习小篆体，并且深得其中的精妙。由此可见，小篆体的魅力非同一般。

总之，李斯小篆所表现出来的均衡、和谐而有秩序的风格，完全适应秦帝国统一政权的要求。而李斯碑正是秦小篆的代表作，是后人研究秦朝小篆体的珍贵历史资料。况且，秦始皇生前留存各地的刻石虽然有七块，至今完整保存下来的，只有琅琊刻石和泰山李斯碑。可是，琅琊刻石上的字迹已荡然无存，唯独李斯碑还残存十个字，是李斯唯一的真迹，既是秦始皇统一天下的历史见证，也是李斯用小篆体统一中国文字的实证材料，的确弥足珍贵。

第5讲

和氏璧与传国玉玺之谜

公元前219年，秦始皇巡视全国，来到南方。当他的船队沿长江行进到洞庭湖口的时候，突然风浪骤起，整个船队陷入惊涛骇浪之中，秦始皇所乘坐的大船眼看就要倾覆，情况十分危急，全船的人顿时陷入惊慌失措之中。就在这紧要关头，只见秦始皇非常镇定地命令掌管皇帝玉玺的太监，将传国玉玺抛进湖中，不一会儿湖面就恢复了平静，整个船队也因此获救了。人们不禁要问：传国玉玺真的有这么大的神通吗？这当然是民间传说，不必当真。不过制作传国玉玺的材料的确非同一般。那么，传国玉玺究竟是什么材料制作的呢？这就得从楚国人卞和说起了。

　　早在春秋时期，一个名叫卞和的楚国人，怀揣一块包藏着美玉的石头，也就是玉璞，要献给楚厉王。楚厉王叫玉工辨认，结果玉工认为这不过是一块普通的石头，楚厉王大怒，认为卞和欺君，下令砍掉卞和的左脚，并且将卞和逐出国都。

　　楚厉王死后，楚武王即位，卞和又揣着这块玉璞来到都城，要将玉璞献给楚武王。可是，楚武王请来的玉工仍然认为，这块玉璞是普通的石头。楚武王下令，同样以欺君之罪将卞和的右脚砍去了。

　　楚武王死后，楚文王即位。有一天，楚文王到各处巡视，路过楚山时发现有一位老人在山脚下痛哭。一打听才知道，这个老人就是卞和，他在楚山下痛哭了三天三夜，"泪尽而继之以血"。楚文王觉得很奇怪，就派人问卞和："你为什么如此悲伤呢？"卞和回答说："明明是玉璞，却被当成石头，明明是忠贞之士，却以欺君之罪被惩处，这世道真假难辨，是非颠倒，实在令人痛心啊！"

　　楚文王见卞和几十年来，一直如此坚定地认为他怀里揣的石头是玉璞，于是找来玉工直接将这块石头切开看个究竟，结果里面真的是一块品质极高的美玉。楚文王被卞和的忠诚和执着所感动，由于卞和姓卞和氏，于是将这块美玉命名为"和氏之璧"，简称"和氏璧"，并将其收藏在楚王后宫之中。

时间一晃来到了战国时期，此时楚国的国君是楚威王。楚威王在楚国历史上很有影响。他一生都在致力于使楚国成为七国之首，甚至也想一统天下。正是因为楚威王，楚国的实力才得以极大地提升。

有一年，楚国联合越国一起北伐齐国。可是，越国君主无疆却接受了赵国君主的重金贿赂，打着支援楚国的名义去进攻齐国，在进军的途中，突然调动部队偷袭楚国。幸好楚威王的弟弟昭阳及时发现，立刻将北伐齐国的楚军掉转方向，挥师南下，进攻越国。结果越国被打得大败，越王无疆被杀，越国大片国土落入楚国之手，越国从此臣服于楚国。不久之后，越国被昭阳给灭了。

在灭越国的过程中，昭阳立了大功，再说他又是楚国的相国，因此，楚威王就将珍藏在楚王宫里几百年的和氏璧，赏赐给了昭阳。昭阳得到和氏璧之后自然非常高兴，于是在湖边别墅里宴请宾客，一起观赏和氏璧，一边举杯畅饮。忽然，有一人大声喊道："快来看啊，湖里有一条大鱼！"人们纷纷离开房间，来到湖畔观赏大鱼，可是，人们并没有发现有什么大鱼，于是又纷纷返回房间。当昭阳和宾客们回到房间的时候却惊呆了：和氏璧不翼而飞！显然，昭阳和宾客都中了盗贼的调虎离山之计。

昭阳立刻搜查可疑者，可是毫无结果。有人怀疑是昭阳的门人张仪偷走了和氏璧，于是，昭阳拘留张仪进行审讯，结果查无实据。张仪一气之下，离开楚国来到魏国，后来又到了秦国，被秦王拜为宰相。和氏璧被盗之事，也只能不了了之。从此，和氏璧下落不明。

几十年之后的一天，赵国人缪贤在赵国首都邯郸的集市上，见到一个人在出售一块美玉。缪贤一见这块美玉就非常喜欢，可是对方开口就要五百金，虽然是五百斤铜，在当时也是天价。不过，这位缪贤是赵王宫中的宦官总管，自然不缺钱，于是花五百金买下了这块美玉。

回到家中之后，缪贤让玉工鉴别这块美玉。玉工见到这块美玉之后大吃一惊，断定此玉就是失踪多年的和氏璧。缪贤花五百金买到和氏璧的消息，立刻在赵国传开了。赵惠文王听说消息之后就想据为己有，这对缪贤而言是巴不得的事儿，于是，缪贤就将和氏璧献给了赵王。

赵王得到和氏璧的消息辗转传到了远在千里之外的秦国，秦昭襄王知道此事之后，立刻给赵王写信，表示愿意用秦国的十五座城换和氏璧。这就是成语"价值连城"的出处。这一下，赵王陷入了两难：不答应秦王的要求吧，秦王可能会以此为借口对赵国发动战争；答应他的要求吧，秦昭襄王这个人，老谋深算，野心勃勃，在位期间拼命扩张秦国的领土，每夺取一座城池都要付出成千上万秦国士兵的生命，他怎么舍得用十五座城与我交换和氏璧呢？显然，其中有诈！

于是，赵王就召集满朝文武商议对策。大家一致认为，对秦国的要求不能不理会，最好的办法是用外交的手段解决。派一位智勇双全的使者去见秦王，设法避免秦军攻打赵国，又尽量保住和氏璧不落在秦王手中。这个外交任务显然非常艰巨。那么，派谁去好呢？大家一时没了主意。

就在这个时候，缪贤建议说："我有一位门客叫蔺相如，此人有勇有谋，可以担当此重任，派他出使秦国一定会不辱使命。"赵王同意了缪贤的建议，派蔺相如出使秦国。蔺相如到了秦国，秦王在王宫里接见了他。蔺相如用双手将和氏璧奉献给秦王。

秦王接过和氏璧左看右看，非常喜爱。他看完之后，又将和氏璧转给大臣们传看；大臣看完之后，又交给后宫的妃子们传看。时间过了很久，秦王始终不提用和氏璧交换十五座城的事情，蔺相如就知道，秦王根本没有用十五座城换和氏璧的意思。可是，和氏璧已经到了秦王手里，怎么才能拿回来呢？

蔺相如略作思考之后，走上前对秦王说："这块和氏璧虽然看着挺好，可是上面有一道小瑕疵，你们都没注意到，让我指给大王看。"秦王一听说和氏璧上有瑕疵，赶紧叫人将和氏璧交给蔺相如，让他指出哪儿有瑕疵。可是，蔺相如接过和氏璧之后，立刻后退几步，身子靠在柱子上，气冲冲地对秦王说："当初大王差人送信给赵王，说要拿十五座城来换赵国的和氏璧。赵国大臣都说，千万别相信秦王骗人的话，都不同意交换。可是，我却不这么想。为什么呢？因为，普通百姓都知道为人要讲信义，何况秦国的一国之君呢？赵王听了我的劝告，才派我把和氏璧送来。没想到大王把和氏璧接过去，随便交给下面的人传看，却只字不提交换十五座城的事儿。显然，大王您的确没有用十五座城交换和氏璧的意思。现在和氏璧在我手上，如果大王硬要逼迫我，我就将和氏璧摔碎在这根柱子上，然后我也撞死在你面前！"说着，蔺相如举起和氏璧就要朝柱子上摔去。秦王本来想叫身边的武士上前去抢，可是又怕蔺相如真的把和氏璧摔碎了，连忙向蔺相如赔不是说："大夫不要着急，我说话怎么能不算数呢？"于是，叫手下人把地图拿来，假惺惺地指着地图说："从这儿到那儿，一共十五座城，都划给赵国。"蔺相如心想，秦王这是在糊弄他，在地图上指指点点，在现实中根本不算数。我才不会上他的当！蔺相如对秦王说："这块和氏璧是天下有名的宝贝，赵王在送它到秦国来的时候，斋戒了五天，还在朝堂上举行了隆重的赠送仪式。现在大王要接受这块宝玉，也应该斋戒五天，在朝堂上举行接受仪式。只有这样，我才能把和氏璧献给大王。"秦王本来不想费这个劲，但是，面对态度如此坚决的蔺相如，无可奈何地答应了，然后派人送蔺相如回宾馆休息。蔺相如回到宾馆之后，立刻叫一个手下人打扮成商人，把和氏璧包好藏在身上，偷偷走小路潜回赵国。

秦王斋戒五天之后，就在朝堂上准备隆重的礼仪，请蔺相如到场，奉献和氏璧。蔺相如来到朝堂上对秦王说："秦国自从秦穆公以来的二十多个国君，不曾有一个坚守信约。我实在怕受大王欺骗而对不起赵国，所以派人将和氏璧带回赵国了。再说秦国强大而赵国弱小，如果秦国能够信守承诺，先将十五座城割给赵国，赵国怎么敢留着和氏璧得罪大王呢？我知道欺骗大王有罪，我情愿接受任何处罚。"

秦王和大臣们见事已至此，面面相觑，无可奈何。这个时候，秦王身边有人建议，将蔺相如拉出去，严加惩处。秦王却说："算了吧，现在就是杀了蔺相如，也得不到和氏璧了，反而因此断绝了秦赵两国的友好关系。不如继续好好招待他，然后送他回赵国。难道赵王会因为和氏璧的缘故欺骗秦国不成？"就这样，智勇双全的蔺相如，既保住了和氏璧没让它落在秦王手中，自己也平安地回到赵国，这就是成语"完璧归赵"的典故。

有人会感到不解，秦王怎么可能轻易地放弃和氏璧，让蔺相如平安回到赵国呢？其实，秦昭襄王是一位政治家，他在位五十多年，一直致力于扩大秦国的版图，对收藏玉器并没有多大兴趣，那么，秦昭襄王为什么还要提出用十五座城交换和氏璧的要求呢？其实，秦王是想试探一下赵惠文王的实力和勇气。秦昭襄王当然不是惧怕赵惠文王而行试探，但是他多少有些忌惮赵惠文王的父亲赵武灵王。

赵武灵王是战国中后期赵国杰出的君主，在位期间推行"胡服骑射"的改革政策，一改中原人上身穿宽袖，下身穿筒裙，乘战车打仗的传统，学习北方游牧民族的骑兵战术。赵国因此在军事上迅速强大起来，接连灭了中山等周边小国，又打败了林胡、楼烦两个游牧民族，开辟了云中、雁门、代等三个郡，并且修筑赵国的长城。经过赵武灵王多年的努力，最终使赵国的军事实力仅次于秦国，成为中原六国唯一能够在军事上抗衡秦国的国家，也是秦一统天下最大的障碍。

面对赵国咄咄逼人之势，秦昭襄王对赵武灵王有几分忌惮。可是后来，赵武灵王将王位禅让给儿子赵何，也就是后来的赵惠文王。几年之后，赵武灵王在一次国内权力之争中，被幽禁在宫中饿死了。

秦昭襄王听说消息之后，不禁大喜。赵武灵王死了，秦王除去了一个心头大患，他有了向东扩张的机会。可是，新即位的赵惠文王与他父亲相比，究竟如何呢？秦王就想试探一下。就在这个时候，从赵国传来赵惠文王获得和氏璧的消息。于是，秦王就给赵王写了一封信，提出要用十五座城交换和氏璧的要求。

秦王的意图很明确，如果赵惠文王和他父亲一样强势，那么，他一定会一口回绝秦国的要求，如果赵王同意交换，那就证明他胆小怕事，赵国绝不是秦国的对手。秦王的计谋果真得逞了。赵王面对秦王的要求，未战先怯，立刻派蔺相如带着和氏璧出使秦国。秦王当然不会给赵国

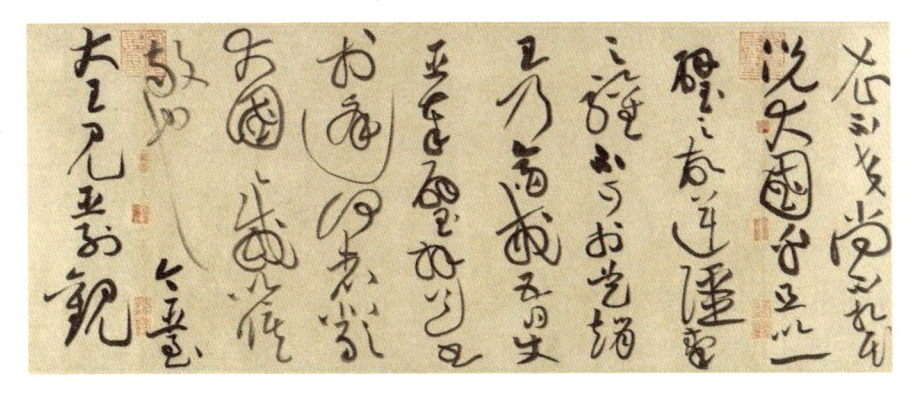

《廉颇蔺相如传》局部

十五座城。虽然，蔺相如凭借自己的智谋，不辱使命将和氏璧完璧归赵，但是，赵国国君的软弱还是在秦王面前暴露无遗，助长了秦国向东扩张的野心。

几年之后，秦军攻打赵国，攻下石城。石城地处今陕西榆林市吴堡县，这里曾经是魏国的领土，后来被赵国占领。秦国夺取石城之后，控制了黄河天险，在地理位置上，开始占据优势。从此，秦国军队不断对赵国发动进攻。

十几年之后，秦赵两国之间爆发了长平之战，最终赵国惨败，几十万赵军被俘，全部被坑杀，赵国因此元气大伤，国力锐减。公元前228年，秦军长驱直入，攻破赵国首都邯郸，赵幽缪王成了秦军的俘虏，赵国灭亡了。

赵国灭亡之后，和氏璧落到秦王嬴政的手里。公元前221年，扫灭六国一统天下的秦王，自称始皇帝，并且将和氏璧制作成四寸见方的印章，命丞相李斯用大篆体写了"受命于天，既寿永昌"八个字，再由玉工孙寿将八个字刻在印章上面，印章顶部还雕有五条龙。用和氏璧制作好印章之后，秦始皇宣布，从今往后，普通人的印章称"印"，而皇帝的印章只能称"玺"，并且专门用玉制作，一代一代的皇帝往下传，从此，帝王的印章就成了"传国玉玺"。秦始皇南巡的时候，在洞庭湖上遇到风浪，命令身边太监扔到湖中平息风浪的，正是这枚传国玉玺。制作出来不久的传国玉玺就这样扔进洞庭湖消失了。

八年之后的一天，秦始皇巡视天下，途经华阴县的平舒道时，一个神秘的人物站在大道旁，拦住皇帝的侍从说："请将这枚玉玺还给秦始皇。"说完这话之后，这个神秘的人物就不见了踪影。就这样，传国玉玺又回到秦始皇手上。这显然是秦始皇身边的御用文人编造的神话，目的是宣扬君权神授的观念，以及嬴政当皇帝的合法性。从此，"传国玉玺"就成了皇帝的信物，想当皇帝的人都拼命地想得到它。

公元前207年冬，刘邦率兵进入咸阳。秦朝的亡国之君子婴，将传国玉玺献给了刘邦，从此传国玉玺归于大汉王朝，并且一直珍藏在长乐宫中，成为皇权的象征。西汉末年，王莽专权，当时皇帝孺子年仅2岁，传国玉玺在长乐宫，由汉元帝的王皇后代为掌管。王莽篡位，建立新朝，立刻派弟弟前去索要传国玉玺。王太后破口大骂："你们就当我已经死了，你们这帮兄弟犯的可是灭族之罪啊！"话音未落，王太后将传国玉玺狠狠地摔在地上，玉玺被摔掉一个角，后来用黄金镶补，从此传国玉玺留下了瑕痕，也留下了辨识真伪的凭据。

公元23年，十月，王莽被杀，玉玺被校尉公宾得到，他立刻将玉玺献给了绿林军将领李松。李松不敢据为己有，马上派人将玉玺献给了更始帝刘玄。可是，刘玄后来被赤眉军抓住了，传国玉玺落到赤眉军拥立的皇帝刘盆子手中。后来，刘盆子兵败宜阳，将传国玉玺拱手献给东汉开国之君光武帝刘秀，从此，传国玉玺就在东汉的皇帝间传承。

东汉末年，宦官专权，外戚何进密谋诛杀宦官失败，结果反为宦官所害。袁绍领兵入宫诛杀宦官，皇宫陷入大乱，汉少帝连夜逃出皇宫避难。临走时太仓促，结果忘了带传国玉玺，当他想起来之后回宫去取时，却发现传国玉玺不见了。

不久，董卓乱政，十八路诸侯起兵讨伐，董卓弃城逃往长安，洛阳城内一片混乱。作为十八路诸侯之一的孙坚，率兵驻扎在洛阳城内的宫殿中。一天夜里，孙坚突然发现皇宫院内的一口井中，发出五彩的光芒，孙坚感觉奇怪，于是命令手下人下井探望。结果在井中打捞出一具宫女的尸体，宫女的脖子上戴着一个锦囊，锦囊里装着一个红色小匣，小匣内装着一枚玉玺，上面刻着八个篆字"受命于天，既寿永昌"。孙坚立刻认出，这是传国玉玺，心中不禁窃喜："难道上天要让我当皇帝？"孙坚不敢声张，悄悄将玉玺藏了起来，并且准备退兵回江东，从长计议。

可是，还没等孙坚动身，袁绍突然派兵将孙坚的老婆扣押了。这是怎么回事呢？因为孙坚的一名手下与袁绍是同乡，将孙坚获得传国玉玺的事告诉了袁绍。袁绍早有当皇帝的野心，岂能容忍孙坚得了传国玉玺，因此下令扣押了孙坚的妻子，孙坚被逼无奈，只好交出传国玉玺。还有一种说法是，孙坚得到传国玉玺之后，立刻带着本部人马回了江东。后来，孙坚的儿子孙策用传国玉玺在袁术那换来三千人马，奠定了孙吴霸业的基础。

袁术称帝失败，曹丕推翻汉朝登基当了魏国皇帝之后，传国玉玺就落入曹氏之手。三国归晋之后，传国玉玺归了司马氏。可是，不久八王之乱，西晋灭亡，北方陷入分裂和动荡之中，传国玉玺几经周折，落入东晋将军谢尚之手。谢尚派三百精骑连夜将传国玉玺送到首都建康，即今天的南京，献给东晋皇帝。

公元420年之后，南朝经历了宋、齐、梁、陈的更迭，传国玉玺也几经周折，多次转手。比如，南朝梁武帝时，侯景叛乱，攻破宫城，得到了传国玉玺。可是，不久侯景战败而死，他的部将侯子鉴将传国玉玺扔进栖霞寺的井中。有一天，寺里一位和尚将传国玉玺从井中捞出，派他的弟子将传国玉玺献给了陈武帝。

公元589年，杨坚派大军南下，灭了陈朝，统一全国，建立隋朝，传国玉玺进入隋朝皇宫。隋大业十四年三月，隋炀帝杨广在江都也就是今天的扬州被杀，隋朝灭亡了。萧皇后和太子杨昭，带着传国玉玺向北逃窜，投奔了漠北突厥。

公元630年，唐朝大将李靖率军讨伐突厥。同年，萧皇后与杨昭返回中原，将传国玉玺带回唐朝。唐朝末年，天下大乱，群雄并起，中国进入五代十国时期。后唐废帝被契丹击败，登楼自焚，传国玉玺从此下落不明。

北宋哲宗时期，有一个农夫在耕田时发现了传国玉玺，并将它献给朝廷。经13位大学士的辨认和多方考证，最终认定，这就是秦始皇用和氏璧制作的传国玉玺。但是，朝野很多有识之士，一直怀疑它的真伪。

靖康元年，金兵攻破汴京，北宋灭亡，徽钦二宗被金人押赴金国，传国玉玺同时也被金人掠走。从此，传国玉玺再一次销声匿迹。公元1294年，传国玉玺忽然出现于元大都的集市上，从此，传国玉玺落入元帝国皇帝手中。

公元1368年，朱元璋在建康称帝，建立大明王朝，元朝廷退到蒙古草原。朱元璋派大将军徐达深入漠北，追击北逃的蒙古朝廷。两年之后，明军横扫漠北直捣应昌，即今内蒙古赤峰市境内，缴获了元顺帝出逃时所携带的一批珠宝，可是，其中既没有元朝各位皇帝的玉玺，更没有传国玉玺。当皇帝却没有传国玉玺，是朱元璋一生最遗憾的事。

明代末年，据说由元顺帝带入漠北的传国玉玺，在他的后代林丹汗的手上。林丹汗兵败之后，传国玉玺归了皇太极。皇太极得到传国玉玺之后，立刻宣布由"可汗"改称"皇帝"，并且将国号由"大金"改为"大清"，表示要名正言顺地入主中原，推翻明朝，取而代之。

清朝初期，在交泰殿中收藏了39方玉玺，其中有一方刻有"受命于天，既寿永昌"八个大字，人们认为这方玉玺就是"传国玉玺"。可是，当乾隆皇帝对收藏和使用的御玺进行审核时，却将刻着"受命于天，既寿永昌"八个大字的玉玺剔除在外。显然，乾隆皇帝认出这方玉玺是赝品。那么，真正的传国玉玺究竟在哪儿呢？人们继续在寻找。

直到1912年11月，冯玉祥发动北京政变，末代皇帝溥仪被驱逐出宫，一些有当皇帝野心的人，一直期望能在紫禁城内找到传国玉玺，可是，宫中并没发现传国玉玺，甚至连传国玉玺的赝品也不见了踪影。这些人最终都失望了。

人们不禁要问，想当皇帝的人，为什么非要找到传国玉玺呢？因为，历代帝王都认为，传国玉玺是君权正统合法的信物，得到玉玺就意味着

"受命于天"，如果没有传国玉玺，则被讥讽为"白版皇帝"，为世人轻蔑。一旦失去传国玉玺，则意味着王朝的气数已尽。

时至今日，帝制已灭，玉玺的传国意义早已丧失，但是，它始终杳无踪影，毕竟是一件遗憾的事。也许是多年来实在找不到这方传国玉玺，人们开始从多方面怀疑它的真实性。

首先，怀疑故事的真实性。

最早记录和氏璧的是《韩非子》。众所周知，韩非写过大量的寓言故事，比如，刻舟求剑、滥竽充数、守株待兔等等。因此有人认为，和氏璧的故事，是韩非通过寓言为怀才不遇者鸣不平。可是我认为，这种怀疑很难成立。为什么呢？因为，和氏璧的故事不仅见于《韩非子》，在《战国策》和《史记》中都有记载。

其次，怀疑人物的真实性。

怀疑者认为，卞和能够在深山中发现玉璞，说明他是一位经验丰富的玉匠，那么他发现玉璞的时候不会太年轻。可是，他经历了三代楚王，尤其是楚武王，在位五十多年，那么，这位卞和在遇到楚文王的时候，至少八十岁了。设想一下，一个玉匠被砍去双足，在这几十年里，他如何生存？显然，卞和抱玉的故事，很可能是虚构的。可是，我认为这种怀疑虽然有一定的道理，却很难成立。为什么呢？因为，卞和活到八十岁的可能性完全存在。

最后，和氏璧无法制作成传国玉玺。

此观点的依据是《尔雅》所说的："肉倍好，谓之璧。"意思是，玉器半径是圆孔半径三倍的环状玉器，就是璧，它完全是扁平的。因此，和氏璧不可能制作成四寸见方的玉玺。我认为，持此观点的人忽略了一个细节。据《韩非子》描述："王乃使玉人，理其璞而得宝焉，遂命曰：'和氏之璧'。"意思是，楚王令玉匠将玉璞剖开之后，果真得到一块宝玉，随即将其命名为"和氏之璧"。显然，从玉璞中开解出来的仅仅是玉料，并没有经过琢磨加工，那么，和氏璧就不是严格意义上的璧而是美玉。因此，和氏璧完全有可能制作成玉玺。

玉璧　　　　　　　　　　　玉玺

　　那么，传国玉玺究竟是不是和氏璧加工而成，它又流落到何方了呢？有人猜测是秦始皇将它带入坟墓中去了。毕竟时间太久远了，要解开这些谜团，也许只能期待考古发掘的奇迹了。

第6讲

《清明上河图》之谜

1950年8月的一天，在东北博物馆，也就是今天的辽宁省博物馆的仓库里，文物鉴定专家杨仁恺先生正在鉴定一批中国古代书画作品。此时摆在他面前有三个画轴，分别都标明是《清明上河图》。人们一定会觉得奇怪：《清明上河图》是中国十大传世名画之一，怎么会同时出现三幅呢？其实这很正常，对传世名作进行临摹、伪造的行为由来已久。一个省级博物馆要收藏古代字画，自然不能收藏赝品，必须进行认真鉴别。如果将赝品当成真品，那就很有可能将真品当成赝品，这个损失可就大了。好在，当时的辽宁省博物馆有杨仁恺这位年轻的古董鉴定专家，经过他的鉴定发现了许多真品，同时也在众多号称真迹的作品中，发现大量假古董。因此，人们称他"国眼"。面对这三幅《清明上河图》，杨仁恺先生要再一次大显身手，一辨真伪。

　　当杨仁恺先生打开第一幅画时，一看就知道是一件低劣的赝品，几乎毫无价值，他随手就扔在了一边。可是，当他打开第二幅画时，立刻兴奋起来，因为此画的品质相当好，虽然不是北宋真迹，却很有可能是明代大画家仇英的临摹之作！发现了一幅明代作品，也算是不小的成绩，杨仁恺很高兴，对这一天的工作非常满意，以为不会再有什么重大的发现了，所以，他有些不经意地打开了第三幅画，以为又是一件赝品。可是，当他把整个画面展开的时候，他的身子一下僵在那里不动了，过了几秒钟之后，他突然大叫一声："就是这个！"周围的工作人员围拢上来，关切地问杨先生出什么事了？杨仁恺指指眼前的画作，激动地大声说："《清明上河图》，北宋真迹！"在场的人们，立刻沸腾了，谁也不敢相信，在这几乎无人问津的仓库里，居然发现了《清明上河图》的真迹，这太令人意外了！后来，经过众位专家们的反复鉴定，大家一致认可，这幅《清明上河图》就是北宋真迹。此画宽25.2厘米，长528.7厘米，绢本设色，整幅画面中绘制了八百多个人物，九十多头各类牲畜，二十多艘大小船只，三十多幢楼宇，还有许多车辆以及轿子等。生动形象地再现了北宋时期的各类场景，以及社会各阶层的生活现状，有着非常重要的艺术价值和历史意义，因此，《清明上河图》被称作中国十大传世名作之一。可是，如此珍贵的艺术品和国宝级文物，怎么会流落到东北博物馆的仓库中呢？这就得说说清废帝溥仪了。

1912年中华民国建立，清帝退位，可是，皇室成员仍然住在紫禁城内，由民国政府每年供给400万两白银的津贴，后来改为400万元大洋。可是一向挥霍无度、奢侈成性的皇室成员，这么多钱也不够开销。而且，民国政府只允许皇室成员在紫禁城内暂时居住，随时都有可能将他们赶出皇宫。在这种情况之下，上至废帝、太妃，下至宫女、太监，纷纷开始盗卖皇宫的收藏品。其中，废帝溥仪是最大的盗贼！

从1922年起，溥仪利用两个弟弟每天上午陪读的机会，将字画、古籍等珍贵文物藏在包袱里，由他的弟弟每天放学时偷偷带出紫禁城，存放在天津英租界的住宅里。直到溥仪1924年11月5日搬出紫禁城为止，两年多的时间，他们弟兄合伙偷窃了宫中收藏将近1200件，其中就包括这幅北宋的真迹《清明上河图》。

1931年，"九一八"事变之后，溥仪在日本人的帮助下，从天津悄悄潜入旅顺，不久溜到奉天，即今天的沈阳，他从宫中盗走的将近1200件文物也一起被带到了沈阳。1934年日本人在东北建立了伪满洲国，溥仪当上了伪满洲国的皇帝。他从故宫中偷出来的宝贝，都带到了长春，收藏在伪皇宫的小白楼里。

1945年8月15日，日本天皇宣布无条件投降，伪满洲国的皇帝溥仪颁布《退位诏书》，伪满政权彻底覆灭。溥仪在逃亡日本的途中，被苏联红军抓获。收藏在伪皇宫小白楼中的一千多件文物，被换上便衣的原伪满皇宫的卫士盗劫一空。这些国宝随即流失民间，被文物贩子们称为"东北货"。

三个月之后，长春警备司令部参谋长张克威，通过地方干部搜集到十几幅包括《清明上河图》在内的"东北货"。1948年，东北全境解放，张克威从部队转业，到东北行政委员会任职，便把他搜集到的"东北货"

清明上河图

带到哈尔滨,全部交给当时的东北行政委员会主席林枫。林枫当然知道这些"东北货"的价值,立刻将这些画交给东北文馆会收藏。后来,东北文馆会从哈尔滨迁到沈阳,这些文物就暂时存放在东北银行的仓库里。

全国解放之后,东北博物馆在沈阳成立,这些文物就移交给了东北博物馆。第二年冬天,东北局文化部着手整理解放战争后留下的文化遗产,书画鉴定专家杨仁恺先生等人奉命甄别东北博物馆库房里的古代字

第 6 讲 《清明上河图》之谜

画,就这样,杨仁恺先生在这堆古代字画里,发现了《清明上河图》的北宋真迹。

1953年11月,《清明上河图》进北京展出。展出结束之后,就留在了故宫博物院。《清明上河图》被故宫博物院收藏之后,人们对它的研究得以深入展开,质疑和争议也随之产生,而且所有争议都没有最终结论,从而形成了许多难解之谜。那么,围绕《清明上河图》都有哪些争议呢?

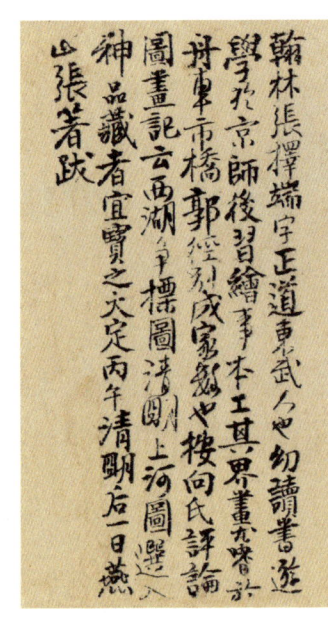

《清明上河图》张著题跋

首先，此画创作的年代。确定《清明上河图》创作时间最重要的依据是张著的题跋。题跋的时间是金大定二十六年，即公元1186年清明之后的某一天。张著本来是北宋人，北宋灭亡之后，在金朝的内府任职。因此，张著的题跋给《清明上河图》的创作时间明确了一个下限，也就是说，《清明上河图》的创作时间不会晚于1186年。

那么，在1186年之前的哪个时间点呢？张著在题跋中提供线索：翰林张择端，曾经游学京师。画家当翰林从五代的南唐开始，南唐小王朝就成了《清明上河图》创作时间的上限。可是，南唐灭亡到大定二十六年，历时221年，这个跨度太大。不过，"京师游学"一语，缩小了时间范围。因为，从南唐到金，被称作"京师"的只有北宋都城汴京。可是，北宋立国168年，这个时间跨度依然很大。

不过，有一位名叫张公药的人，在《清明上河图》的画卷上题诗道："通衢车马正喧阗，只是宣和第几年。"意思是，交通要道车马喧嚣，不知道是宣和的哪一年。有人因此断定，《清明上河图》创作于北宋宣和年间。可是令人不解的是，如果此画创作于宣和年间，为什么《宣和画谱》没有收录呢？唯一的解释就是，此画的创作时间晚于《宣和画谱》成书的宣和二年，即公元1120年。可是，距离1186年仍然有66年的空档。

最近有学者根据《清明上河图》中出现的牲畜种类和数量不同，对此画的创作时间做了推测。据统计，画面中一共出现了92头牲畜，其中驴49头，马21匹，牛14头，猪5头，骆驼3头。显然，在《清明上河图》的制作时间，驴是主要的运输工具。北宋神宗年代开始，朝廷通过各种政策鼓励民间养马，马逐渐成为主要的运输工具。因此，这位学者得出结论，此画的创作时间，不会晚于北宋神宗时代，即公元1048年至1085年之间。一下子又把创作时间提前了一百多年。

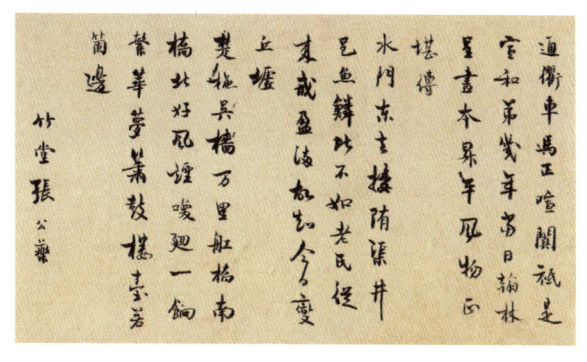

《清明上河图》张公药题跋

我认为，以上这些观点有一个最大的问题，什么问题呢？就是忽略了《清明上河图》是艺术创作，它不是摄影镜头，画面出现的图像不是当时的取景，而是艺术家心目中的意象，是

《清明上河图》局部：毛驴

艺术家根据记忆进行的创作。而这些出现在艺术作品中的生活记忆，只能提供作品创作的上限，无法提供作品创作的具体时间。

其实，将《清明上河图》的创作时间锁定于北宋的关键，是将此画的作者默认为张择端。可是，无论从画面本身，还是从题字题跋，都没有明确证据证明，《清明上河图》的作者是张择端，这就引发了围绕《清明上河图》的第二大争议。此画的作者究竟是谁。

之所以产生这个争议的重要原因是，故宫博物院收藏的《清明上河图》没有作者署名，因此，创作者究竟是谁，人们的意见并不一致。目前，绝大部分人认为，此画的作者是张择端，他是北宋人，因此，此画的创作时间也就定在了北宋。人们的依据是，故宫博物院收藏的《清明上河图》上有金代张著的题跋，早于金代自然是北宋。

可是，有人对此说法却提出质疑。这种质疑分两个角度：

首先，质疑者认为张择端不是北宋人。理由是，对于张择端的身世，史书上没有任何记载，两宋画院都看不到张择端的著录。而《清明上河图》上最早的题跋又出自金代人张著之手，因此有人认为，张择端是金代人。

其次，又有质疑者直接否认《清明上河图》的作者是张择端。他有如下几个理由：

理由一，证据不足。故宫收藏本《清明上河图》上，没有张择端的落款，证明张择端是此画作者的唯一证据，是金朝人张著的题跋，而张著的题跋很有可能是伪造的。

其二，水平不够。有张择端落款，而且确定是张择端真迹的作品，目前发现的只有天津艺术博物馆收藏的《西湖争标图》。可是，这幅作品不仅构图呆板，节奏缺乏变化，而且生活经验不足，缺乏细微的观察力，绘图完全落于套路之中，拘谨有余而生动不足。故宫收藏本《清明上河图》却完全相反，显然不是一个层次的作品。一个人的绘画水平应该具有连续性，不会发生如此巨大的变化。

其三，张择端英年早逝。据学者考证，张择端在宣和画院没有什么影响，也不可能是《清明上河图》的创作者的一个重要原因是，张择端在北宋灭亡前几年就去世了，死时大约二十余岁。这也是张择端的传世作品显得很稚嫩的原因。

质疑者因此得出结论，《清明上河图》不可能是张择端所作，作者另有其人。那么，这位被埋没了近千年的作者又是谁呢？据考证，他可能是北宋另外一位绘画艺术大师，名叫朱锐。他曾经在北宋时期担任宣和画院待诏，北宋灭亡之后南下临安，在南宋的朝廷中官复原职，并且授迪功郎，赐金带。朱锐擅长山水和人物画。是北宋末年至南宋初期中国杰出的绘画艺术大师。

那么，为什么有观点如此坚定地确认《清明上河图》是朱锐所作呢？

理由一，题材一致。

朱锐喜欢画骡马、运粮的盘车、民间的建筑、现实生活中的普通人物。比如，《盘车图》，细节刻画精彩，画面上的招幌、小店、篷车、驼队和

《西湖争标图》

下层百姓，无论设色、用笔和皴法，还是风格、气韵，均与故宫收藏本《清明上河图》高度统一，差别只在于《清明上河图》更加严谨。

理由二，风格一致。

朱锐的作品大都为绢本，而且色彩素淡，尤其喜欢画雪景，雪后的江山，萧瑟的村庄，大有王维山水画的空灵境界。比如，《雪中骡纲图》和《雪景图》。在画人物方面，表现出对各色路人极其了解，没有宫廷院画的脂粉气。这一点，在《清明上河图》中表现更加突出。

理由三，图式稳定。

朱锐的《盘车图》在风格、图式上与《清明上河图》具有统一性，

《盘车图》

由于画家笔法与图式长期稳定,自成系统,又因为在中国绘画史上,找不到第二位画家能在艺术表现手法、图式系统和风格气韵等方面与《清明上河图》如此吻合。

综合以上理由,有学者认定《清明上河图》是朱锐所作。既然认定朱锐是《清明上河图》的作者,那么,此画的创作年代也就因此确定为南宋初年。

可是,我认为这种观点有很难解释的几个疑点:疑点一,在金宋严重对立的情况下,张著是如何看到朱锐作品的?疑点二,面对没有落款的《清明上河图》,张著为什么将朱锐的作品,指认为张择端的作品呢?虽然有观点怀疑,张著的题跋有可能是移花接木,但是,在没有确凿证据的情况之下,这只能是猜测。那么,《清明上河图》的创作年代和作

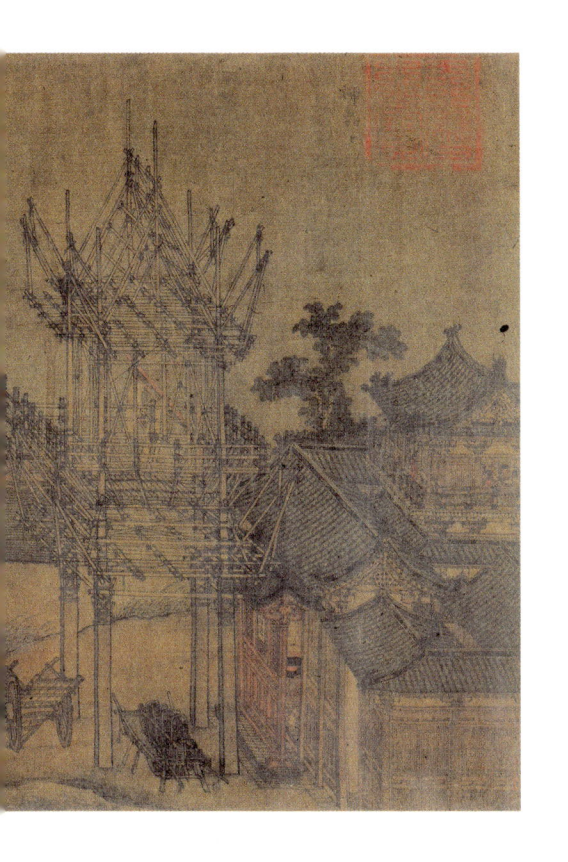

者依然没有最终的结论。

不仅如此，谁收藏的《清明上河图》是真迹，也存在着争议。据不完全统计，目前世界范围内各地博物馆收藏的《清明上河图》至少有30多个卷本，其中大陆收藏10本，台湾收藏9本，美国收藏5本，法国收藏4本，英国和日本各收藏1本，那么，其中哪一本是真迹呢？多少年来意见并不一致。

美术界经过多年的讨论和论证，将目光锁定在收藏于美国国会图书馆、台北故宫博物院和故宫博物院的三个卷本上。因为，这三个卷本各有依据。美国国会图书馆收藏的《清明上河图》有宣和二年宋徽宗赵佶的瘦金体题跋，台北故宫博物院收藏的《清明上河图》有"翰林画史张择端呈进"的题款，而故宫博物院收藏的《清明上河图》既没有创作时间，也没有署名。那么，三个卷本哪一个是真迹呢？目前国内美术界的观点基本一致，认为故宫博物院收藏的卷本是真迹。人们一定会感到奇怪，凭什么认定没有落款的《清明上河图》是真迹呢？那么，就让我们从《清明上河图》的流转过程说起吧。

靖康元年，北宋灭亡，金兵押着徽宗、钦宗父子，以及皇子、后妃和宫女等四百多人，还有无数掠夺来的金银财宝返回金国。可是，《清明上河图》并没有归入金朝的皇宫，而是流传到了民间，落在张著、张公药等北宋遗民的手中。

蒙古人建立元朝之后，统治者到处搜刮财宝，《清明上河图》被收入元朝宫廷，为皇家所有。到了元代至正年间，宫内有一个装裱匠用赝品将真本偷换出宫，悄悄地卖给了某位朝廷官员。这位官员的手下，又把它卖给了杭州的陈某。元至正十一年，陈某因手头缺钱，将此画卖给常住北京的江西泰和人杨准。

同年秋，江西人刘汉在杨准家见到此画，在杨准的题跋之后也写了一个跋，称这一作品为"希世玩"，要杨氏子孙永远"珍袭"。可是，元至正二十五年，《清明上河图》却转到静山周氏的家里了。究竟是杨准自己卖掉的，还是在他死后子孙卖掉的，就不得而知了。《清明上河图》转到静山周氏家之后，曾经几度转手，到明弘治年间，为大理寺卿朱文徽所有。

后来，《清明上河图》落到徐溥的手里。徐溥是华盖殿大学士，临终前将这一名作赠送给李东阳。李东阳是一名书法家，也是收藏家，官至文渊阁大学士。他在题跋中对《清明上河图》推崇备至，评价极高。

明嘉靖三年，此画转到长洲人陆完的手里。陆完，官至太子少保、兵部尚书，名重一时。由于接受宁王朱宸濠的巨额贿赂，朱宸濠谋反之后被抄家时，发现有朱宸濠与陆完往来信件，陆完因此被捕入狱，最后死在发配地，福建靖海卫。陆完死后，他的儿子将《清明上河图》卖给了昆山顾鼎臣。

还是在明嘉靖年间，此画落到严嵩、严世蕃父子手里。严氏父子获罪，严家被抄，《清明上河图》被皇宫收藏。隆庆皇帝不大喜欢这些玩意儿，成国公朱希忠想得到这批书画，皇帝指示估成高价，算是抵他的薪水。有一个小太监知道《清明上河图》估价最高，就私自打开箱子将画偷窃到手，正要往宫外走时，管事的人来了，小太监一着急，就把画藏在水沟的石缝中。恰好当天晚上下大雨。雨水将石缝淹没了。这大雨一连下了三天，等到雨停之后，小太监去沟里取时，画已腐烂得再也收拾不起来了。

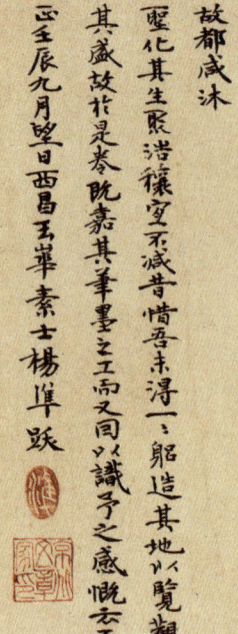

《清明上河图》杨准题跋

这个故事显然是编的，因为《清明上河图》安然无恙地保存了下来，而且没有任何泡水的痕迹。那么，人们为什么要造出这样一个故事来呢？因为，这中间包含着一个阴谋。《清明上河图》在陆完题跋后是太监冯保的题跋，二者相距54年。这件名画如何从宫中转到冯保手中的呢？如果是皇帝所赐，他一定大肆吹嘘。可是，他在题跋中并没有这样写，那只有另外一种可能，偷的！冯保是嘉靖时期的秉笔太监、隆庆年间的东厂提督，万历初年，他又把司礼监、东厂都揽了过来。张居正为了巩固自己的地位，排挤政敌，推行改革，也需要冯保的力量。冯保在《清明上河图》上题跋的那一年，万历皇帝朱翊钧才16岁，还没有亲政，冯保掌管着皇宫所用的一切，他完全有这个作案的条件，就是明着拿，也无人敢过问。《清明上河图》被毁的故事，很可能就是冯保捏造出来的。可是，万历年间抄冯保家时，却没有发现这件作品，说明冯保在

宋家汴都全盛時萬方玉帛梯航隨清明上河俗所
尚傾城士女攜童兒城中萬屋鱗甍起百貨千商集
成蟻花棚柳市圍春風霧閣雲牕綦朝綺芳原細草
飛軿塵馳者若颺行若雲虹橋影落浪花裏搋舡撒
蓮俱有神笙歌在樓遊在野豈有驅牛種田者眼中
苦樂各有情綏使丹青未堪馬翰林畫史張擇端研
朱吮墨鏤心肝細窮豪髮野千萬真與造化爭雕鐫
圖成進入繪熙御筆題籖標卷面天津回首杜鵑
啼條忽春光幾時變朔風捲地天雨沙㠯此圖此景復
誰家藏私印屢易主嬴得風流後代誇姓名不入
宣和譜翰墨流傳藉吾祖獨徑憂樂感興衷空平
環州一杯土豐亨豫大約此徒當時誰進流民圖乾
宗張擇端清明上河圖今大理卿致仕鶴坡朱
公所藏也諸祖希邊先生之遺墨在焉予三十年
前見之今其孫鶴完如故展玩纍日為之歎悅
不能已因題其後弘治辛亥九月壬子太常寺少
卿兼翰林院侍講學士雲陽李東陽識

《清明上河圖》李東陽題跋

圖之工妙入神論者已備吳文定公詩
宣和畫譜不載此擇端而未著甚說
近閱畫譜乃知因之蓋宣和畫譜
之作專於蔡氏而深惡蘇黃以東坡山谷譏訕
元祐諸正京和深惡耳擇端在當時必
亦非附蔡氏者畫譜之不載擇端猶
譜之不載蘇黃也小人之忌嫉人豐不
至如此不然則擇端之藝亦豈在譜
中之後歟
嘉靖甲申二月望日長洲陸完書

《清明上河圖》陸完題跋

抄家之前就已将此图秘密出手，从此，《清明上河图》的真迹下落不明。

到了清代，《清明上河图》被陆费墀收藏，他是乾隆时的进士，但是，没有说明他从何处得到此图。陆费墀之后的收藏者是毕沅，毕沅是江苏太仓人，乾隆年间官至湖广总督。

嘉庆四年，湖广一带发生百姓反抗朝廷的斗争，清政府追究地方官的责任，认为毕沅在总督任上办理不善，剿除不力，并且又认为他滥支军费，结交送礼、营私枉法。可是，毕沅已死，无从处罚，只好追夺他子孙的官职，并将他的家产没收入宫。

《清明上河图》冯保题跋

《清明上河图》毕沅收藏印

从此，《清明上河图》被清内务府收藏。清廷收到这件国宝之后，非常重视，把它收藏在紫禁城的延春阁中，并著录在《石渠宝笈三编》里。

显然，与其他两家收藏的《清明上河图》相比，只有故宫博物院的收藏本上，有完整而详细的流转过程。而且从宋代一直到今天，流转有序，题跋、印鉴，历历可数，很难造假。而单一的落款或题字，却非常容易伪造。因此，我们得出结论，故宫博物院收藏的《清明上河图》是北宋真迹。

可是，关于此画的主题依然存在着争议。历代收藏家、鉴赏家和评论家，似乎一致认为，《清明上河图》画得是北宋时期汴京清明时节的

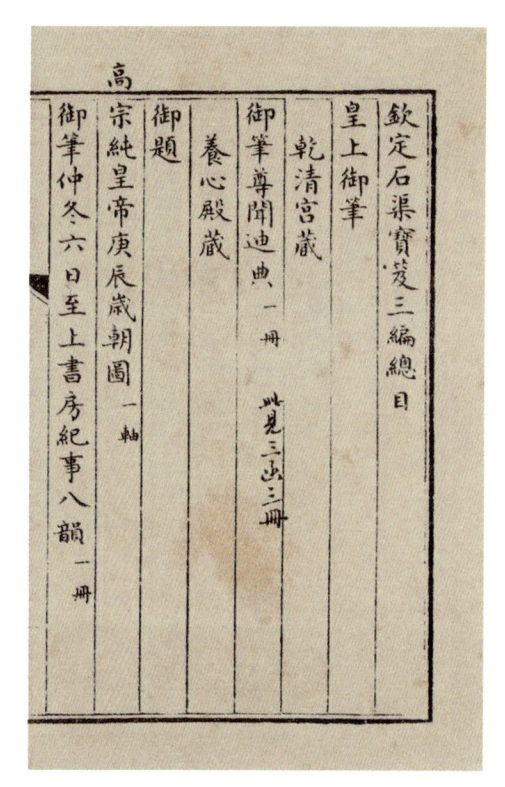

《石渠宝笈三编》

场景。可是，仔细观赏此画就会发现，张著题跋中的"清明"是他写题跋时落款的时间，而不是画面中场景发生的时间。

如果此画作者画的是汴京的清明节，那么，画面上的生活内容和细节必须与清明节有关。可是，无论怎么寻找，也找不到一点与清明有关的细节。比如，清明不能生火做饭，有人却在做饭；清明要上坟扫墓，却没有出现一座坟墓；清明节要烧纸，可是，卖纸品的商店门口没有顾客。

《清明上河图》非但不是表现清明节，而且其中的景色并非单一的季节。比如，画面中有驮着木炭的驴子，这说明是秋天甚至初冬；画面中有人用扇子，或者扇风，或者遮阳，有人戴草帽和斗笠，天并没有下雨，这显然是夏天；画面酒肆的酒旗上写着"新酒"，新粮下来才会有新酒，这显然是秋天。

由此可以得出这样的结论，《清明上河图》中的景色，有秋天，有夏天，也有春天，这是艺术家意象的特征，他将记忆中的汴京，统统画了下来，在人们的记忆中时间是可以穿越的，空间是可以并存的。显然，它可以是任何季节，却恰恰不是清明。

既然不是清明节，那么此画的标题中出现"清明"二字究竟是什么意思呢？最近有学者考证出，清明是当时汴京城的一个城区——清明坊。北宋时期的汴京城一共有136个坊，外城东郊区有三个坊，其中第一坊就是清明坊。

明白了"清明"的意思之后，"上河"也就容易解释了。因为画面中有一条河穿过清明坊，它就是汴河。因此，《清明上河图》的意思，就是《清明坊汴河图》。那么，既然是汴河为什么又叫上河呢？这位学者解释道，汴河由西北向东南流，作者画的是清明坊的西北部分，它在汴河的上游，因此称上河。

可是，有学者对此提出反对意见，认为"清明"既不是季节也不是区域，而是一种政治状态。这位学者根据画面中繁荣的景象，一片祥和的气氛，说"清明"是歌颂北宋王朝政治清明。可是，我们仔细观察就会发现，《清明上河图》虽然场面热闹，但表现的并非繁荣市景，而是一幅带有忧患意识的"盛世危图"，在商业繁荣的表面之下暗藏危机。比如，惊马闯郊市，船上发生险情，桥上文武官员争道，以及军力懈怠、

《清明上河图》局部：纸店

《清明上河图》局部：驮炭

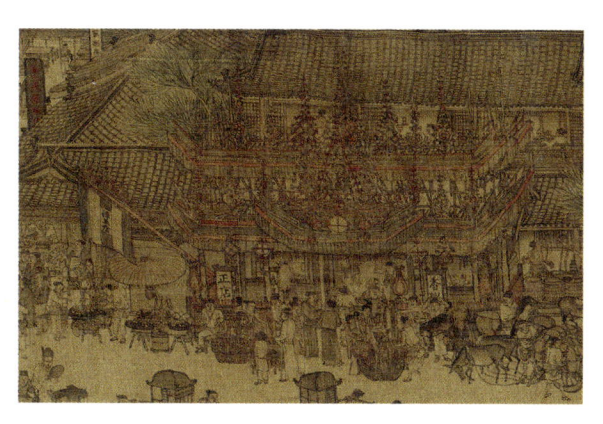

《清明上河图》局部：酒旗

《清明上河图》局部：懈怠

消防缺失、城防涣散等场景。

这些场景说明，此画作者具有批判现实主义的精神，他真实地再现北宋时期汴京的风土人情、繁荣景象的同时，也深刻地揭示了社会矛盾，显然是在总结北宋灭亡的教训。此画作者一定经历了王朝的灭亡，因此暗示了此画创作的时代，即北宋与南宋之交。同时也进一步凸显出《清明上河图》的意义和价值，它告诉后人，艺术家的责任和使命，就是提醒统治者，要有忧患意识，在繁华的背后，警惕潜在的危机。这种艺术家的使命是我们后代人努力学习的榜样。

第 7 讲

海内三宝之谜

所谓"海内三宝"是指毛公鼎、大盂鼎和大克鼎。由于它们都是在清朝末年出土于陕西省,又都是西周时期的重器,因此被人们盛赞为"海内三宝"。可是,"海内三宝"自出土之后,就开始了它们颠沛流离的遭遇,如今分居台湾、北京、上海三地。那么,它们都经历了哪些险境,最终的下落又都如何呢?这还得从四川保路运动说起。

1911年9月,四川省爆发了"保路运动",四川总督赵尔丰的血腥镇压,引发了同志军的起义,起义迅速席卷了整个四川省。清朝政府立刻任命前直隶总督端方为川汉、粤汉铁路督办,带领湖北新军赶赴四川平定叛乱。当端方带着部队进入四川资州,即今天的四川资中县的时候,传来了武昌暴动的消息,新军中的革命党人开始抗命不前。

11月27日清晨,一群官兵闯进端方的行辕,将他从被窝中拖了出来,拉到天后宫门前要杀他。这时,端方向大家哀求说:"我们都是同胞,一向相亲相爱,如果是为了军饷,我筹措的4万两银子马上就到。"这个时候有人出面制止说:"姓端的不是撒谎的人,何必杀他呢?赞成杀他的人

毛公鼎　　　　　　　　大盂鼎　　　　　　　　大克鼎

举手。"在场官兵经过表决,多数人赞同杀端方。于是,众人将端方乱刀砍死,同时被砍死的还有端方的弟弟端锦。士兵们将两人的首级砍下,然后装在一个盛满了煤油的木桶里,将二人的首级浸泡其中,派人飞马送往武昌。

说起端方,这可不是个等闲之辈,辛亥革命爆发前,他的地位仅次于袁世凯,而且与袁世凯的个人关系非常好,这可是辛亥革命中杀掉的最大的朝廷官员。因此,端方被革命党人砍头的消息很快传遍全国。当消息传到苏州时,一位名叫潘祖年的人,带着一家人来到一座青铜鼎前膜拜,并且高呼:"宝鼎有灵啊,天佑我也!"潘祖年当时是通议大夫,虽然是闲职,毕竟是朝廷的命官,并非革命党人。那么,潘家得知端方的死讯为什么对着青铜鼎膜拜呢?难道真的是这座青铜鼎保佑了他们潘家吗?这就得说说这座青铜鼎了。

赵尔丰

端方

道光初年,陕西省岐山县一位农民,在崩塌的山崖下发现了一个几百斤重的青铜鼎,这位农民不认识青铜鼎,叫它"铜缸"。消息传到县城,岐山县首富宋金鉴立刻赶到现场。他一眼认定这是件宝贝,立刻出高价买下了这只铜缸。

宋金鉴将铜缸运回家之后,立刻叫下人清除上面的铜锈。结果,一座造型极为精美的青铜大鼎呈现在他面前!宋金鉴赶紧叫人把青铜鼎搬到书房,并嘱咐家人们不得声张。可是,宋金鉴得到铜鼎的消息,还是在县城传开了。

几天之后,岐山县令周庚盛登门拜访,周县令一进门,直奔主题,要一睹宋金鉴新得到的宝贝。宋金鉴不敢违抗周县令，只好带他到书房观看铜鼎。周县令一见这座宝鼎，非常喜欢，希望宋金鉴能将宝鼎转让。可是，宋金鉴根本没有将宝物出手的意思。

周县令见宋金鉴不想出让宝鼎，就教训起宋金鉴来。周县令说：鼎是国之重器，象征国家尊严、权力和等级。你一个普通百姓私藏宝鼎，就不怕遭报应吗？宋金鉴一听这话，只好忍痛把铜鼎转让给周县令。

周县令以政府的名义收购宝鼎，却把宝鼎悄悄搬到自己家。可是，从此周家灾难不断。比如，院中的参天大树突然枝断；家中的正房墙角突然坍塌；周县令经常半夜被噩梦惊醒，梦见自己在大鼎中被烹煮。周县令实在受不了这种煎熬，只好将宝鼎转手卖给北京琉璃厂的一个古董商人。就这样，宝鼎从陕西岐山，千里迢迢来到北京。

转眼几年过去，这家古董店来了一位大清朝的翰林，花三千两银子，将这座青铜鼎收购了。人们不禁要问：这人是谁啊，出手如此阔绰？此人不是别人，正是当年忍痛将青铜鼎转给周县令的宋金鉴。原来，宋金鉴经过苦读终于考中了进士，并且被选入了翰林。他觉得自己有了功名，敢收藏国之重器了，因此，不惜花重金将这座青铜鼎买下，然后运回陕西老家收藏。

可是，自从宋金鉴将宝鼎运回老家之后，他就渐渐失去了朝廷的信任，官运就此中断了。为此他郁郁寡欢，终于卧床不起。临终前，宋金鉴明白了一个道理：宝鼎乃国之重器，私藏宝鼎，会遭报应的！

宋金鉴去世之后，他的儿子将宝鼎运到西安，仅以七百两白银的低价，转让给陕甘总督左宗棠的手下袁保恒，也就是袁世凯的叔叔。袁保恒知道左宗棠喜欢收藏古董，于是将宝鼎献给左宗棠。可是，左宗棠对宝鼎只玩赏了两个月，就无偿送给一个叫潘祖荫的人。人们不禁要问：潘祖荫是什么人，身为封疆大吏的左宗棠，为什么要巴结他呢？

潘祖荫是咸丰皇帝的侍读，就是陪皇上读书的人。咸丰九年，即1859年，左宗棠因得罪了永州总兵樊燮，被朝廷以图谋不轨的罪名打入大牢，眼看性命不保。幸亏潘祖荫上奏咸丰皇帝，力保左宗棠，而且多方打点，上下疏通，终于使左宗棠幸免于难。为了报答救命之恩，左宗棠将宝鼎送给潘祖荫。不过，左宗棠认为，他也是为宝鼎找了一个最佳去处。为什么这么说呢？

因为，潘祖荫是当时著名的金石收藏大家，学识渊博，独具慧眼。果真，潘祖荫很快弄清了这座大鼎的来龙去脉。此鼎高102厘米，口径77.8厘米，重153.5公斤，大鼎的腹内铸有291个铭文，是一位名叫"盂"的贵族，为颂扬周康王的功绩而制作。因此，潘祖荫称这件宝鼎为"大盂鼎"。此鼎铸造于周康王二十三年，即公元前1003年，距今已经有三千多年的历史了。

《大盂鼎》铭文

潘家藏有大盂鼎的消息很快就在京城传开了，满洲贵族，时任湖北巡抚的端方，酷爱收藏，听说消息之后，亲自登门拜访，希望潘家能够出让大盂鼎。潘祖荫自然不会答应，可是，从此潘家的厄运就来了。

同治十二年，已经升任军机尚书的潘祖荫莫名其妙地被慈禧太后革了职。光绪末年，潘祖荫重病在床。弥留之际，他最不放心的就是大盂鼎。临终前，他再三叮嘱弟弟潘祖年及其子孙，要将大盂鼎妥善珍藏，绝不能流入外人之手。

潘祖荫去世后，潘家在朝廷中没了倚靠。守孝期还没过，就不断有人上门打问大盂鼎。潘家上下，被搞得心神不定。别人还好对付，最令潘家担心和害怕的还是端方。显然，京城已经待不下去了，为了保住大盂鼎，潘祖年决定搬回苏州老家。

借着运兄长灵柩回故里的名义，潘祖年租了一条大船，将大盂鼎和许多重要的收藏品装运上船，就这样，大盂鼎神不知鬼不觉地从京城运到了苏州。可是，就在潘祖年一家搬回苏州之后不久，对大盂鼎垂涎三尺的端方，也来到了苏州。端方此次到苏州，大盂鼎势在必得，为什么呢？因为此时的端方出任两江总督，苏州在他的管辖范围之内。

端方担任两江总督之后，不时派人到潘家纠缠。可是，潘祖年牢记着哥哥的临终嘱托，始终不为端方的威胁利诱所动，并派人昼夜看护宝鼎，以防不测。几年后，端方又升任直隶总督，更加权重一时。对潘家催逼得更紧，似乎不得到大盂鼎誓不罢休。

就在潘祖年和家人们整天提心吊胆，度日如年的时候，突然从四川传来消息，端方受命到四川镇压保路运动，半路上被革命党砍了脑袋，首级运送到武昌。消息传来，潘家上下欢呼雀跃，对着宝鼎顶礼膜拜，并且高呼："宝鼎有灵啊，天佑我也！"就这样，大盂鼎终于保住了，没有落到端方的手中。

端方一死，端家失去了顶梁柱，端方在世时的收藏，便成了端家后代变卖的财产。当端方的女儿与袁世凯的儿子袁克权结婚时，端府大太太用一件宝鼎当陪嫁，送给袁世凯家。可是袁世凯非常迷信，认为宝鼎是不祥之物，无论如何不敢接受。人们感到不解：大盂鼎不是没有落入端方之手吗？端方的太太怎么用它作陪嫁呢？原来，端方在千方百计夺取大盂鼎之前，就已经通过各种手段，获得了另外一座宝鼎。那么，这又是一座什么样的宝鼎，居然让袁世凯这样的人物都避之唯恐不及呢？这得从这座宝鼎的流转过程说起了。

1851年的一天，陕西省岐山县董家村农民董春生在耕地时，无意中掘得一件青铜鼎。宝鼎出土之后，附近的古董商闻讯而来，以白银三百两的价格买下，可是，将古鼎运出村时，却遭到同村村民董治官的阻挠。董治官声称，宝物出自两家地界，所得收入应一家一半。

面对董治官的敲诈，古董商恼羞成怒，贿赂了岐山县县令，将董治官逮捕问罪。罪名有两条：其一，私藏国宝；其二，草民取名"治官"，有犯上作乱之嫌。就这样，这座宝鼎在知县的庇护之下，落在了古董商的手里。

1852年，宝鼎被陕西最大的古董商，苏氏兄弟收购。当时的青铜器不但以质地、古旧程度论价，而且还按照铭文的字数加价，一个字可以加一两黄金。苏氏兄弟收购到这座宝鼎之后，出高价前来购买的人很多。可是，苏氏兄弟一概予以回绝，并且一直不出手，这是为什么呢？

因为，苏氏兄弟有一位好朋友叫陈介祺，苏氏兄弟曾经对陈介祺做出承诺，一旦他们手中有了上好的古董，一定要让陈介祺优先挑选，只要陈介祺看中，绝不让第二人过目。那么，作为古董商人的苏氏兄弟，为什么如此信守承诺呢？

因为，陈介祺在青铜器方面有极高的造诣，曾经在苏氏兄弟手中的青铜器中，辨认出一件西周的青铜器"天亡簋"，并且重金收购了它。从此，苏氏兄弟与陈介祺关系甚密，超出了一般的买家与卖家的生意往来。

可是，当苏氏兄弟兴冲冲地来到陈介祺家，告知手头有一座宝鼎的时候，陈介祺却不以为意地说：现在既不想看鼎，也不能购鼎。这是为什么呢？一向视宝鼎如命的陈介祺，为什么一反常态，甘愿与宝鼎失之交臂呢？

原因很简单，陈介祺的父亲陈伟棠，坚决反对儿子收藏青铜宝鼎。这又是为什么呢？因为，陈伟棠深知青铜宝鼎的分量，担心收藏的古物过于贵重，会给家族带来灾难。一方面不能违背父命，一方面也不愿意让朋友难堪，于是，陈介祺只好说，目前手头没有资金，无力收购。苏氏兄弟的确够哥们，知道陈介祺爱宝心切，只是资金不足，那就等，等到陈介祺有钱再说。

这一等就是九年。直到陈介祺的父亲去世，陈介祺开始独掌家业，终于以一千两白银的价格，将这座宝鼎买了下来。为了避免宝鼎给自己招惹麻烦，陈介祺对宝鼎始终秘不示人。因为，清朝法律规定，凡秦汉以上文物，均由宫中收藏，臣民不得私藏。因此，即使对亲朋好友，陈介祺也矢口否认自己收藏了宝鼎。陈介祺得到宝鼎仅一年多，母亲就去世了。他借着给母亲奔丧的机会，辞官回归故里，专心于古物的收藏与考证。

他首先对这座宝鼎的铭文进行了释文考证。经过考证，陈介祺得知，这座宝鼎是周宣王在位时，由当时的贵族毛公厝铸造，此鼎刻有周宣王任命毛公厝为执政大臣的敕令。由于此鼎的主人是毛公厝，因此，陈介祺称这座宝鼎为"毛公鼎"。毛公鼎上的铭文一共有497个字，是所发现的青铜器中铭文最多的国宝，也是研究西周历史、文化最有价值的珍贵文物。

1882年，陈介祺去世了，三个儿子平分了他一生的珍藏，次子陈厚滋分得了毛公鼎和其他一些珍玩古物。陈厚滋一直牢记父亲生前的教诲，安心于读书守业的宁静生活。可是到了陈厚滋的次子陈孝笙时，陈家的平静日子被打破了。陈孝笙终于等到了自己掌管家业的日子，他开始违背祖训，涉足商业。

在商业交往中，他不时向外人炫耀自己家里的收藏，无意之中，就泄露了自家藏有毛公鼎的秘密。这个消息传到了两江总督端方的耳朵里。位高权重的端总督，得知毛公鼎藏在陈孝笙家之后，决心一定要得到毛公鼎。

端方得知陈孝笙生性爱钱，就托人转告陈孝笙，如果答应卖鼎，除了一万两白银以外，陈孝笙还可以担任一年湖北省银元局局长的职务，这在当时可是肥缺啊！面对如此巨大的诱惑，利欲熏心的陈孝笙不顾家人的反对，以一万两白银的价格，将毛公鼎转给了端方。

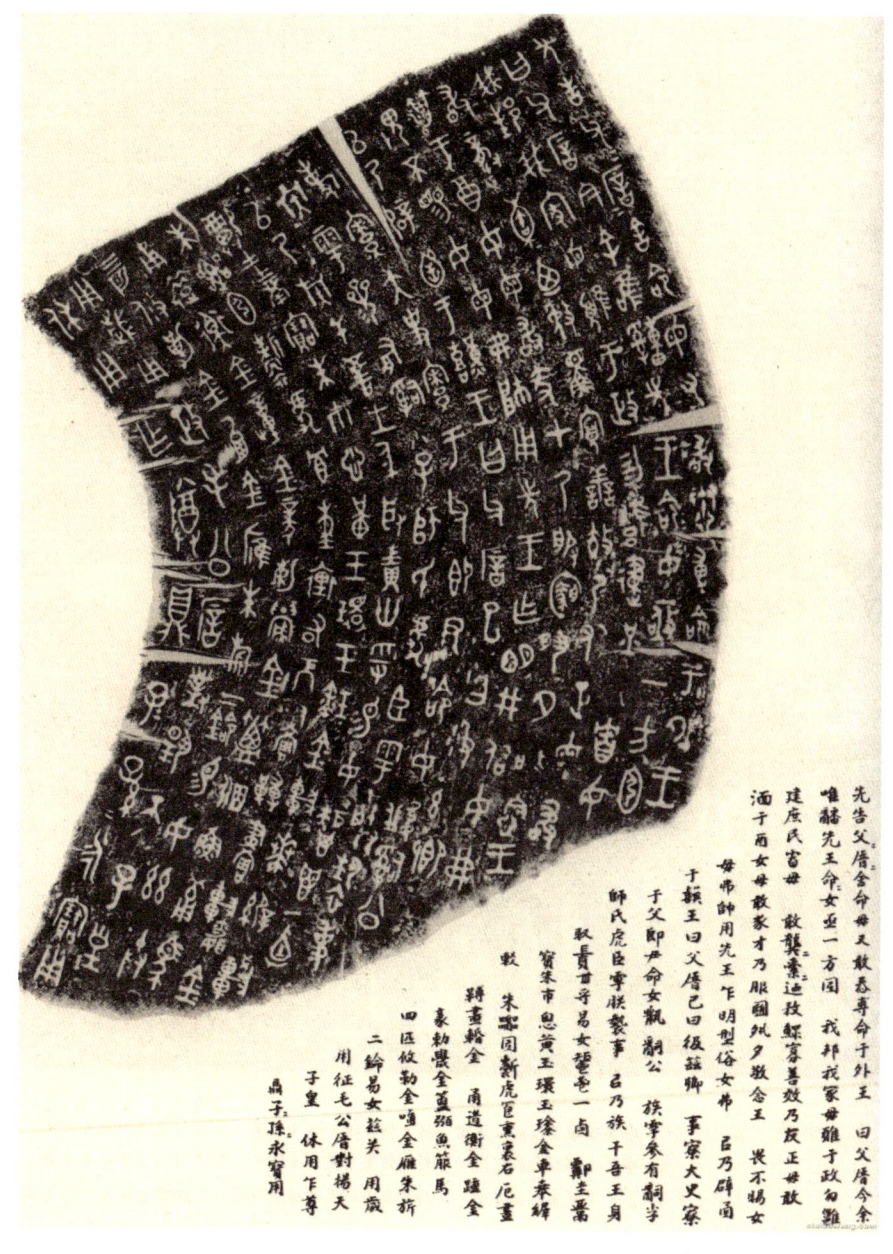

《毛公鼎》铭文拓片

得到毛公鼎的端方欣喜若狂,可是,卖了毛公鼎的陈孝笙却迟迟不见银元局局长的委任状。没多久,端方奉命到四川镇压保路运动,早就把陈孝笙的委任状的事忘得一干二净。陈孝笙拿着端方所留下的凭证,到总督府理论，结果被告知，那凭证上的印鉴是一枚废章，凭证只不过是一张废纸！不久传来端方在四川被革命党砍了头的消息。上当受骗的陈孝笙，从此一病不起。

正是由于这个原因，人们普遍认为，毛公鼎只能给收藏者带来灾难。端方死后不久，按照婚约，端方的女儿嫁给袁世凯的第五子袁克权，端方的大太太要将毛公鼎作为陪嫁送给袁世凯家。可是，非常迷信的袁世凯认为此鼎是不祥之物，怕端府有转嫁灾祸之意，拒绝接受此嫁妆，毛公鼎只好继续留在端家。

端方死后不久，清朝覆灭，端家从此家道中落，只好靠变卖家产度日。毛公鼎抵押给天津一家俄国人办的银行，后来又卖给苏皖一带的一个古董商人。1920年，这位古董商人以五万美元的价格，要将毛公鼎卖给一个美国商人。当时的北洋政府交通总长叶恭绰，也是一位大收藏家，为了避免国宝流失海外，出资买下了毛公鼎。

抗战爆发后，日本人占领了苏皖一带，他们到处寻找毛公鼎的下落，弄得鸡犬不宁。日本人终于找到了当初从俄国人手中收购毛公鼎的那家古董店。通过这家古董店，日本人找到了从这家古董店买走毛公鼎时，叶恭绰留下的名片。幸好当年叶恭绰使用的是假名片，日本人的线索断了。

但是，日本人通过假名片还是知道毛公鼎被收购者带到了上海，于是来到上海继续寻找毛公鼎的下落。此时叶恭绰举家迁到香港避难。可是，由于离开上海时走得太匆忙，叶恭绰将毛公鼎和一些珍宝藏在上海的寓所里。交给他的一位宁死不肯离开上海的姨太太保管。日本人在上海搜查了几个大收藏家的寓所，并没有怀疑到叶家。

可是，留在上海不走的那位姨太太有了外遇，她串通情夫，想占有叶家的财产。在打官司的过程中，叶家藏有毛公鼎的事情被日本人得知。身在香港的叶恭绰立刻发电报到昆明，让当时在西南联大任教的侄子叶公超迅速赶到香港商量对策。叔侄俩连夜商谈，决意不能让国宝落入日本人手里！

于是，叶公超只身返回上海，将毛公鼎重新密藏在家中更隐蔽的地方。

当叶公超藏好毛公鼎刚要离开的时候，一群日本宪兵突然闯了进来，逼迫叶公超交出宝鼎，被叶公超断然拒绝。日本宪兵将叶公超逮捕，对他进行严刑拷打。无论日本人怎么折磨叶公超，他始终只有三个字："不知道！"

叶公超被捕的消息很快传到香港，叶恭绰心急如焚。怎么办？如何才能既救出侄子，又不让国宝落到日本人手里呢？经过几天的冥思苦想，叶恭绰终于想出了一条妙计。于是，他马上联系了几个可靠的朋友，设法仿造了一座足以乱真的毛公鼎，然后运到上海交给日本宪兵队。日本人没有见过真鼎，因此相信这个仿造的宝鼎就是毛公鼎，叶公超终于被释放了。

叶公超出狱之后，将毛公鼎秘密带往香港，交给了叶恭绰。没想到几个月之后，太平洋战争爆发，日本人占领了香港。日本人再度来到叶恭绰的家，这次不是要宝鼎，而是逼迫叶恭绰出任伪交通总长。叶恭绰只好称病拒绝，从此叶家整天处在日本人的监视之中。

在日本投降前夕，叶恭绰被日寇押回了上海。他嘱咐在香港的家人要将宝鼎运回上海以保安全。在日本人的监视之下，怎么才能将毛公鼎带回上海呢？正在危急时刻，叶家的一位德国友人登门拜访，叶公超就委托这位德国朋友，将毛公鼎运回了上海。

日本人在到处搜寻毛公鼎的同时，也在寻找大盂鼎。有一天，日本人得到消息，大盂鼎藏在苏州潘祖年的家。此时，潘家人刚离开苏州来到上海避风头。日本人在潘家到处搜查找不到宝鼎，就在院子里乱刨，可是，始终没有找到大盂鼎。这是怎么回事呢？

前面我们讲到，端方被革命党人砍了头，因此，大盂鼎没有落到端方的手里，一直收藏在潘祖年家。潘祖年在临终之前，紧紧抓住儿子的手不放，直到儿子向他发誓，人在鼎在，他才闭上眼睛。民国初年，有一位美国人专程找到潘家，以六百两黄金要求购买大鼎，被潘家坚决地回绝了。

"九一八"事变后，日寇节节进逼，苏州也成了沦陷区。潘祖年的孙子媳妇潘达于与她丈夫的几个弟兄反复商量，绝不能让祖先留下的国宝落入日本人手中。可这个几百斤重的大家伙藏到哪去呢？商量的结果，还是觉得埋藏在家里最安全。第二天一早，潘家大门紧闭，只留下身强力壮的两个雇工和一个看门人，一家人开始藏宝。经过两天两夜的苦干，大鼎及重要古玩全部埋藏起来，然后再将室内恢复原样。潘达于重赏了两个雇工和看门人，反复叮嘱要他们严守秘密。在确认宝物安全之后，潘家举家离开苏州，到上海避难。潘家的看门人始终没有透露过大鼎的秘密，使宝鼎得以幸免于难。

可是，毛公鼎的收藏者叶恭绰就没有那么幸运了，他到了上海之后，没有职业，生活完全陷入困境。甚至到了无米下锅的境地。叶恭绰一家为生活所迫，开始变卖文物为生。1941年末，叶恭绰把毛公鼎卖给了当时上海的实业家陈咏仁，为了不使宝鼎落入日本人手中，陈咏仁将毛公鼎秘藏起来，直到抗战胜利。

1946年，陈咏仁将毛公鼎捐献给了国家。1948年，毛公鼎随着国民党政府越过海峡，到了宝岛台湾，从此，毛公鼎成为台北故宫博物院的镇院之宝。

1949年10月，新中国成立了。潘家的主人潘达于觉得，单凭她一家人的力量，实在无力保护这座无价的宝鼎，于是给华东文化部写了一封信，希望国家出面收藏大盂鼎。接到潘达于的来信之后，华东文化部立即通知上海文管会，组织人力、物力，在潘达于女儿的带领下赶赴苏州。

1951年7月26日，苏州市南石子街的一处高宅大门前，人来人往，十分热闹，过往的行人也纷纷驻足观望，想知道里面发生了什么事情。在大宅后院的中间大厅里，几个工人挥动铁锹，在地面上挖掘出一个方形大坑。挖到齐肩膀深的时候，突然从坑内传出一声响亮的金属撞击声，一会儿的工夫，居然挖出了两个巨大的青铜鼎。

人们不禁感到非常吃惊，为什么呢？因为，大盂鼎本来是一个，怎么会出现两个大小差不多的青铜鼎呢？原来潘家的确收藏了两只宝鼎。大的是大盂鼎，有人认识，可是稍微小一些的青铜鼎是哪来的呢？

这时光还得倒回到1890年，陕西省扶风县法门寺附近的农村发掘出一个西周时代的窖葬，出土了一批文物，其中有一个青铜鼎。潘祖荫经过好朋友的帮助，将这座青铜鼎收购。这座鼎运到潘家的时候，鼎内的铭文

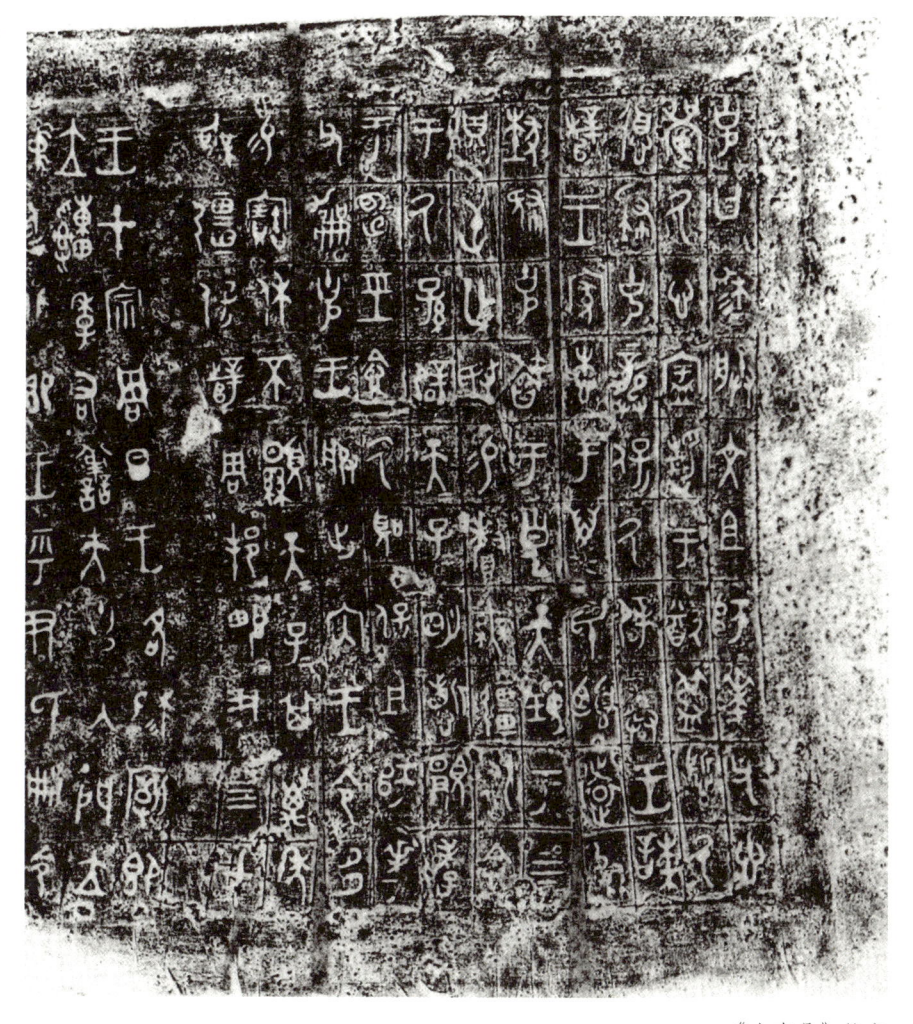

《大克鼎》铭文

模糊不清。潘祖荫用竹签仔细剔除上面的铜锈，逐渐露出了鼎上的花纹和铭文。

此鼎通高93厘米，鼎口直径76厘米，重达201.5公斤，比大盂鼎重了将近50公斤。铭文一共290个字，记述了贵族"克"因为有功于周王，被任命为大臣，并且受到周孝王的赏赐。由于大鼎的主人名"克"，潘祖荫就称这座鼎为"大克鼎"。这只鼎铸造于周孝王时期，比大盂鼎晚100多年，可是，其精致程度绝不亚于大盂鼎。

两个宝鼎挖出来以后，立即被运往了上海。为了表彰潘家的爱国义举，华东文化部向潘家颁发了奖状，并举行了隆重的颁奖仪式。1952年，上海博物馆开馆，这两件西周宝鼎向观众展出。1959年，国庆十周年时，上海博物馆将大盂鼎赠给新落成的中国历史博物馆，也就是今天的中国国家博物馆。

　　由于毛公鼎出土于1843年，地点是陕西岐山县；大盂鼎出土于1849年，地点也是岐山县，也有人说是陕西眉县；大克鼎出土于1890年，地点是陕西扶风县。这三个县彼此接壤，同属于西周故地，而这三件国宝又都是西周时期的重器，因此人们盛赞它们为"海内三宝"。如今这三宝却分居三地，毛公鼎在台湾，大盂鼎在北京，大克鼎在上海。我衷心希望有一天，三座宝鼎重聚祖国大陆，这必将是一件文化盛事。

第 8 讲

《永乐大典》之谜

1983年春节刚过，中国国家图书馆收到一封山东省掖县农民孙洪林的来信，信中说他要将家中收藏的《永乐大典》献给国家。此信引起了图书馆领导的重视，马上派专家到掖县落实情况。当孙洪林将他家收藏的《永乐大典》小心翼翼地拿出来时，专家们好奇地问："这本书从哪来的？"孙洪林说，是他表叔家的老祖母从娘家带来的嫁妆。可是，当专家打开此书时却惊奇地发现，书的页边都沿着红线被裁掉了，只剩下有文字的部分。问其中的缘故时，孙洪林解释说，表叔家的人觉得此书的纸质非常好，宽的地方用来裁剪鞋样，窄的地方用来卷烟抽。因为"敬惜字纸"的传统，所以，带字的纸保留下来了。经过专家鉴定，这册《永乐大典》确实是原本，交由中国国家图书馆收藏。人们不禁要问，《永乐大典》究竟是什么书，居然惊动中国国家图书馆的专家，专程从北京到山东乡下来考察，并且将其尊为国宝收藏呢？

《永乐大典》是编撰于明朝永乐年间的一部百科全书式的文献集，全书一共有22937卷，装订为11095册，一共大约3.7亿字。孙洪林家收藏的《永乐大典》不过是其中的一册，不到万分之一。整个《永乐大典》汇集了公元14世纪以前中国的历史、地理、文学、艺术、哲学、宗教、科技以及其他各科文献，将近8000种之多，它是世界最大的百科全书，比《大英百科全书》早300多年，堪称世界文化遗产中的珍品。

《永乐大典》不但内容丰富，而且装帧非常豪华，

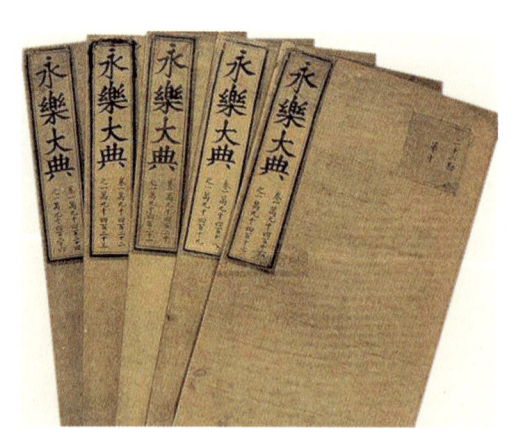

《永乐大典》

比如，完整的一册《永乐大典》高50.3厘米，宽30厘米，形象地说，比A3纸的页面还要大。每册50页左右，含一、二、三卷不等。书页采用雪白、厚实的树皮纸，质地非常精良；封面用黄绢装裱，色彩庄重

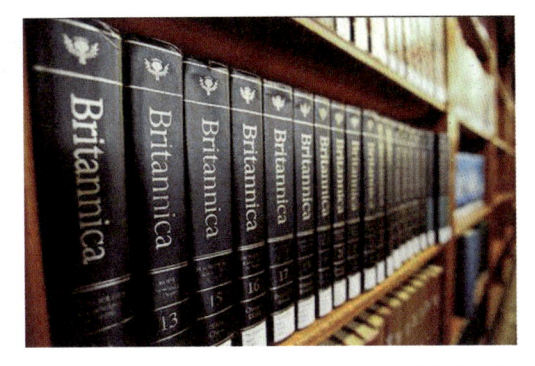

《大英百科全书》

辉煌，的确有皇家的威仪和气派。可以想象，一万多册开本宏阔的《永乐大典》摆在一排排的书架上，如同一个小型图书馆，那真叫"皇皇巨制"啊！

这部皇皇巨制，不仅装帧豪华，而且字迹也非常漂亮。为什么呢？因为，《永乐大典》的3亿7千万字，是明代优秀的书手用馆阁体抄录的。《永乐大典》中还有很多插图，全用白描手法，描绘的山川、器物、人物、城郭等形态逼真，十分精致。面对如此皇皇巨著，人类文化的结晶，人们不禁要问：是谁主持制作了这部《永乐大典》，他的目的是什么？既然被称作《永乐大典》，自然是永乐年间制作，所以我们就从永乐皇帝说起。

永乐皇帝名叫朱棣，他是明朝第三位皇帝，登基第一年就下诏，命令大学士解缙等人编修一部可以囊括天下之书的巨著，以传后世。那么，朱棣为什么在当皇帝的第一年，就命人编纂一部巨著呢？人们普遍认为有如下几个原因：

第一，缺乏自信。

为什么呢？因为朱棣这皇帝当得有点不地道。本来朱元璋立朱标为太子，可是朱标却死在了朱元璋前边，朱元璋只好立朱标的儿子朱允炆为皇太孙，朱元璋去世之后，朱允炆继承皇位。朱允炆当皇帝之后立刻开始削藩，直接激化了皇帝与诸王的矛盾。于是,朱棣就打出"靖难"和"清君侧"的旗号起兵造反，最终推翻了建文帝，自己取而代之，皇帝朱允

炆下落不明。这在恪守儒家传统观念的士大夫眼里，是大逆不道的行为。为了证实自己当皇帝的合法性，朱棣决定实现父亲朱元璋生前的愿望，编纂一部巨书，以表明自己是太祖未竟事业的继承人。

第二，笼络文人。

朱棣篡夺皇位的大逆不道的行为，遭到许多文武官员的抵制和反对。比如，以方孝孺为代表的建文帝手下的大臣，坚决不承认朱棣这位皇帝。朱棣用灭十族的方式，杀了方孝孺的亲戚、朋友、学生和同道几百人，也没有让方孝孺屈服。朱棣此举引起江南士子们的强烈不满和反抗，为了化解与知识分子之间的矛盾，朱棣想出编书的方式，让文人士子们有事干，转移他们的注意力。

第三，文化建设。

朱元璋在建立大明王朝的过程中，提出了一个非常响亮的口号：驱逐胡虏，恢复中华！现在，大明王朝已经建立三十五年了，朱元璋在他的洪武年间，主要是制度、法律的建设和经济、生产的恢复；到了永乐年间，文化建设的任务也要提到议事日程上。否则，恢复中华岂不是一句空话？正是出于以上种种原因，朱棣即位当皇帝的第一年，就下令解缙主持编纂一部巨著。

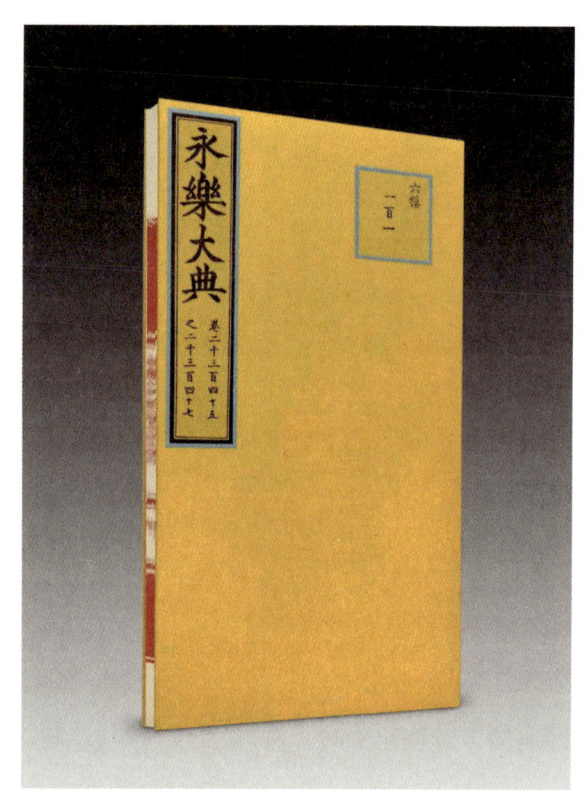

《永乐大典》单册书影

说起解缙，这可是一位几乎与方孝孺齐名的江南才子。人们不禁感到疑惑，以方孝孺为代表的江南才子，都不愿意与朱棣合作，那么，同样作为江南才子的解缙，为什么为朱棣效命，而且深受朱棣的信任呢？这就与解缙的遭遇有关了。

早在洪武年间，解缙就受到朱元璋的赏识，将他留在身边侍奉左右。有一天，朱元璋对解缙说："朕与你论义呢，是君臣关系，论恩情呢，如同父子。因此，你对我应当言无不尽。"于是，解缙上了一道万言书，批评朱元璋的朝政，并且洋洋洒洒地说了一大堆如何治理国家的大道理。这封万言书，得到朱元璋的连连称赞，说解缙有安邦济世之奇才，治国平天下之大略。

朱元璋的赞扬，进一步助长了解缙的勇气，他有点儿不知道天高地厚了。接着又给朱元璋上了一道《太平十策》，针砭时弊，斥责朱元璋杀戮太重，并且进一步阐述了自己治国理政的理想。此时，胡惟庸谋逆案发案不久，许多大臣或遭逮捕，或神秘失踪。在这样的政治环境下，绝大部分的大臣都成了逍遥派、观望派、投机派，谁也不会关心朝廷和国家大事。可是，解缙却在此时给皇帝上一道《太平十策》，表现出了一个知识分子的骨气和勇敢。

虽然，朱元璋没有怪罪解缙，但还是让解缙的父亲将儿子领回老家。朱元璋对解缙的父亲说，你这个儿子将来会有大出息，不过你现在还是把他带回去吧，让他好好学习，多长点见识，等到十年之后，会有大用的。就这样，朱元璋将解缙客客气气地贬回了老家。

明洪武三十一年，朱元璋驾崩，解缙听说消息之后，立刻赶到南京，希望新皇帝能够重用他。可是，建文帝身边有一位名叫袁泰的人，由于解缙曾经上书弹劾过他，因此对解缙恨之入骨。当他听说解缙再度进京的消息之后，立刻对建文帝说："先帝让解缙十年之后再进京，可是，不到十年解缙就进京了，这违背了先帝圣旨；而且解缙的母亲刚去世还没有安葬，他的父亲已经九十岁了，在这种情况之下，解缙是不应该撇下未葬的母亲和年迈的父亲，到南京来的。"建文帝觉得有道理，一声令下，将解缙贬到了河州，即今甘肃临夏，当一名普通小吏。我觉得建文帝此事处理得非常荒唐，既然因为不孝而惩罚解缙，为什么不让他回老家尽孝，却把他发配到大西北去呢？显然，这位建文帝并非江南才子们推崇的所谓"明君"。

被贬到河州的解缙，只好给礼部侍郎董伦写信，对自己入仕为官以来的所作所为进行了全面的检讨，并且决心回到南京只管编书，不问政治。董伦收到解缙的信之后，就在建文帝面前为解缙说了不少好话，由于董伦深得建文帝的信任，解缙在建文四年终于被召回京师复职，任翰林待诏，主要工作就是参与编撰《太祖实录》。显然，建文帝并不信任解缙，更没有委他以重任。对于解缙而言，的确是怀才不遇。

解缙回到南京不久，遇到了朱棣发动的靖难之役。当燕王朱棣率领大军将南京城团团包围的时候，解缙连夜骑马出城投奔了朱棣。这可把朱棣高兴坏了，对解缙非常信任，他甚至对大臣们说："天下不可一日无我，我则不可一日少解缙。"

永乐二年，朱棣任命解缙等七位翰林院学士一起在文渊阁参与讨论国家重大决策。大明王朝内阁大学士帮助皇帝管理国家的制度从此建立。解缙是第一任内阁首辅，由此可见，朱棣对解缙是何等的信任。

那么，朱棣为什么如此信任和重用解缙呢？除了解缙的确有才华之外，有一个很重要的原因就是，朱棣灭方孝孺的十族，诛杀了八百多人。方孝孺坚决与朱棣不合作，并且以死抗争，代表了南方士子们的一种情绪。所以，朱棣需要一个才气和名声都能够和方孝孺相媲美的南方文人，一方面，他要向天下人证明，读书人并非都是硬骨头；另一方面，还向世人表明，这个世界上还是有人愿意与他这个新皇帝合作的。正是出于这两方面原因，朱棣把主动投靠的解缙当成了宝贝。

有一天，朱棣对解缙等大臣们说："天下古今事物都分散记载在各种典籍之中，卷帙浩大，不易检索。朕想广泛采集各种书中所记载的事物，然后用韵来统摄，以便检索。希望你们按照我的意思，把有文字以来历代的经、史、子、集，百家之书，还有天文、地志、阴阳、医算、僧道、技艺的资料都收集起来，汇集在一部书中，不要嫌浩繁。"

接到圣旨和任命之后，解缙却并没有放在心上，天真地以为，这不过是皇帝一时的心血来潮，想编本书玩玩，附庸风雅而已。当然，朱棣也没有料到他设想的任务是一项非常巨大的工程。由于解缙没有把皇帝委托的重任太当回事，因此，解缙只花了一年的时间就完成了任务，并且向皇帝呈送了初稿，书名叫《文献大成》。朱棣见解缙这么快就完成任务了，非常高兴，可是当他看到解缙送上来的书稿时，却大发雷霆。这是为什么呢？因为，皇帝发现，这位号称大明第一大才子的书呆子，根本就没有领会自己的意图。

究竟是怎么回事呢？原来啊，解缙站在传统儒家的立场上，凡是不符合儒家观点的著作，都没有编进这部书中，采选的书偏重儒家经典、百家文集、史书传记等，虽然称为《文献大成》，采录的典籍却并不丰富，这显然与朱棣的意图完全不符，怎么能让朱棣满意呢？因此，朱棣将解缙狠狠地训斥了一顿。然后，任命姚广孝担任解缙的监修官，实际上是让姚广孝取代了解缙的地位。

姚广孝是明朝著名的政治家。朱棣发动"靖难之役"的第三年，准备发兵南下攻打首都南京。姚广孝建议朱棣，轻骑挺进，直取南京，使得朱棣最终夺取南京，登基称帝，因此，号称"黑衣宰相"。让他来主持这部巨著的编修，应该是最适合的人选。为什么呢？因为，姚广孝是僧人，并且精通儒、释、道三家的思想，不受一家一派观念的限制。同时，朱棣派了五个翰林学士担任总裁，二十名翰林院官员为副总裁，在全

皇史宬

国范围内召集了两千多名学识渊博而且书法功底深厚的学者做编辑。

两千多文人，总共花了三年的时间，终于完成了一部宏大的类书，朱棣给这部书起了个名字叫《永乐大典》。此书收录的内容，上自先秦，下迄明初，内容包罗万象，涵盖了中华民族数千年来的知识财富，这部知识丰富的百科全书，是全世界第一部此类书籍，是中华文明的瑰宝。

可是，《永乐大典》虽然如此辉煌，却并没有引起人们多大的兴趣。朱棣迁都北京之后，将《永乐大典》也带到了北京，收藏在紫禁城的文楼。整个大明王朝，除了嘉靖皇帝之外，没有人对这部巨著感兴趣。毕竟皇帝哪里是读书之人，而对此书感兴趣的学者，又没有资格接触到这部巨著。所以，《永乐大典》就一直尘封在皇家的藏书楼里。

清朝建立之后不久，有人在皇史宬，也就是皇家档案馆里，发现了《永乐大典》。可是，刚刚入主中原不久的满洲贵族没有文化，他们根本不懂《永乐大典》的价值，再加上它是前朝的遗物，就更不会理会它了。直到乾隆三十八年，乾隆皇帝决定修《四库全书》，于是向民间征集图书。这个时候，有位大臣建议，参考《永乐大典》，在其中寻找一些人们不常见的书，编辑到新的《四库全书》中，乾隆皇帝采纳了这个建议，人们这才再次注意到《永乐大典》。可是，经过清点发现，此时的《永乐大典》有一千多册不知所终。《永乐大典》有一万多册，这可是其中的百分之十啊！

有人向皇帝告发，是最早发现《永乐大典》的徐乾学、高士奇、王鸿绪等人，他们经常接触和利用此书，很可能把一部分带回浙江老家去了。徐乾学是康熙九年的探花，授翰林院编修，担任过内阁大学士，也是一位著名的学者和藏书家。高士奇是清朝著名学者，曾经担任内阁中书，每日为康熙皇帝讲解儒家经典，深受皇帝信任。王鸿绪也是康熙年间的进士，翰林院编修，官至工部尚书。这三个人虽然都已经不在人世，但是，以他们的学识和兴趣，很有可能是《永乐大典》的窃取者。

乾隆皇帝立刻给两江总督、浙江巡抚下达密令，责成他们到这些人的家中去搜，并且代表皇帝告诉他们的家人，《永乐大典》是政府的财产，即使当年拿回家,也是无意收藏,只要交出,概不追究。可是,徐乾学等人的后人坚持说没有见过《永乐大典》,两江总督和浙江巡抚只能无功而返。乾隆皇帝不甘心,于是下令在全国搜寻,特别要在贩卖旧书的地方留心查访,可是,始终没有发现流失的《永乐大典》的下落。

那么,这一千多册《永乐大典》究竟到哪儿去了呢?据史料记载,《永乐大典》在清雍正年间,从皇史宬转移到翰林院敬一亭收藏。从此,这部原来只有皇帝才能阅览的内府藏书,开始被大臣们借阅,当时又没有严格的图书管理制度,从此《永乐大典》不断遗失并遭受各种破坏。

这之后,在编纂《四库全书》的过程中,对《永乐大典》加强了管理。可是,《四库全书》编好之后,《永乐大典》就被再次弃置在翰林院无人过问。一些官员趁机大肆偷盗。他们的方法很简单,早晨上班时随身带一件棉袍,包在包袱里背在肩上;下午下班时,把棉袍穿在身上,包一册《永乐大典》出来,看守人员毫无觉察。就这样,《永乐大典》一直在不断地流失。

到了嘉庆、道光年间,要修《全唐书》和《大清统一志》,再次利用《永乐大典》,这期间由于监管制度不严,《永乐大典》又被官员大量盗窃。咸丰十年,英法联军侵占北京,翰林院遭到野蛮破坏和抢劫,丢失的《永乐大典》不计其数。光绪元年重修翰林院衙门时,经清点,《永乐大典》只剩5000多册了。光绪二十年的时候再次清点,《永乐大典》竟然只剩下800册了。就这样,由于清朝政府官员监守自盗,外国侵略者肆意掠夺,仅仅20年的时间,《永乐大典》的百分之九十流失了。

光绪二十六年,义和团围攻东交民巷外国使馆,6月23日,位于英国使馆北邻的翰林院遭纵火,这800多册《永乐大典》几乎全部被焚毁,一位名叫陆润庠的翰林院学士,在废墟中收拾出仅存的64册。

1912年,中华民国政府成立,国务院批准将翰林院所存《永乐大典》的残本送归教育部,其中的60册收藏于京师图书馆,另外4册收藏于教育部的图书室。从此,中国政府开始通过各种手段搜寻、追讨或者收购流失的《永乐大典》。迄今为止,中国国家图书馆仅拥有221册,其中还包括台北故宫博物院的60册。除此之外，《永乐大典》散落在8个国家和地区的30多个单位和个人手中，其总数仅有400册左右。这400余册，不足整个《永乐大典》的百分之四！这真是中华文化的浩劫啊！不禁令人痛心疾首！

面对如此浩劫，人们无力回天，无可奈何，只能面对现实，研究这仅存的400册《永乐大典》。可是，通过对收藏于世界各地的这400多册的《永乐大典》研究，人们发现一个共同现象。什么现象呢？就是，现存所有《永乐大典》都是嘉靖年间的手抄本，居然没有一册是永乐年间的作品。《永乐大典》居然不是永乐年间的，这是怎么回事呢？这就得说说这位嘉靖皇帝了。

嘉靖皇帝叫朱厚熜，他非常喜爱《永乐大典》，平时在案头上常备几册大典以供随时翻阅。众所周知，这位嘉靖皇帝在位45年，宠幸奸佞，荒淫无道，经常不理朝政。他怎么可能是爱读书的人呢？其实，这位皇帝之所以喜欢《永乐大典》，是因为《永乐大典》中有很多道教经典，这才引起一心想成神仙的皇帝朱厚熜的兴趣。

可是，让皇上万万没有料到的是，嘉靖三十六年，宫中失火，三大殿都被烧毁。火势蔓延，很快便危及收藏《永乐大典》的文楼。嘉靖皇帝连下三道圣旨，令人把《永乐大典》及时从文楼中抢救出来。可是，这场大火烧得皇帝心有余悸啊！为了防止今后再发生此类祸患，皇帝萌生了重录《永乐大典》的想法，并同大臣们反复商议此事，最终取得了一致意见。

嘉靖四十一年，皇帝任命高拱、张居正等人负责重录《永乐大典》的工作。吏部和礼部通过严格考试，选拔出109位字写得漂亮的书手。内府又调拨了画匠、纸匠等各类工匠。有关部门还准备好了抄录时需要的各种条件，比如，冬天烤火的木炭，平日里的酒饭等。重录工作经过精心准备之后，正式开始了。

抄录一万多册的《永乐大典》，工程非常浩大，为了减少工作量，也避免出现错误，抄录负责人决定，完全按照永乐正本抄录，不加任何改变。为了保证抄录质量，要求抄录者每人每天只抄写三页，这样一来，《永乐大典》的重录工作整整花了6年时间，到隆庆元年四月才最后完成。从此《永乐大典》有了两个版本：永乐年间的为正本，嘉靖年间的为副本。

可是，自从制作好《永乐大典》的副本之后，就再也没有人见到过《永乐大典》的正本。而且，在现存的《永乐大典》中，也没有发现一册正本。那么，《永乐大典》的正本究竟到哪儿去了呢？目前学界有几种说法：

第一，毁于大火。

最早提出这种说法的是明末学者谈迁和顾炎武，他们认为《永乐大典》在万历末年就毁于大火了。后来，又有人怀疑，可能被毁于清嘉庆二年，因为，这一年曾发生过一场大火，将整个乾清宫几乎彻底毁灭。还有人认为，《永乐大典》的正本，被李自成率领农民军焚毁了。可是，既然《永乐大典》毁于皇宫大火，为什么大火只烧正本，却将副本留下呢？显然，这个说法很难成立。

第二，藏于皇史宬的夹墙内。

位于北京天安门东边的南池子大街南口的皇史宬，建成于嘉靖十三年，大殿的墙壁很奇特，东西墙厚3.5米，南北墙厚6.1米，这在皇宫建筑中极为罕见。因此，持此观点的人认为《永乐大典》的正本，很有可能藏于皇史宬的夹墙中。这种说法的最大问题是，开始抄录《永乐大典》是嘉靖四十一年的事，此时皇史宬早已经建成。建造皇史宬时，嘉靖皇帝并没有准备抄录《永乐大典》，那么他为什么要为皇史宬设计夹墙呢？

第三，嘉靖皇帝死后，《永乐大典》殉葬于皇帝朱厚熜的陵墓——永陵之中。

持此观点的人有如下几个理由：

首先，《永乐大典》有一万多册，堆在一起有40立方米，这么大体量的东西，不可能一下子消失得无影无踪，一本不剩。显然，《永乐大典》正本的消失带有明显的人为性和突发性，很有可能被一次埋进了永陵。

其次，嘉靖皇帝特别喜欢《永乐大典》，嘉靖三十六年宫中的意外

明永陵

失火，皇帝连下三次圣旨，将《永乐大典》从文楼上抢救出来。可见《永乐大典》在他心中的分量。中国古代帝王都有厚葬的传统，总是希望死后带走自己生前所喜欢的东西，因此，嘉靖皇帝很有可能临死前嘱咐儿子隆庆皇帝，将他特别喜爱的《永乐大典》陪葬于永陵。

再次，嘉靖皇帝在内阁首辅徐阶关于重录《永乐大典》的奏章上指示此次抄录《永乐大典》是为了"两处收藏，以备不虞"。这里的"两处收藏"究竟指的是哪两处呢？既然副本收藏于皇史宬，那么正本很有可能收藏于永陵。因为，永陵于嘉靖二十七年五月就已经建成了。

最后，《永乐大典》正本最后一次出现于文献记载中是嘉靖皇帝的丧葬期间。其中，有两个时间点非常重要。其一，嘉靖四十五年十二月十四日，皇帝驾崩；其二，第二年的三月十七日，嘉靖皇帝入葬永陵。嘉靖皇帝为什么死后三个月才入葬？很有可能是等待《永乐大典》的最后抄录完成。《永乐大典》陪葬永陵，了结了父皇的心愿，隆庆皇帝因此在嘉靖皇帝入葬一个月之后，嘉奖了所有《永乐大典》抄录工作的参与者。

综合以上理由，很多学者认为，《永乐大典》收藏在永陵之中。那么，事实究竟如何呢？就只能等到有朝一日，打开永陵，让真相大白了。

第 9 讲

《富春山居图》之谜

2016年6月1日，在台北故宫博物院正馆的210、212陈列室内，两幅山水画并排放在一个14.5米长的通柜里，一起展出。一幅画叫《剩山图》，一幅画叫《无用师卷》。两幅画放在一个通柜里展出，虽然并非前所未有，却是两岸文化交流的一桩盛事，引起海峡两岸各界人士和媒体的广泛关注。人们不禁要问：这两幅画为什么放在一个通柜里共同展出呢？因为，它们本来就是一幅画，它们有一个共同的名字，叫《富春山居图》。

《富春山居图》为纸本水墨画，描绘的是富春江两岸秋天的景色，整个画面共分三个层次展开：近景是江岸水色，林木葱郁，疏密有致，水中有渔舟垂钓；中景是山峦起伏，群峰竞秀，山间点缀着村舍茅亭；远景是江水茫茫，水天一色，令人心旷神怡。全图用墨淡雅，充满隐者悠然淡泊的诗意，散发出浓郁的江南文人气息。此画是元代山水画大师黄公望晚年的力作，浓缩了画家毕生的追求，是元代抒情性绘画的代表作，在中国美术发展史上有着极为重要的地位。

可是，它却被人为地分为《剩山图》和《无用师卷》两部分，并且各自漂泊、流转，饱受磨难。最终，《剩山图》收藏于浙江省博物馆，《无用师卷》收藏于台北故宫博物院。此画从分离到这次聚首，整整过去了361年。人们不禁要问：艺术价值如此之高的《富春山居图》，为什么被一分为二呢？这还得从《富春山居图》的作者黄公望说起。

黄公望，字子久，江苏常熟县人，生于南宋咸淳五年，即公元1269年，

台北故宫博物院

《富春山居图》局部

卒于元至正十四年,即公元 1354 年,享年 85 岁。黄公望本来姓陆,名坚,自幼父母双亡。7 岁时,被永嘉(今浙江温州)一位名叫黄乐的老人收为义子。老人黄乐当时已经 90 多岁了,见到小陆坚时非常高兴地说:"黄公望子久矣。"意思是,我盼望儿子很久了。从此,陆坚就改名为黄公望,字子久。

黄公望过继给黄氏时,正值南宋灭亡之际,虽然年仅 7 岁,但已经记事。失亲丧国的经历,让少年的黄公望心怀大志。可是,元朝统治者鄙视汉族文人,元朝中期以前,废除科举制度,要想通过读书考取功名,实现自己的抱负和志向是不可能的,只能靠有权势的人赏识和推荐。因此,黄公望 26 岁时,才受到浙西廉访使徐琰的器重,在浙西廉访司担任书吏,不久便在政治上表现出过人的才华。比如,他撰写文章揭露当时普遍存在的土地兼并和赋税不均的问题,并且主张"经理田粮",得到有识之士的高度赞赏。

所谓"经理田粮",就是核实土地田亩,核定租税钱粮,对隐瞒、遗漏的田产,经核实之后,追缴所欠赋税。当时江南富豪、贵

黄公望画像

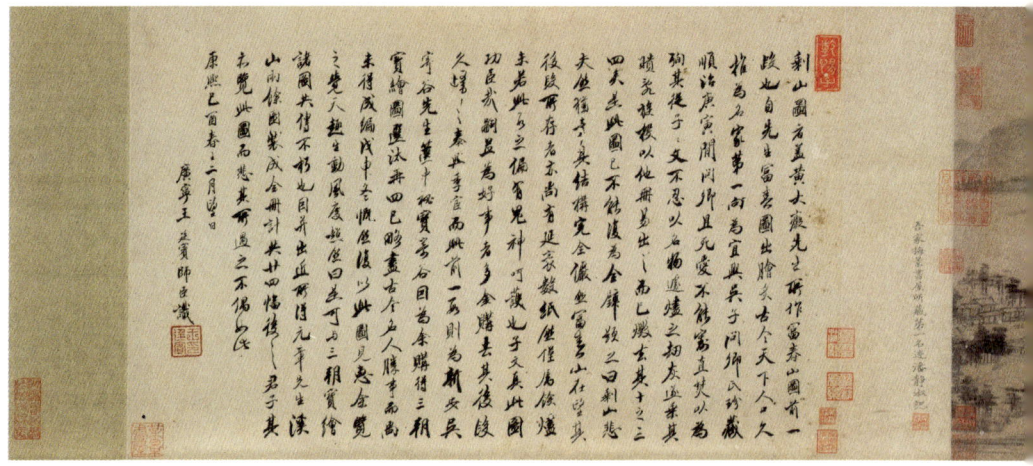

《剩山图》

族王爷、寺庙宫观，大量侵占田产，并且隐瞒不报。导致强者土地多却少纳甚至不纳税，弱者失去土地却依然要纳税。这种赋税不均的现象，既严重影响政府财政收入，又造成贫富悬殊，社会矛盾十分尖锐。

黄公望"经理田粮"的观点，得到江浙行省平章事（大致相当于省长）张闾的赞同。当张闾进京到中书省担任平章事的时候，将黄公望调到上都即今天的北京给自己当秘书。几年之后，张闾向元仁宗建议进行经理田粮，仁宗同意并且让他重回江浙行省，主持开展经理田粮的工作。张闾又把黄公望带在身边，具体操作经理田粮的事宜。可是，张闾急功近利，操之过急，上任伊始便严令百姓在限期之内向官府申报本户的田亩

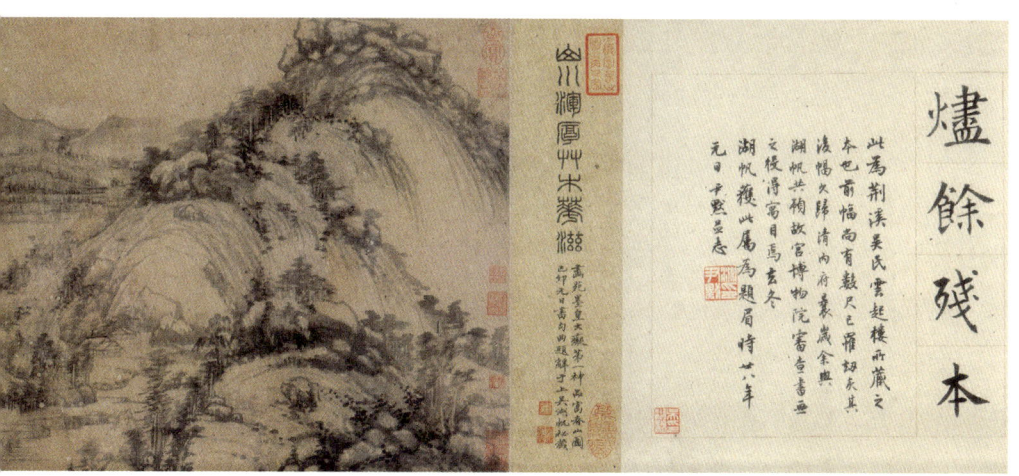

数量，重新登记，作为征收租税的依据。在具体实施的过程中，各级官吏与地方富豪互相勾结，对弱者以无为有，妄增亩数；对强者接受贿赂，隐瞒田产。因贪官污吏与地方豪强联手，强拆民宅，逼死人命，矛盾激化，最终引起百姓造反，经理田粮的工作，以失败告终。

经理田粮的主要负责人张闾，因逼死人命被治罪。黄公望作为张闾的属下，因此受到牵连，46岁的黄公望被捕入狱。幸亏黄公望为官清廉，因此保住了性命，可是身心却受到极大的伤害。官场的腐败，吏制的黑暗，世道的险恶，使得心怀大志的黄公望，彻底绝望了。

黄公望出狱之后，一直在太湖周边地区过着隐居的生活。他远离腐败的官场和黑暗的政治，在自然山水与田野风光中怡然自得。黄公望的隐居地并不固定，主要隐居处有：虞山、苏州、松江、苕溪、富阳和杭州等地。这一带都是景色非常优美的地方，黄公望在这一带隐居了三十多年。

可是，在这三十多年里，他的生活贫困交集。失去生活来源的黄公望，只能以占卜为生。五十岁左右的黄公望开始学画，凭借着渊博的学识和对大自然的灵性感知，表现出了非比寻常的才情。当时的大画家王蒙是黄公望的好友，经他介绍，黄公望拜在了画坛名师赵孟頫的门下，使他站在更高的起点上。虽然如此，黄公望还是希图超越赵孟頫的风格，上追五代北宋之风，常年在青山绿水间，师法自然。

六十一岁时，黄公望加入了道教全真派，自号"大痴"。全真派的宗教思想对黄公望的绘画艺术创作产生了重大的影响。传说他经常终日坐在荒山乱石、灌木丛林中，神情恍惚，旁观者不知他怎么了。他常去松江附近的泖中入海口，观看急流轰浪，虽风雨骤至，他浑然不顾，进入了物我两忘的境界，真的给人以"大痴"的感觉。

黄公望不仅隐居，而且到处游走，不断更换着隐居地点，与各地的志同道合者，相互唱和，彼此砥砺，在进一步提升自己艺术境界和情怀的同时，形成了一个以黄公望为核心的文人画艺术圈。这些艺术家与画院画师有了根本性的区别。画院的画师，拿着朝廷的俸禄，基本上是御用的，主要表现宫廷生活和上流社会的情趣；而黄公望周围的这些艺术家，都是民间散淡人士，他们的艺术创作，着意于抒情写意的山水画，这是中国古代山水绘画的变革和创新，而《富春山居图》就是这种画风变革的代表作。

说起《富春山居图》的确经历了一个艰难的创作过程。黄公望在七十八岁的时候，为了创作《富春山居图》，他经常背着绘画工具，每当遇到美景，或者奇异的景物时，就将它们摹写下来，作为创作的素材。这样的摹写、构思和艺术创作，整整花了三年时间。最终完成此画时，黄公望已经八十一岁高龄了。

黄公望呕心沥血，历时数载，终于在年过八旬时，完成了《富春山居图》，它堪称山水画的最高境界。它以长卷的形式，描绘了富春江两岸初秋的秀丽景色。黄公望的山水画在元代山水画中水平最高，为明清画家大力推崇，有人甚至将他和"书圣"王羲之并列，称《富春山居图》可以和书法作品中的《兰亭序》相媲美。是中国古代绘画史上不朽之作。

　　黄公望完成《富春山居图》之后，将此画送给了无用。无用是黄公望在道教全真派的同门师弟，俗名叫郑樗。无用收到画时对黄公望说：我担心以后会有人对此画巧取豪夺，所以，你必须在画卷上标明此画的归属。黄公望这才落款，表明此画专为无用所画。无用的担忧，表明无用的眼光，显然是对此画的高度赞美。四年后，黄公望去世，无用就成了《富春山居图》的第一位藏主。

　　时光流转，一晃就来到了大明王朝的成化年间，《富春山居图》辗转落到明代著名书画家沈周的手里。沈周是苏州人，沈家世代隐居在苏州的相城，今苏州市相城区。沈周一生居家读书，不参加科举，始终以书画自娱。说起沈周，许多人不知道，可是说起唐伯虎，则家喻户晓，唐伯虎是沈周的学生。

　　沈周对黄公望的《富春山居图》非常推崇，他在《临黄公望富春山居图》上题道："大痴翁此段山水，殆天造地设，平生不见多作，作辍凡三年始成。"意思是，黄公望先生的这幅山水画，简直就像天地创造的大自然一样。他一生的作品并不多，而这幅作品持续了三年才完成。

　　沈周不仅高度评价黄公望的《富春山居图》，而且将此画挂在墙上，反复欣赏、临摹。在中国古代，收藏家们有个习惯，就是把自己收藏的书画珍品拿去请好友、名人题跋。题跋越多越长，书画作品的历史越悠久，其文化积淀也就越深。沈周把这幅画交给一位朋友去写题跋。可是，让沈周万万没有想到的是，那位朋友的儿子竟然把画偷偷卖掉，还愣说画是被人偷了。

　　说来也巧，有一天，沈周在逛街的时候，在一个画摊上，见到了被卖掉的《富春山居图》，沈周立刻回家筹钱，他要将这幅珍贵的画买回

《无用师卷》

第9讲 《富春山居图》之谜

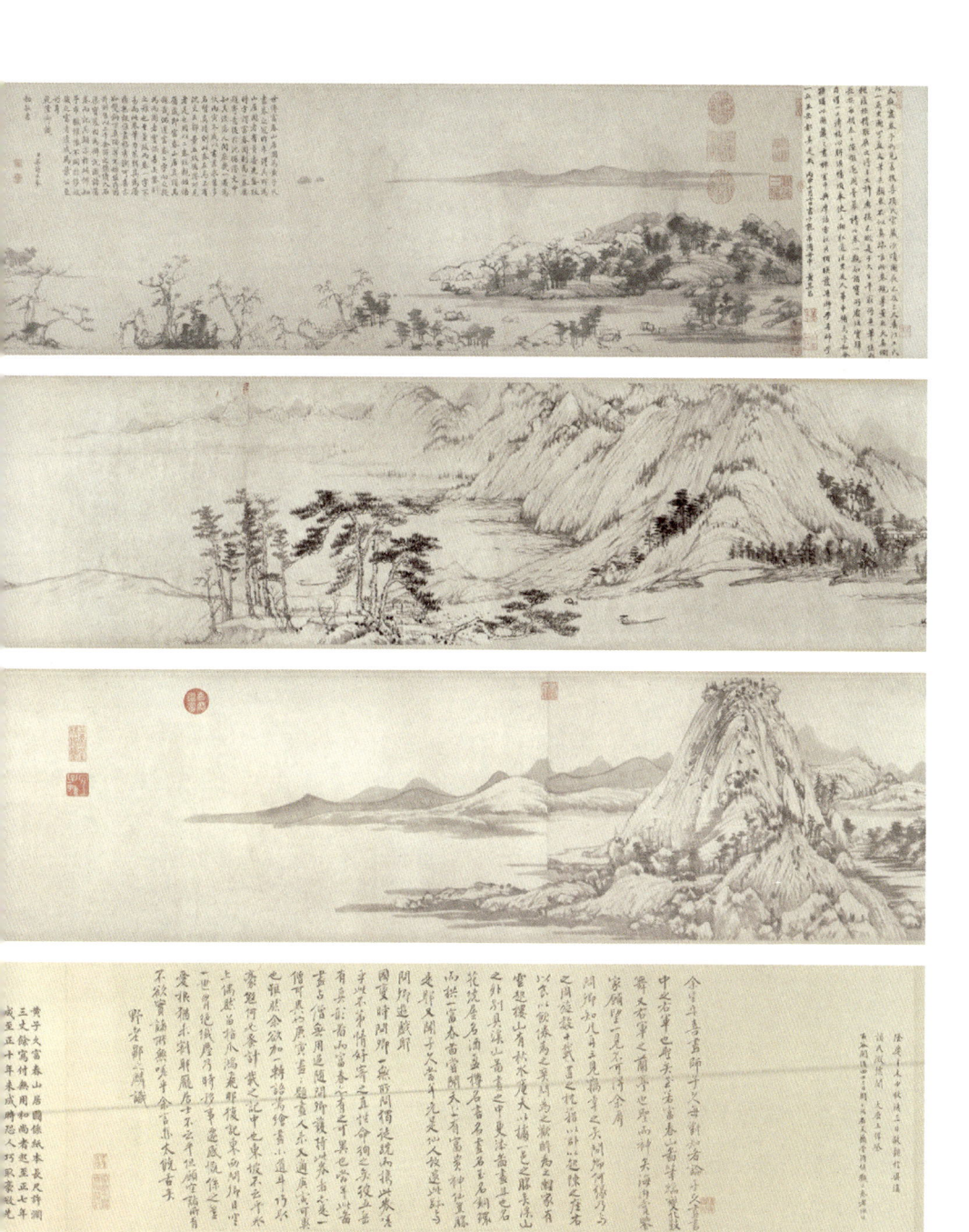

来。可是，当他筹集到钱返回画摊时，画已经被人买走了。还有一种说法，沈周的家里比较穷，根本拿不出钱买这幅画，眼看着《富春山居图》被别人买走时，沈周捶胸顿足，放声大哭。就这样，《富春山居图》从

《仿黄公望富春山居图》

沈周手里流失了。

《富春山居图》丢失之后，沈周日思夜想，茶饭无味。有一天，沈周突然灵机一动：这画我早已经烂熟于心，为什么不凭借记忆，将此画再画出来呢？一想到这，沈周顿时来了精神。很快，沈周就根据自己的记忆背临了一本《仿黄公望富春山居图》，这也是中国古代绘画艺术史中少有的事。这幅《仿黄公望富春山居图》虽然是沈周背临的作品，却成为沈周中年以后的代表作之一。作品挥洒自如，布局合理，除局部结构略有区别之外，与黄公望的原作基本一致。

第 9 讲 《富春山居图》之谜

其实，靠记忆背临，毕竟与面对摹本临摹不一样。再说了，沈周也是一位艺术大师，他的笔墨、技法与黄公望不尽相同，各有特点。因此，沈周的《仿黄公望富春山居图》其实是再创作。这种艺术再创作，主要表现在沈周并不受黄公望笔法的限制。比如，沈周以水墨为基础，略施淡彩，使画面和所绘对象更真实。这样一来，沈周的背临本，比起黄公望的原作，显得更具有富春江两岸的秋意。

沈周的《仿黄公望富春山居图》，在民间流传了数百年，1996 年出现在北京瀚海拍卖会上，故宫博物院高价将其收藏。时至今日，沈周的《仿黄公望富春山居图》已经和黄公望的《富春山居图》真迹一样，被定为国宝级文物。

那么，黄公望的《富春山居图》的真迹哪去了呢？多少年来，一直如石沉大海，杳无踪影。直至明弘治元年，即公元1488年，《富春山居图》的真迹，落在苏州一位掌管刑狱的推官范舜举的手上。几十年之后的明隆庆四年，即公元1570年，此画又归无锡谈志伊所有。

万历二十四年，即公元1596年，《富春山居图》辗转流传到了明代大书画家董其昌之手。他在题跋中盛赞道："吾师乎！吾师乎！一丘五岳，都具是矣。"意思是，黄公望是我的老师，我的老师啊！此画用一座山囊括了天下的五岳。董其昌认为，《富春山居图》是黄公望一生最得意的作品，赞佩之情，溢于言表。

三十年后，董其昌又收得沈周背临的《仿黄公望富春山居图》，因缘凑合，灵感触发，使得董其昌在得到沈周仿作的第二年，以七十三岁的高龄，参用《富春山居图》的笔法，创作了一幅山水长卷，《仿大痴富春大岭图》，无疑是董氏画中精品，足以与沈周背临的《仿黄公望富春山居图》交相映晖，共享不朽。

可是，不知道是什么原因，董其昌晚年将《富春山居图》卖给了宜兴收藏家吴正至，吴正至死后，传了他的儿子吴洪裕。吴洪裕一生最喜欢两件宝贝：一件是唐代智永和尚的《千字文》，另一件则是黄公望的《富春山居图》。吴洪裕对《富春山居图》尤其喜爱，达到如痴如醉的程度。整天翻来覆去地欣赏，恨不能走到哪里，都把它带在身边。由于太喜爱它了，吴洪裕造了一座楼叫"富春居"，专门安放《富春山居图》。明清之际，战乱动荡，吴洪裕在逃避战乱的过程中，一直将这两件宝贝带在身上。

清顺治七年，即公元1650年的一天，吴洪裕病危，吴府的家人围在病榻前，焦急地等待老人的遗嘱。气息奄奄的吴洪裕，一直咽不下最后一口气，眼睛死死地盯着身边的宝匣，家人明白了，老爷子放不下他的两件宝贝。于是，就将这两件宝贝取出，在他面前展开，吴洪裕憋了好一会儿，才吃力地吐出一个字：烧！说完就闭上了眼睛。

人们一定会问：吴洪裕既然喜爱这两件宝贝，为什么要烧毁它们呢？为什么不把它当作传家宝，一代一代地传下去呢？对此人们有不同解释：一种观点认为，吴洪裕在弥留之际悟出了一个道理，宝贝藏在家里是祸不是福！他怕宝贝被贼人惦记，会闹得吴家永无安宁之日；还有一种观点认为，吴洪裕一直拿不定主意，将这两件宝贝传给谁，因此，他担心自己死后，本来和和睦睦的一家人，会因为争夺这两件宝贝四分五裂，鸡犬不宁。干脆把它们烧了，以绝后患。可是，更多的人认为，吴洪裕太喜欢这两件宝贝了，尤其是《富春山居图》，他想把它们带到阴曹地府里去，永远陪伴自己！

当然，吴洪裕的内心深处究竟怎么想，这永远是个谜。不过，对于他的子女而言，无论是否理解吴洪裕的意图，吴洪裕是长辈，遗嘱必须执行，尽管他们怀疑吴洪裕是不是因为神志不清醒才做出这样荒唐的决定，即使心里再不乐意，当时却没人敢站出来反对。

就这样，先是智永和尚的《千字文》被丢入火中，不一会儿就化为灰烬。接着是《富春山居图》也被扔进火中，只见火苗一闪，画被点燃了！就在此画即将付之一炬的危急时刻，突然蹿出一个人，一把将画从火中抢了出来，同时又往火中投入了另外一幅画，以掩人耳目。

人们一定会感到好奇：这是什么人，行为如此果断，身手如此敏捷？这个人是吴洪裕的侄子吴子文。虽然，吴子文眼疾手快，将《富春山居图》从炉火中救出，但画的中间部分已经烧出几个连珠洞，没有办法通过修补恢复原貌，只能装裱成两幅画了。从此，稀世国宝《富春山居图》被一分为二。

此画的前半部分，虽然画幅较小，但画面却比较完整，上有一山一水，一丘一壑之景，被后人命名为《剩山图》。此画的后半部分，虽然画幅较长，保留了原画的大部分内容，但受损严重，修补较多。此段有黄公望赠给师弟无用的落款，因此，这部分被称作《无用师卷》。从此，一幅《富春山居图》的两个部分，开始了各自不同的流转过程。那么，它们各自都经历了什么样的命运呢？就让我们先从《剩山图》说起。

《富春山居图》被吴子文救出后不久，古董商人吴其贞安排裱糊匠，揭下烧焦的部分，将完好的部分重新装裱，名为《剩山图》，由吴其贞收藏。可是，从此下落不明，直到康熙八年落到王廷宾手上，后来又辗转于各位收藏家之手，长期流落民间。有一天，上海一位收藏家吴湖帆，正在南京路剃头，听说有人出售此画，头剃了一半的吴湖帆立刻抓住卖画者的手，二话不说就将《剩山图》买下。吴湖帆买下此画之后，非常珍惜，从此称自己的家为"大痴富春山图一角人家"。

浙江省文物管理委员会的沙孟海听说消息，心情颇为不平静，心想这件国宝在民间辗转流传，条件有限，保存不易，只有国家收藏，才是万全之策。于是，多次从杭州赶到上海，对吴湖帆晓之以大义。吴湖帆得到此画，本来并没有转让的意思，可是，沙先生不灰心，多次上门，反复劝说。最终，吴湖帆被沙先生的至诚之心感动，终于同意割爱。1956年，《剩山图》被浙江省文物管理委员会征集，现藏浙江省博物馆，成为镇馆之宝。

与《剩山图》相比，《无用师卷》的流转过程就复杂得多了。清乾隆九年，即公元1744年，有一幅黄公望的《富春山居图》进入清宫，其上有黄公望题"赠子明"字样，因此被称作"子明本"。其实，它是一幅赝品。虽然是赝品，但是制作水平相当高，与真迹几乎一模一样，完全可以乱真。后人为了牟利，将原作者的题款去掉，然后伪造了黄公望的题款，并且还伪造了邹之麟等人的题跋，这一切都把乾隆皇帝给蒙了。

乾隆皇帝将其视为至宝，以假当真，细心珍藏，并且在六米长卷的空白处，几乎填满了御书和藏印，成为一大奇观。周围阿谀奉承的群臣更是不遗余力，甚至把它收入《石渠宝笈初编》之中。

可是，第二年，又有一幅《富春山居图》进入皇宫，先后进入皇宫的两幅《富春山居图》几乎一模一样。可是，真迹只能有一个，那么这两幅《富春山居图》哪一幅是真的呢？一时很难辨识，因为两幅画实在是太像了。

　　不知出于什么原因，乾隆皇帝认定先进宫的那一幅是黄公望的真迹，后进宫者是赝品。为此他还特意请一些大臣来，分别在两幅《富春山居图》上题字、留念。来观画的大臣们，虽然有人鉴别出被乾隆皇帝认定的赝品，其实是真迹；皇帝认定的真迹，其实是赝品。可是，谁也不敢点破，只能附和皇帝的意见，把真迹认定为赝品。令人不解的是，既然认定后入宫的《富春山居图》是赝品，皇帝却花两千两银子将其买下，理由是，这幅画虽然是赝品，但是画得实在太好了。

　　因此，就产生了一种说法，乾隆皇帝其实辨认出两幅《富春山居图》谁是真迹谁是赝品，但是，他先前已经将赝品当真迹，现在让他承认自己错了，这岂不太没面子了，于是他就故意将错就错，颠倒是非。我认为，这种说法有一定的道理。为什么呢？因为这就可以合理地解释，为什么乾隆皇帝会将《富春山居图》这幅稀世珍宝上的几乎所有空白处，都题写诗句的原因了，因为他心里很清楚，他是在赝品上题写。

　　在其后的一百多年间，一直没有人怀疑乾隆皇帝的鉴定，直到清朝灭亡后，学者们才提出了异议，认为被乾隆皇帝鉴定为假画的那幅《富春山居图》，才是黄公望的真迹。学者们理由很简单：被乾隆皇帝认定为赝品的《富春山居图》是半截画，有明显的火烧和修补的痕迹，与历史记载相吻合。经过专家反复鉴定，最终确认被乾隆皇帝鉴定为真迹的是假画，被乾隆皇帝鉴定为假画的，才是《富春山居图》的后半段《无用师卷》。

　　1933年1月31日，日军占领山海关，故宫博物院理事会决定将故宫文物南迁上海。1936年保存在上海的故宫文物迁到南京。1937年"七七"事变后，故宫文物运往四川。抗日战争胜利后，故宫文物运回首都南京。1948年底，国民党政府败逃台湾，故宫博物院南迁的将近三千箱文物运抵台湾，保存在台北故宫博物院，其中包括真、假《富春山居图》，如今它们都珍藏在台北故宫博物院里。

　　经历了种种磨难和长久分离，《富春山居图》的两部分，《剩山图》

和《无用师卷》，终于都有了下落。《剩山图》在祖国大陆的浙江省博物馆，《无用师卷》在台北故宫博物院。由于众所周知的原因，一湾浅浅的海峡把它们隔开了。

在很长的时间里，要想让两个部分重新团聚，让人们目睹全幅真迹《富春山居图》，这几乎变成了一种奢望。人们期盼着有一天，《富春山居图》能够完整地呈现在世人面前。这一天何时才能到来呢？随着两岸关系的逐渐缓解，在两岸中华儿女的共同努力之下，这个愿望终于可以实现了。

1999年，海峡两岸的书画家共同发起了《富春山居图》的圆合活动，就是让两部分画重新组合在一起，人们翘首期待着这一天的到来。1999年7月15日，历史将永远记住这一天。海峡两岸书画家相聚在风景如画的富春江畔，他们依照古代摹本，共同挥毫，临摹了长约65厘米，被烧毁的那截画卷。海峡两岸画家把现场临摹的画卷与各自事先临摹好的《剩山图》和《无用师卷》连接在了一起，分别了361年，又被分隔在海峡两岸的《富春山居图》终于圆合了。

2016年6月1日，在台北故宫博物院正馆的210、212陈列室内，《剩山图》和《无用师卷》的真迹，终于放在一个通柜里展出，这的确是两岸文化交流的一桩盛事，了却两岸中华儿女几十年的心愿。我们渴望着有一天，收藏于台北故宫博物院的《无用师卷》能够到大陆来，与收藏在浙江省博物馆的《剩山图》共同展出。

第10讲

蔡侯申铜方壶之谜

1955年5月的一天，安徽省寿县的一位农民，参加治理淮河的工程，在距离寿县城西门大约300米的地方挖沟取土，结果挖出了两件青铜甬钟。当天晚上，这位农民一个人悄悄来到白天的工地继续挖掘，结果又挖出了各种青铜器30多件。安徽省博物馆的工作人员得知消息后，立即向省里的领导汇报。省领导马上派省文化局副局长，带领考古工作人员赶赴寿县对古墓进行清理发掘。经过一番认真的发掘和清理之后，在这座古墓中出土了青铜器、金器、玉器、骨器、漆器等500多件随葬品。这些出土的青铜器，大部分有铭文，铭文中多次出现"蔡侯"的字样，其中有一篇铭文有90多个字，不仅说明了蔡国的历史情况，也提供了春秋晚期，蔡、楚、吴三国之间复杂的国际关系。可以确定此墓是蔡侯之墓。可是，究竟是哪一位蔡侯呢？一时谁也说不清楚。

为了进一步确认墓主人的身份，专家开始查阅相关的历史文献。通过查阅文献材料专家们得知，今天的寿县大致是春秋晚期蔡国的州来。蔡昭侯二十六年，即公元前493年，蔡国为了躲避楚国的进攻，寻求吴国的保护，从上蔡迁都于此。公元前447年蔡国被楚国所灭。所以这座墓葬的时间，不会晚于公元前493至公元前447年。在墓中还发现了一件青铜镜，上面有铭文"吴王光鉴"四个字。吴王光就是吴王阖闾，这面青铜镜是他给女儿的嫁妆。阖闾当上吴王是蔡昭侯五年时，死的时候是蔡昭侯二十三年，因此，可以断定，这个墓葬不会早于蔡昭侯时期。

当考古工作人员进一步清理出土文物的时候，发现了一件极为精美的青铜酒壶，此青铜酒壶的设计非常精美，侈口长颈，腹部呈圆形，装饰有蟠虺纹，就是蛇纹，并有十字界栏；壶的双耳为兽形衔环，四头怪兽做成壶的四脚。壶盖的顶部设计成镂空莲花瓣形，整个酒壶装饰得非常华丽。在青铜酒壶的内部，发现了六个字的铭文"蔡侯申之飤鼎"，说明此壶的主人是蔡侯申。蔡侯申就是蔡昭侯，因此，人们可以确定，此墓的主人就是蔡昭侯，同时，这件青铜酒壶也有了自己的名字：蔡侯申铜方壶，因为它的确是壶不是鼎。

蔡侯申铜方壶铸造于春秋晚期，距今已有2500多年的历史了。据说蔡侯申非常喜欢这只铜方壶，无论走到哪儿都随身带着它。可是，正是由于这只铜方壶，给蔡侯申带来了杀身之祸。人们一定会问：这是一个什么样的时代，堂堂侯爵，一国之君，居然会因为一只青铜酒壶而死呢？这就得从春秋时期的大背景说起了。

蔡侯申铜方壶

公元前771年春，西戎大军大举进攻周王朝的首都镐京，今陕西咸阳市，结果周幽王被杀，西周灭亡了。各路诸侯共同拥戴太子姬宜臼为新的天子，史称"周平王"。可是，周朝的京畿地区完全被西戎占领，周平王只好在诸侯们的保护之下，迁都洛邑，即今天的洛阳，中国历史进入东周时期，也称春秋时期。

由于，周天子离开自己控制的周朝故地来到中原，处在各路诸侯的包围之中。周天子不但在军事、政治和经济实力等方面，根本无法与西周时期相比，而且，诸侯们的势力也越来越强大，周天子已经根本无法号令诸侯，中国历史进入到诸侯争霸的时代。诸侯之间的相互战争，成了春秋时期的常态。

这就是孔子所谓"无道"的时代。孔子认为的"有道"，是"礼乐征伐自天子出"，而春秋时期，"礼乐征伐自诸侯出"的确是"礼崩乐坏"了。因此孟子认为，"春秋无义战"。因为，春秋时期是一个没有正义，不讲道理，不守规矩的强权政治的时代。正是在这样的大背景之下，才有可能发生一个堂堂的姬姓侯爵，因为一只青铜酒壶丢了性命的事情。那么，究竟是谁杀了铜方壶的主人蔡侯申呢？这还得从蔡侯申参加楚昭王的一次宴会说起。

公元前510年的一天，蔡侯申正在批阅奏章，卫兵送来一份楚昭王的请柬。请柬上写着，楚昭王得到了一柄湛卢剑，邀请蔡侯申前来欣赏、庆贺。今天的人们一定觉得无法理解，不就一柄宝剑嘛，何至于将周边国家的领导人都叫来欣赏、庆贺呢？因为，在春秋时期，湛卢剑的确不是一般的宝剑。据说它是最锋利的天下第一剑，削铁如泥，迎风断发，举世无可匹敌。

这在当时，那可是最精锐的武器，谁拥有了它，就可以所向披靡，天下无敌了。春秋时期著名的政治家管仲就曾经说过："故一器成，往夫具，而天下无战心。"意思是，有一种武器达到最高水平，再有敢于出征的战士，则天下没人敢跟你交战。没人敢跟你交战，那天下岂不就是你的了？

显然，楚昭王拥有了号称天下第一的湛卢剑之后，就想在周边国家的君主面前炫耀，于是他通知楚国的属国和友邦的领导人，让他们都来欣赏、祝贺。一种要当天下霸主的野心昭然若揭。面对楚昭王的邀请，蔡侯申丝毫不敢怠慢，带着贵重的贺礼，亲自前往楚国祝贺。

可是，在楚昭王举办的酒席宴上，蔡侯申的行为却给自己惹了麻烦。究竟出什么事了呢？说来也简单，蔡侯申太喜欢自己的铜方壶了，到楚国去观赏楚昭王的天下第一剑，却随身将心爱的铜方壶带在身边，并且在酒席宴上用铜方壶温酒，不喝楚王宴席上的酒。这显然是对主人的不尊敬。不过也难怪蔡侯申和铜方壶形影不离，因为这只铜方壶在当时算是非常高端的奢侈品，引起了前来祝贺的各位诸侯们的注意和兴趣。于是，蔡侯申一边与众位宾客觥筹交错，一边炫耀自己的铜方壶。前来祝贺的各国诸侯们也没眼色，不好好观赏楚昭王的天下第一剑，却对蔡侯申的铜方壶赞不绝口，这才叫喧宾夺主。蔡侯申出尽了风头，可楚昭王却十分不高兴。

如果,只是楚昭王不高兴,未必能引来杀身之祸。问题严重的是,楚国的令尹也就是宰相囊瓦,看中了蔡侯申的铜方壶。囊瓦派人找蔡侯申索要铜方壶,被蔡侯申一口回绝了。遭到蔡侯申的拒绝,囊瓦恼羞成怒,就想方设法要除掉蔡侯申,以夺取他手中的宝贝。那么,用什么办法才能除掉蔡侯申呢?他毕竟是一国之君啊!这必须借助楚昭王的力量。于是,囊瓦指控蔡侯申暗通吴国,威胁楚国,并且将他软禁在旅馆里,派一千名士兵看守。人们不禁要问:作为楚国宰相的囊瓦,怎么能随意捏造罪名,扣押前来参加楚昭王宴会的外国领导人呢?这位囊瓦究竟是个什么样的人,居然如此胆大妄为呢?

说起囊瓦,今天很少有人知道他,他是春秋时期楚国的大夫,曾祖父是春秋五霸之一的楚庄王。由于出身楚国王族,因此,囊瓦为人特别傲慢无礼。比如,楚灵王时他担任车右,就是站在车夫右边的卫士,可是,他却目中无人。有一天对出使楚国的齐国宰相晏子说:"我听说君王将相,都长得魁梧俊美,因而能立功当代,留名后世。可是你呢?身材矮小,手无缚鸡之力,你不觉得羞愧吗?"

晏子,名叫晏婴,是春秋时期重要的政治家、思想家和外交家。虽然身材矮小,相貌平平,但是足智多谋,能言善辩,外交水平非常高。面对囊瓦的挑战,晏子坦然自若地回答:"秤砣虽小,能压千斤;船桨虽长,只能划水。你虽然身材高大,不过是楚王的车右;我虽然身材矮小,却是齐国的栋梁,能独当一面,为国家效力。"一席话说得囊瓦羞愧难当。

这位囊瓦在担任楚王车右的时候就敢于挑战齐国的宰相,那么他当了楚国宰相之后,自然更加目中无人,狂妄无礼。而且囊瓦非常贪婪,肆无忌惮地索要他人财物。凡是出使楚国的使臣,只要手中有宝贝,他都想要。由于这些使臣惧怕楚国的势力,对囊瓦有求必应,这就更加助长了囊瓦的贪婪。当他看到蔡侯申使用的铜方壶时,就想据为己有。可是,让囊瓦万万没有想到的是,蔡侯申居然不把他放在眼里,一口回绝了他的无理要求。

恼羞成怒的囊瓦立刻向楚昭王进谗言，说蔡国为吴国做向导，准备攻打楚国。楚昭王相信了囊瓦的谗言，立刻下令将蔡侯申囚禁起来。人们一定会觉得，楚昭王也太昏庸了吧？你把蔡国君主请来看你的湛卢剑，怎么会听信囊瓦的一面之词，就把邻国的君主囚禁起来呢？这也太不讲国际交往的规矩，太不把蔡国放在眼里了吧？都说弱国无外交，难道蔡国真的就这么"菜"，就这么软弱可欺？堂堂的一国之君，可以被邻国的君主随意囚禁吗？这就得说说这个蔡国了。

其实，蔡国在立国之初还是很强大的，在整个周王朝的诸侯中，至少算得上是二等强国。比如，周武王灭商之后，为了有效统治新占领的地区，封商纣王之子武庚于商都，即今天的河南安阳。在商都的周边，封三弟姬鲜于管国，封五弟姬度于蔡国，共同负责监督武庚。显然，蔡国在西周时期是重要的姬姓国家，被封为侯爵，姬度被称作蔡侯度。周代爵位分五等：公、侯、伯、子、男，侯爵是二等诸侯。其实，当时封为公爵的一流诸侯国，也就齐、鲁两家。所以，立国之初，蔡国不但不弱小，而且还担负着为周王朝监督中原敌对势力的重大使命。

可是，周朝建立第二年，周武王就因病去世了。武王的儿子姬诵即位，史称周成王。因为，周成王年幼，周公旦"摄政理事"，史称"周公辅政"。周公旦是周武王的四弟，他的辅政引起了三哥和五弟的怀疑和不满。于是，三哥姬鲜，五弟姬度，联合武庚和东方一些诸侯起兵反叛。周公旦奉成王之命，率兵东征。经过三年的战争，平定了反叛，杀了三哥姬鲜，放逐了五弟姬度，也就是蔡侯度。

蔡侯度死在了流放地。可是，他的儿子姬胡却奉公守法，积德行善，得到周公旦的赏识，于是周公旦派姬胡到自己的封地鲁国担任官职，辅佐周公旦的儿子伯禽。结果，姬胡将鲁国治理得井井有条。于是，周公旦请示周成王，将姬胡重新封于蔡地，蔡国得以重建。在西周的鼎盛时期，由于社会秩序稳定，在几代蔡侯的努力之下，蔡国终于又恢复了二流强国的地位。

可是，到了春秋初年，郑国首先称霸，不听天子号令。周桓王起兵讨伐，蔡国与其他诸侯国参加对郑国的讨伐。可是，在这次战争中，蔡国首先被郑国击败，周天子在战争中也受了伤。经过此次战争，无论是周天子的地位，还是蔡国的实力都受到很大的损伤，从此开始走下坡路。也就是说，蔡国的强盛和衰败与周王朝的强盛和衰败是同步的。

但是，在周王朝衰败的过程中，并不是所有的诸侯国都衰败了，有些诸侯国恰恰是在这个大背景之下迅速崛起。所以说，蔡国的君主对于本国的败落有着不可推卸的责任，用现在的话说，就是"不作不死"。比如，公元前684年，蔡哀侯娶妻于陈国，邻居息国的君主也娶妻于陈国，用现在的话说，蔡侯与息侯是连襟。可是，当陈国的公主出嫁息国路过蔡

春秋时期的诸侯国分布图

国都城的时候，蔡哀侯听说这位陈国公主非常美貌，就非要以姐夫的身份见一下这位小姨子。可是，蔡哀侯与陈国公主见面时，言语轻佻，举止无礼，息侯非常生气，可又无力与蔡侯为敌，于是就找楚国帮忙。息侯给楚王出主意，让楚国先假装攻打息国，息国向蔡国求救，蔡国一定会前来救援，到那个时候，楚国就可以趁机进攻蔡国了。当时的楚王正想向中原发展，立刻接受了息侯的建议，佯攻息国。息国向蔡国求援，蔡国果然出兵救息国，结果遭到楚军的迎头痛击，蔡军大败，蔡哀侯成了楚军的俘虏。蔡国的元气大伤！

蔡哀侯被囚禁九年之后，死于楚国。蔡国贵族只好拥立哀侯的儿子姬肸为君主，他就是蔡穆侯。这个时候，齐国在管仲的辅佐之下强大起来，开始称霸中原。为了报杀父之仇和对抗楚国的巨大压力，蔡国开始联合齐国，抗衡楚国。为了加强与齐国的联合，蔡穆侯将自己年轻的妹妹蔡姬，嫁给了齐桓公。可是，齐蔡两国本来和睦的关系，却因为一件小事翻了脸。究竟发生什么事了呢？

有一天，齐桓公与蔡姬在湖中乘船游玩。蔡姬一时玩兴大发，故意晃动小船吓唬齐桓公，齐桓公被吓得脸色大变，一怒之下，休了蔡姬，将她赶回蔡国。齐桓公的本意只是想将蔡姬赶回娘家，杀杀她的娇气。可是，没想到蔡穆侯却将妹妹蔡姬转手就嫁给了楚成王。人们不禁感到不解，蔡穆侯为什么这么着急就把妹妹嫁给楚成王呢？因为，他觉得齐桓公休了自己的妹妹，蔡国与齐国的联姻就解体了，失去了齐国的支持，就只能倒向楚国，以求在夹缝中生存。

蔡穆侯这种朝齐暮楚的态度激怒了齐桓公，齐桓公于是联合鲁、宋、卫等八个国家，讨伐蔡国和楚国。八国联军很快击败了蔡国，并且俘虏了蔡穆侯。由于楚国大军严阵以待，齐桓公知道不可能以武力战胜楚国，于是与楚国签订"昭陵之盟"，并且将蔡穆侯释放了。

不久蔡穆侯死了，儿子姬甲午即位，史称蔡庄侯。此时，晋文公开始称霸，晋国和楚国之间的矛盾越来越尖锐。公元前632年，晋楚两国之间爆发了春秋时期著名的"城濮之战"。战争之中，晋军退避三舍，诱敌深入。晋军先击溃了比较薄弱的蔡陈联军，然后又击败了楚军。晋文公一战成就霸业，蔡庄侯见风使舵，立刻疏远楚国，亲近晋国。

蔡庄侯死后，其子姬申即位，史称蔡文侯。此时楚国的君主是春秋五霸之一的楚庄王，楚国的势力逐渐强大。楚国不断征伐蔡、陈、郑等国，将势力逐渐推进到了黄河沿岸。公元前606年，楚国大军开至洛阳南郊，楚庄王在此举行阅兵式，向天子示威，炫耀武力。并且质问周王室的官员："周天子的鼎有多大，有多重？"留下"问鼎中原"的典故。

不愿意失去中原霸主地位的晋国，与楚国之间爆发了"邲之战"。结果，楚国大胜，成为新一代霸主。蔡文侯立刻脱离晋国，归附楚国，并且推楚国为盟主。一个弱小的国家处在两个强国之间，首鼠两端，左右摇摆，无论是朝齐暮楚，还是朝晋暮楚，都是可以理解的。

在这样的国际环境下，即使励精图治，小心谨慎，利用大国之间的矛盾以求在夹缝中生存，还未必能够自保。更何况蔡国的君主自毁江山，这只能加速灭亡。还是那句话："不作不死！"那么蔡国君主又怎么个"作"法呢？比如，蔡景侯为太子娶了一位漂亮的楚国夫人。可是，蔡景侯却贪恋太子妃的美貌，私下里与之通奸。太子知情之后，一怒之下，杀了父亲，取而代之，史称蔡灵侯。

蔡灵侯弑君篡位，大逆不道，给楚国进攻蔡国提供了借口。此时楚国的国君是楚灵王，蔡国是楚国的附属国，所以，楚灵王派使者到蔡国召见蔡灵侯，蔡灵侯不敢不去。楚灵王设宴款待蔡灵侯，同时埋伏好武士。趁蔡灵侯喝醉，将其擒获，并将他杀害了，同时还杀害了蔡国贵族70多人。紧接着命令公子弃疾包围蔡国，半年之后将蔡国灭了。蔡国被灭的时候，楚国士兵闯入蔡国都城，将蔡国都城疯抢一空。

蔡国亡国之后，楚灵王封公子弃疾为蔡公，镇守蔡国故地。第三年，楚国发生内讧，公子弃疾在蔡国人的帮助之下，夺取政权，当上了国君，史称楚平王。为了感谢蔡国人的帮助，楚平王恢复了被灭的蔡国，立蔡灵侯的弟弟姬庐为蔡国新的君主，史称蔡平侯。蔡平侯为了避免北方诸侯的进攻，将蔡国都城迁到了靠近楚国的吕亭，史称"上蔡"，今河南省新蔡县。

蔡平侯死后，蔡灵侯的儿子杀了平侯之子自立，就是蔡悼侯。蔡悼侯在位三年就死了，他的弟弟姬申即位，他就是我们今天所讲的铜方壶的主人蔡侯申。显然，蔡侯申时期的蔡国，不过是楚国的附属国，无论是地位还是实力，根本不可能与楚国抗衡。所以，蔡侯申因为铜方壶而成为楚国的阶下囚，就完全可以理解了。蔡侯申心里很清楚，囊瓦说他勾结吴国威胁楚国纯粹是借口，实际上是囊瓦得不到铜方壶报复他。可是，他实在是舍不得这只铜方壶，同时也觉得楚国人太霸道，士可杀不可辱，所以他宁可被囚禁，就是不肯让步，死也不交出铜方壶，结果这一囚禁就是三年。

俗话说，国不可一日无君。眼见着蔡侯申被囚禁三年了，蔡国的官员着急了，就偷偷地把铜方壶送给了囊瓦。囊瓦得到铜方壶之后，释放了蔡侯申。得到铜方壶的囊瓦，如获至宝，也把它作为专用的酒壶，走到哪儿带到哪儿，一有机会便向文武百官和外国使臣炫耀。由此可见，蔡侯申铜方壶在当时的确是一件稀罕的宝贝。

蔡侯申回到蔡国之后，对他的铜方壶念念不忘，耿耿于怀。失去铜方壶，成了蔡侯申的一块心病，楚国对他的侮辱也历历在目，他时常为之愤愤不平。可是，仅靠蔡国一国之力，根本无法与楚国抗衡，更不可能夺回铜方壶。怎么办？只能寻找新的靠山。此时，位于太湖地区的吴国日渐强大，并且准备北上争霸中原。

蔡侯申决心摆脱附属国的地位，联合吴国共同抗击楚国，他之所以不再愿意依附于楚国，很大程度上与他失去铜方壶有关，他就是想借助吴国的力量，打败楚国，夺回他的铜方壶。于是，蔡侯申联合卫、晋等国，先灭掉了亲楚国的沈国。当楚国出兵救沈国时，蔡侯申将儿子送到吴国做人质，相约吴国共伐楚国。此时吴国的君主是阖闾，他为了争霸中原，正在准备进攻楚国。

当吴王阖闾觉得一切准备就绪的时候，蔡侯申找上门了，自然是一拍即合。就这样，公元前506年，蔡吴两国联合作战，大举进攻楚国，春秋时期著名的"柏举之战"爆发了。吴、蔡联军一路攻城略地，势如破竹，很快就攻入楚国都城——郢都，楚军大乱，溃散而逃。两国大军乘胜追击，步步紧逼，楚军丢盔卸甲，狼狈投降。

蔡吴联军攻破郢都，楚昭王逃到随国，整个郢都城包括囊瓦的家产在内，都成了蔡吴两军的战利品，囊瓦的夫人也被吴王阖闾的弟弟夫概霸占。蔡侯申借助吴国的力量，终于将自己心爱的铜方壶夺了回来。蔡侯申面对失而复得的铜方壶，心里有说不出的喜悦。可是，事情并没有就此结束。

吴蔡联军占领楚国首都之后，楚国的大夫申包胥，来到秦国求救。开始秦王无动于衷，可是，申包胥在秦王宫殿的门前，哭了七天七夜，终于感动了秦王。于是，秦楚联手，进攻吴蔡联军。吴蔡联军大败，退出楚国，楚昭王复国。从此，蔡国与楚国的仇算是结下了。为了抗衡楚国，蔡国只能继续跟着吴国混，让吴国保护自己。孙武曾说："不养天下之交。"意思是，自己国家的安危，不能仰仗于盟国，那是根本靠不住的。

果真如此，公元前497年，吴国和越国爆发了战争，越国在吴国的南方，吴国虽然打败了越国，但是根本无暇顾及北方的蔡国。公元前493年，楚国大举进攻蔡国，吴国坐视不管，蔡侯申无力阻挡楚国大军的进攻，只好将都城迁往州来，即今天的安徽寿县境内，史称"下蔡"，也就是发现蔡侯墓的地方。可是，下蔡依然处于楚国大军的威胁之下。蔡侯申打算再度南迁，想距离吴国再近一些，以求得吴国的保护。可是，让蔡侯申没有料到的是，他的决定遭到了蔡国大部分贵族的反对。

那么，蔡国的贵族为什么反对国都继续南迁呢？因为，他们的产业都在北方，觉得国都再继续南迁，会伤害自身的利益。可是，蔡侯申却一意孤行，非要迁都不可。为了阻止蔡侯申南迁国都，蔡国的贵族们联合一气，花钱雇了一个名叫贼利的刺客，刺杀了自己的君主蔡侯申。蔡侯申被刺杀，虽然阻止了都城南迁，却无法阻止蔡国的灭亡。在蔡侯申被刺杀46年之后，蔡国最终被楚国灭了。虽然蔡侯申之死与蔡国的灭亡有着复杂的历史原因，可是蔡侯申对铜方壶的态度，既给自己招来杀身之祸,也加速了蔡国的灭亡。

不过,蔡侯申被刺杀之后,他的葬礼却极为隆重,也许是贵族们为了掩盖自己内心的不安吧。墓中安放了青铜器、金器、玉器、骨器、漆器等500多件随葬品,这些文物个个造型精美,制作精良。而蔡侯申一生最钟爱的那只铜方壶,自然也被放入墓中。

1955年,蔡侯申的墓被发掘,埋在地下2500多年的铜方壶得以与世人见面。如今,这件造型独特、制作精美、纹饰瑰丽的蔡侯申铜方壶,被定为国家一级文物,收藏于中国国家博物馆。蔡侯申铜方壶历经磨难,见证了春秋时期的战乱纷争,为研究春秋时期的历史提供了珍贵的资料。

第11讲

《鹊华秋色图》之谜

传说，乾隆皇帝于乾隆十三年，即公元1748年的一天，巡游狩猎来到了山东济南。打完猎没事干，乾隆皇帝登上济南城的城楼，观赏城外近郊的自然景观。当乾隆皇帝朝济南城郊东北方向眺望时，觉得眼前的景色有些眼熟，像是在哪儿见过。皇帝心里觉得纳闷：我以前没来过济南，更没有登城楼观过景，怎么会觉得眼前的景色似曾相识呢？

突然，皇帝想起来了，这不是《鹊华秋色图》中的景色吗？《鹊华秋色图》是元代著名书画家赵孟𫖯的代表作，画面中的"鹊"和"华"，不就是眼前的鹊山和华不注山吗？乾隆皇帝发现了大画家作品中自然景观的原型，非常高兴，觉得自己太有眼光了。可是，看着看着，皇帝就觉得哪儿有些不对，可是又说不清楚。立刻叫人回宫去取《鹊华秋色图》来，他要用画和原型进行比对，想看一下问题究竟出在哪儿了。

皇帝的侍从立刻连夜从济南赶往北京，去取《鹊华秋色图》。从济南到北京一千多里地，一个往返，就是一千多公里！皇帝的侍从马不停

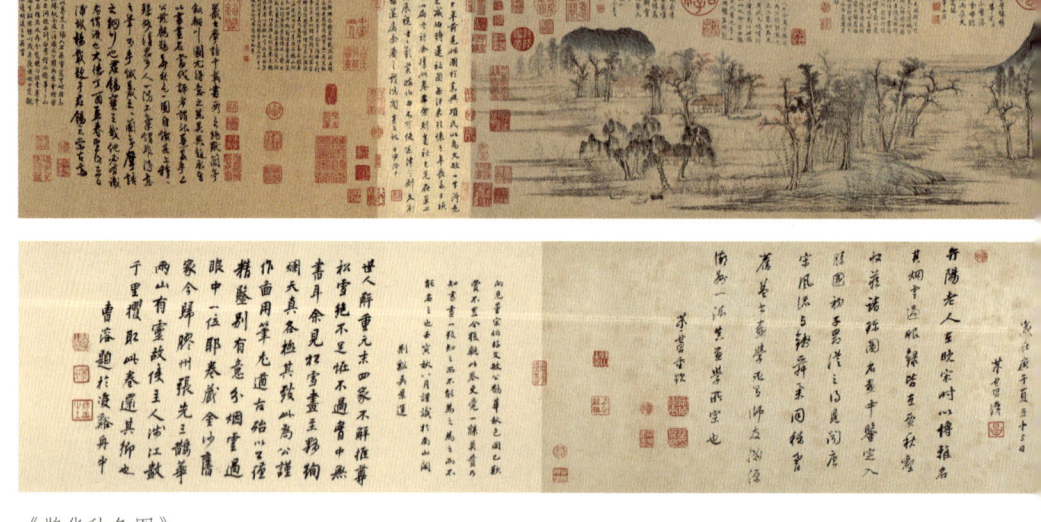

《鹊华秋色图》

蹄，换马不换人，就像传递战场快报一样，很快就将《鹊华秋色图》从京城取来了。皇帝立刻带着画再次登上济南城楼。打开画卷经过一番认真比对，乾隆皇帝终于得出结论：赵孟頫所画《鹊华秋色图》里的鹊山和华不注山的方位完全错了。怎么错了呢？现实中的鹊山在黄河北岸，华不注山在黄河南岸。可是，赵孟頫却将画中的两座山，分置于画面的一左一右。就这样，隔河相望的两座山，被赵孟頫画到了一起。而且，鹊山明明在华不注山的西面，赵孟頫却说在东面。

发现画面中有如此巨大的错误之后，乾隆皇帝震怒了，两座山的基本方位都没搞清楚，还画什么画啊，这要是打起仗来，岂不误事？这还得了！乾隆皇帝立刻下旨："朕发现古人之画有失实之处，本该将此画焚毁，以免误我大清的战事，不过，考虑到这画流传了几百年，而且来之不易，权且将此画收入大内，任何人不得观赏！"就这样，传世之作《鹊华秋色图》被封存了。人们不禁要问：赵孟頫真的会犯这种低级错误吗？这就得说说这位赵孟頫了。

赵孟頫，浙江吴兴（今浙江湖州）人。是宋太祖赵匡胤的儿子秦王赵德芳的第十代孙，人称"赵王孙"，他的爷爷和父亲都在南宋朝廷担

任过要职。赵孟頫十四岁，也有人说十九岁的时候，根据宋朝的庇荫制，不通过科举考试，直接在吏部注册，预备到真州即今江苏仪征真州镇，担任司户参军，一个管理户籍的七品小官。可是，还没等上任，南宋就灭亡了。

作为前朝遗少，赵孟頫只能闲居在家，有才华无处施展。不过，人有才华是埋没不了的，赵孟頫被称为"吴兴八俊"之一，其名声远播。元朝地方政府多次请他出山为官，却都被他拒绝了。这是为什么呢？因为，中国古代士大夫，恪守"忠臣不事二主"的古训，又有所谓的"华夷之辨"，南宋被蒙古人建立的元灭了，赵孟頫作为宋朝的皇室宗亲，自然是不能为元朝廷效力的，否则就是变节，会被当时的舆论所耻笑，自己也会感到羞愧。

元朝统治者对汉族人也不放心，所以，元朝建立四十多年不举行科举考试，文人们也就失去了通过读书获得功名的途径。这些人的才华从此转向了各种门类的艺术，赵孟頫就是这些人的代表。闲居在家，让赵孟頫有大量的时间读书绘画、研习书法，从而使赵孟頫成为中国文化史上一位博学多才的大师级人物。

赵孟頫的绘画艺术可以说是臻于完美，而且他在理论方面也有自己独到的见解。比如，他主张"书画同体"的观点，希望画家们既要苦练写实的基本功和实践技巧，也要有精湛的书法功底，用来作画。

赵孟頫之所以提出这样的要求，除了中国画的确具有这个特点之外，关键是赵孟頫自己的书法艺术达到了极高的水平。他对篆、隶、楷、行、草等各种书体，无所不精。后人评价他的书法，"华美而不乏骨力、流丽而不落俗套"，称他为"唐以后集书法之大成者"，明朝人王世贞在《弇州四部稿》卷一百三十三中赞美赵孟頫的书法："上下五百年，纵横一万里，举无其敌。"意思是，五百年间，万里之内，没有人能够达到赵孟頫的水平。

最值得一提的是，赵孟頫是元代画坛上开一代风尚的人物。其关键之处在于，他开辟了文人画的先河。所谓文人画，是与工匠画对应的。

工匠作画，更注意技巧和画得与对象形似。而文人画则是指读书人参与绘画活动，将他们的文化知识和审美情趣引入绘画领域。其最重要的特征是，以总体的写意代替具体物象的写实，它除了保持一定物象的特征之外，还带有浓厚的文学意味和诗的情调。

《鹊华秋色图》就是赵孟頫绘画艺术的代表作，它非常典型地体现了文人画的特征，因此成为传世名作。此画纸本设色，纵28.4厘米，横93.2厘米。整个画面表现的是济南郊外的景色，主要表现了平原上突起的鹊山和华不注山。赵孟頫在题跋中写道："华不注最知名，……其东则鹊山也，命之曰：《鹊华秋色图》。"意思是，鹊山在著名的华不注山的东面，这正是乾隆皇帝发现赵孟頫错误的地方。

可是，此画并不是凭空虚构。因为，如果你登上济南城楼，的确可以看到，在黄河北岸有一座山叫鹊山。据说，神医扁鹊曾经在此山炼制丹药，而且死后葬在了此山脚下，因此，这座山被后人称为"鹊山"。

至于华不注山，则坐落于济南城郊东北部，黄河的南岸，小清河以北。那么，这座山为什么叫这么个奇怪的名字呢？其实，这个名字可有来头了。它取自于《诗经·小雅·常棣》中的一句："常棣之华，鄂不韡韡"。此处的"华"就是"花"；"鄂不"就是花蒂，"韡韡"是光明华美的意思。此山名"华不注"，意思是，远看此山，

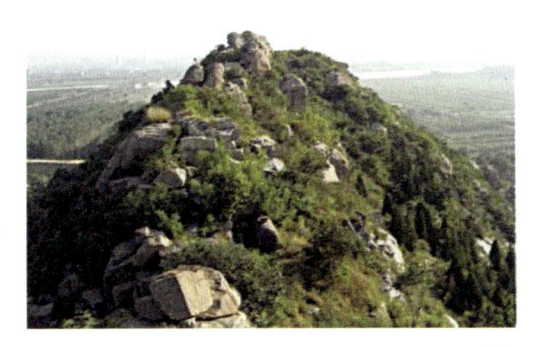

鹊山

华不注山

《鹊华秋色图》主体部分

就像一朵花的蒂,底部朝上,浮在水面。

  以上描述,无非是告诉大家,赵孟頫在《鹊华秋色图》中表现了现实中存在的客观物象。可是,现实世界中,鹊山的确在华不注山的西面,那么,赵孟頫为什么把两座山的方位颠倒,而且还要注明"华不注最知名,……其东则鹊山"呢?人们不禁要问:像赵孟頫这样的才子,元代著名的艺术大师,怎么连方向都会搞错呢?

  其实,不是赵孟頫错了,而是乾隆皇帝根本不懂绘画,尤其是不懂元代画风变化之后,中国绘画的特点。前面我们说过,赵孟頫是元代画坛上开一代风尚的人物,关键在于他开辟了文人画的先河。文人画最重要的特征是,以总体的写意代替具体物象的写实,它除了保持一定物象的特征之外,带有浓厚的文学意味和诗的情调,其实就是艺术家的主观情感。

  所谓"写意",是指画家在画面上表现自己心中的记忆、想象和主

观的理解，更准确地说，是表现艺术家心中的景色。因此，在《鹊华秋色图》中表现的山不完全是现实中真实存在的山，而是艺术家心中的意象。这意象又不是凭空虚构，而是有所依照，正所谓张彦远在《历代名画记》卷十中所讲的"外师造化，中得心源"。此画是艺术创作，根本不能当作地图看。这就好比，写意人物画不能当作照片证明身份是一个道理。比如，赵孟頫不仅将两座山的位置调换了，而且为了弥补原来景色的不足，画面不够丰满的缺陷，还在鹊山附近增加了一些景物，如茅舍、羊、渔网、老农等，近景以四棵柳树为主，以芦苇、沼泽协调、统一整幅画面。这些细节在自然景观中虽然存在，却并没有同时出现在一个画面中。这就是艺术家为了表达意境，对空间布局的任意安排。

当然，艺术家主观任意地安排空间布局，以营造意境，却不能完全虚拟。比如，赵孟頫在此画的题跋中有这样一句："华不注最知名，见于《左氏》。"这句话的意思是，华不注山一带曾经是春秋时期的古战场。据《左

《鹊华秋色图》局部

传》记载，鲁成公二年，即公元前589年，齐顷公亲率大军，摆开阵势，准备与晋军决战。可是，齐顷公骄傲轻敌，声称打败晋军之后再吃早饭。不给战马披上铠甲就参战，结果齐国军队被打得大败，齐顷公被晋军紧追不舍，围着华不注山绕了三圈。幸亏齐国大臣逢丑父与齐顷公交换外衣和位置，才摆脱追兵，逃脱性命。

  赵孟頫既然能够引经据典地指出华不注山一带是古战场，就说明他对这里的地理地貌和历史背景非常熟悉。就是因为熟悉，才能将客观景象任意摆布，让它们更有画面感，更能表达自己对祖国山河的眷念。可是，乾隆皇帝虽然喜欢收藏，却不懂艺术，更看不懂中国绘画艺术的写意画，他真的是把写意山水画当作地图使用了。

  也许有人会说，赵孟頫是浙江吴兴人，即今天浙江湖州人，《鹊华秋色图》画的是济南城郊的景色。济南与湖州之间的直线距离是1600里地。这么远的距离，赵孟頫怎么可能了解济南的自然风光，怎么可能不出错呢？因此，犯这种低级错误是可以理解的。可是，这样解释赵孟頫的错误就更有问题了，既然你赵孟頫对济南一带的自然环境完全不了解，那你为什么要创作这幅《鹊华秋色图》呢？艺术家是不可能画自己完全不熟悉的景色的。其实，赵孟頫对济南一带的自然风光非常熟悉。可是，赵孟頫明明是浙江吴兴人，他怎么会对济南的地理地貌非常熟悉呢？

原因很简单，赵孟頫曾经担任过济南路总管府知事，大致相当于现在的省府秘书长，而且任职达三年多。他的官舍就在济南的东仓，这儿与鹊山和华不注山遥遥相望。所以赵孟頫能够画出传世名画《鹊华秋色图》就在情理之中了。

可是，这问题又出来了。赵孟頫既是绘画艺术大师，又是大宋王朝的皇室宗亲，号称赵王孙，怎么成了元朝政府的高官了呢？不是说，忠臣不事二主，艺术家淡泊功名吗？这究竟是怎么回事呢？赵孟頫的确拒绝过元朝廷多次的征召，甚至为了躲避征召，逃亡他乡。那么，他最终为什么还是在元朝廷为官了呢？这就得说说元世祖忽必烈这位皇帝了。

至元二十三年，即公元1286年，忽必烈为了缓和民族矛盾，在江南搜访有名望的知识分子，委以官职，借以稳定民心。于是，行台侍御史程钜夫，奉皇帝忽必烈的命令，到江南一带寻找有才能的汉族知识分子，请他们出山为官。就这样，程钜夫慕名来到赵孟頫家，要带他去拜见皇帝忽必烈。

赵孟頫虽然曾经多次拒绝元朝廷的征召，可是，这次却跟着侍御史进了大都，即今天的北京。那么，作为南宋遗少的赵孟頫，为什么最终下决心仕元呢？据我分析，大致有以下两个原因：

其一，建功立业。

赵孟頫虽然是前朝遗民，但是，出仕为官，对他来说依然是一个难以抵御的诱惑。赵孟頫自幼生活在一个世代为官的皇族家庭，受的是传统的儒家教育，经邦济世、建功立业，是他基本的人生观。南宋灭亡时，他年仅23岁，如此年轻就断了晋身之阶，很难消除心底的入世情结。

其二，改变态度。

元朝占据江南后，经过七年的治理，虽然社会矛盾依然很尖锐，但毕竟社会秩序基本稳定，经济生产步入正轨，文化事业开始复苏，初步显露出治世的迹象。随着时间的推移，赵孟頫心头的亡国之痛渐渐平复，对于时局的看法也比较超脱了。他甚至认为，国家分裂的时间太久，统一是大势所趋。

总之，由于上述两个原因，赵孟頫终于放下前朝遗少的敌意、清高与不合作的态度，接受元朝皇帝忽必烈的征召，走上了仕元的道路。

《元史新编》记载，皇帝忽必烈第一次见赵孟頫时就惊呼："才气英迈，神采焕发，如神仙中人。"立刻让赵孟頫坐在右丞相的上首。元朝的丞相有两位，一位左丞相，一位右丞相。元朝尚右，所以，右丞相比左丞相要大。让赵孟頫坐在右丞相的上首，那就是坐在皇帝身边了，这是何其尊贵的位置。可是，有人马上阻止道：赵孟頫是宋朝皇室宗亲，不合适陪伴陛下左右。可是，忽必烈理也不理，可见，忽必烈有多喜欢赵孟頫。

人都是有感情的，皇帝如此喜欢，自然换得赵孟頫的尽心合作。比如，当时尚书省，也就是国家最高行政机构刚刚设立，忽必烈命令赵孟頫起草诏书颁布天下。忽必烈看了赵孟頫起草的诏书之后非常高兴地说："你说出了我心中要说的意思。"

赵孟頫不但文章写得好，而且能够仗义执言。比如，有一天，皇帝召集百官讨论刑法问题，很多人建议贪赃元钞二百贯处死。赵孟頫坚决反对，他的理由是，钞票最初发行时，以银为依据，二者基本相当，一贯等于一两白银。可是，二十年之后，纸币发行量太大，已经超过二十倍。在这样的情况下，二百贯就处死，岂不太重？有人当场反驳说：你这个南人，难道反对元朝发行的钞票吗？元朝将国内臣民分为四等：一等蒙古人，二等色目人，三等汉人，四等南人。赵孟頫毫不示弱地反问：刑法有关人命，我奉诏参与讨论，有话不能不说。元朝的纸币因发行量过大，已经用新版废除旧版，既然旧版能废，怎么就不能容人提意见？你不讲道理，以强凌弱，这样做对吗？一席话让这位反对者哑口无言。由此可见，赵孟頫虽然仕元，却并未失去骨气和人格。

可是，时间不长，赵孟頫就开始感到后悔，甚至愧疚，内心充满了矛盾。这是为什么呢？具体分析有如下几个原因：

第一，不受重用。

虽然，忽必烈对赵孟頫非常欣赏，但是，由于朝中权贵的反对，他并没有得到重用，半年之后才当上兵部郎中，从五品。元代兵部不管军队，更没有军权，只负责全国各地的驿站。这在朝廷其他官员看来，已经是重用了。可是，这样的闲职，根本无法实现赵孟頫的志向，因此，赵孟頫从政的热情迅速消退。

第二，受到屈辱。

赵孟頫本来是个艺术家，喜欢无拘无束的生活。可是，朝廷的各种规矩，等级森严、繁文缛节、无聊琐事、钩心斗角，让他难以适应。有一天，他上朝迟到了，居然被施以鞭刑。这对赵孟頫来说，真是奇耻大辱。

第三，舆论压力。

南宋灭亡之后，很多南宋的遗民，都抱着与元朝廷不合作的态度，有些南方士人，虽然与赵孟頫同时应征，可是一年之后，又纷纷辞官回乡。那些始终坚持与元朝廷不合作的人，对赵孟頫仕元，更加鄙视，由此形成一种强大的舆论压力。

第四，生活困难。

虽然赵孟頫官居从五品，生活却非常贫困，甚至经常吃不饱饭。综合以上原因，赵孟頫实在不愿意在京城当官了，他向皇帝提出回乡的请求。

忽必烈当然不会轻易放赵孟頫回乡。不久提拔赵孟頫为奉议大夫，正五品，让他有了更多接触皇帝和参政的机会。当忽必烈得知赵孟頫生活困难时，还赠给他五十锭钞票，相当于赵孟頫三十五个月的俸禄。有一天，赵孟頫上朝，骑马经过皇宫东墙外，由于路窄，马失前蹄跌入路边的护城河里。忽必烈知道此事之后，立刻命人将宫墙向西移了两丈左右，拓宽了道路。

虽然，这些举措暂时留住了赵孟頫，但是他心里很清楚，忽必烈年事已高，身体不好，随时可能驾崩，他这种前朝王孙的身份，在元代的政治舞台上是不会有什么前程的。如果继续升官，进入权力中枢，势必成为众矢之的。

因此，赵孟頫决心辞官回乡。他知道皇帝不可能放他走，于是提出了一个折中的方案，要求到地方任职。一开始忽必烈坚决不同意，可是架不住赵孟頫态度坚决，多次请求，皇帝终于同意赵孟頫离开京城到地方为官，元朝廷任命赵孟頫为济南路总管府知事，就这样，赵孟頫终于离开京城来到了山东济南。

离开京城来到济南之后，赵孟頫的身心都自由了许多。所以，他在济南为官三年，公务之余也留心本地的历史典故，在钻研书画的同时，经常在济南郊外欣赏自然山水，比如，趵突泉、大明湖、千佛山，尤其是鹊山和华不注山都留下了他的踪影。三年后，元世祖驾崩，元成宗继位。新任皇帝要召他回京城修《世祖实录》。赵孟頫借口身体有病，坚决辞职回乡，结束了为期八年的仕元经历，返回了阔别多年的故乡吴兴，开始了他的闲居生活。

就在赵孟頫返回故乡之后不久，他结识了一位至交，名叫周密，字公瑾，号华不注山人，是南宋著名的诗人兼收藏家。周密比赵孟頫整整大21岁，可是他们彼此惺惺相惜，称兄道弟，关系十分密切。

有一天，赵孟頫、周密和几位好友喝酒作诗。酒席间大家谈笑风生，赵孟頫回忆起在济南时的生活，赞美济南的山水名胜，谈论到鹊山和华不注山时，更是神采飞扬，使在场的人为之神往。可是，整个酒席间，周密却一直默默不语，低头喝闷酒，赵孟頫也很纳闷，这位朋友究竟有什么心事呢？

第二天一大早，周密就来到赵孟頫家，向比自己年轻21岁的朋友，打开了心扉，诉说自己内心的苦闷。原来，周密的祖籍是山东历城，即今天济南历城区，距离济南城约三十里，宋朝王室南渡时，周密的曾祖父随宋高宗南迁，落户吴兴。南宋末年，周密曾担任义乌县令，南宋灭亡后不再做官，举家逃难又回到浙江吴兴。周密只知道自己的故乡是山东济南，却从来没有回去过。昨天在喝酒的时候，赵孟頫谈起济南的景色，尤其是说到了华不注山，让周密怦然心动！因为他有一个号，就叫"华不注山人"。赵孟頫对华不注山的描绘，让周密格外地神往。今天一大早来拜访好朋友，就是想让朋友再给他讲讲故乡的山水风光。

听了周密的这番话，赵孟頫颇受感动，立刻起身带周密来到书房。赵孟頫对周密说："大哥对故乡的情怀让小弟非常感动，我一定满足大哥的要求。不过小弟不才，用语言描述实在不能尽意，还是让我把大哥故乡的山水风光画下来吧，也许可以更好地慰藉大哥您的思乡之苦。"说罢，赵孟頫提笔挥毫，凭着记忆将济南的山水景色和民俗风情，浓缩在这尺幅之间。就这样，赵孟頫的传世之作《鹊华秋色图》诞生了。

只见画面之中，两山相对；平原之上，秋色正美；朦胧之中，烟雨渐浓。内行人都会盛赞此画，虽凭记忆所画，却是济南八景之一"鹊华烟雨"的最好写照。之所以说是最好的写照，正是因为赵孟頫不是画景，而是写意。他在《鹊华秋色图》中，打破了单纯画景写实的常规，把不在一起的两座山画在了一起，甚至将两山颠倒了方位，以营造画面的意境，这正是此画的魅力所在。因为，若不如此，无法表现赵孟頫对祖国山河的眷恋，也难解朋友的思乡之情。

周密得到《鹊华秋色图》之后，如获至宝，将其收录在自己的藏画集《过眼云烟录》中，时常观赏，就像回到家乡一样，思乡之情得到暂时的慰藉。虽然，周密得到此画之后三年就去世了。但是，在周密身后，《鹊华秋色图》一直传承有序。

《鹊华秋色图》在元明两朝一直在民间流转；到了清朝，曾经被著名词人纳兰性德收藏，后来进入清宫，深受乾隆皇帝的喜爱，成了他心爱的宝贝，画上的"鹊华秋色"四个大字，正是乾隆皇帝亲笔题写。这四个大字几乎比原作还要大。

可是，不懂绘画艺术的乾隆皇帝，硬是充内行，非说赵孟頫将山的方位画错了，会耽误大清的战事，因此将《鹊华秋色图》封存，不许观赏。

《鹊华秋色图》乾隆题字

可是，有一年，乾隆皇帝再次来到济南游览大明湖，当他登上鹊华桥时，又一次想起了《鹊华秋色图》，并且忘了将此画打入冷宫的事。再次下旨，派人回宫取画。画取回来之后，乾隆皇帝诗兴大发，写了两首《题鹊华桥》的诗。

然而，五天之后，乾隆的母亲去世了，皇帝在难过之余，认定是这两首诗惹的祸，之所以写这两首诗，完全是因为《鹊华秋色图》。乾隆皇帝立刻下令，烧了《鹊华秋色图》，此图真是不祥之物！可是，就在火盆端上来的时候，乾隆皇帝却反悔了。因为，这毕竟是幅传世名画，如果依着自己的性子把它烧了，会被后人耻笑的。于是，皇帝打消了烧画的念头，再次下旨将《鹊华秋色图》封存，任何人不许再碰。

封存古代名画对其收藏来说是件好事，《鹊华秋色图》深藏皇宫不为外人所见，从而避免了流转中的磨难。中华民国建立之后，包括《鹊华秋色图》在内的所有清宫藏品，都归故宫博物院所有。直到1933年1月31日，日军占领山海关，北京不再安全了。于是，故宫博物院理事会决定将故宫文物南迁上海。1936年保存在上海的故宫文物迁到南京。1937年"七七"事变后，故宫文物运往四川。抗日战争胜利后，故宫文物又被运回首都南京。1948年底，国民党政府败逃台湾，故宫博物院南迁的文物运抵台湾。如今《鹊华秋色图》珍藏在台北故宫博物院，成为该院的镇院之宝。

第12讲

《姨母帖》之谜

《姨母帖》是东晋书法艺术大师王羲之的代表作之一。说起王羲之的《姨母帖》很少有人知道，它现在被辽宁省博物馆收藏。《姨母帖》，纵26.3厘米，横53.8厘米，硬黄纸本，行草书体，一共6行42个字。此帖虽然是唐代的摹本，但是，由于使用双钩廓填法，临摹得很到位，将王羲之的书法风格基本上完整地保留了下来，所以它是一件国宝级的文物。围绕这件国宝级的文物，发生了一些鲜为人知的故事。那么，究竟发生了什么事情呢？就让我们从中国唯一的女皇帝，武则天说起。

　　大周万岁通天二年，即公元697年的一天，武则天皇帝在武成殿召见文武百官。面对一位头都不敢抬的大臣，武则天半开玩笑地说："王卿家，你躲着几天不见人影，让我们大家好等啊！"被武则天称作"王卿家"的大臣叫王方庆，官居凤阁鸾台平章事，凤阁就是原来的中书省，鸾台就是原来的门下省，武则天当皇帝之后改的名称，凤阁鸾台平章事，就是过去的中书门下平章事，也就是宰相。人们不禁要问：堂堂一朝宰相，为什么躲着不见皇帝，又为什么见了皇帝之后，头都不敢抬呢？因为，王方庆觉得武则天的要求让他太为难了，他不知道如何应对。那么，皇帝武则天对王方庆究竟提出什么样的要求，让王方庆如此为难呢？

　　其实，武则天的要求很简单，就是要让王方庆把他们家收藏的王羲之等人的书法真迹都献出来。王方庆是东晋书法家王羲之的后裔，因此，收藏着许多王羲之以及王氏家族历代先人们的书法作品的真迹。武则天非常喜欢王羲之的书法作品，多次找王方庆索取王羲之书法作品的真迹。身为宰相的王方庆，太纠结啦！怎么办啊？拿出来吧，舍不得；不拿出来吧，君命难违。无奈之下，王方庆决定忍痛割爱，将王羲之、王徽之、王献之等王氏家族祖先28个人的墨宝真迹，统统献给了武则天，其中就包括我们今天要讲述的王羲之的《姨母帖》。武则天收到王方庆贡献的这些真迹时非常高兴，让在场的众位大臣们观赏之后，用重金赏赐了

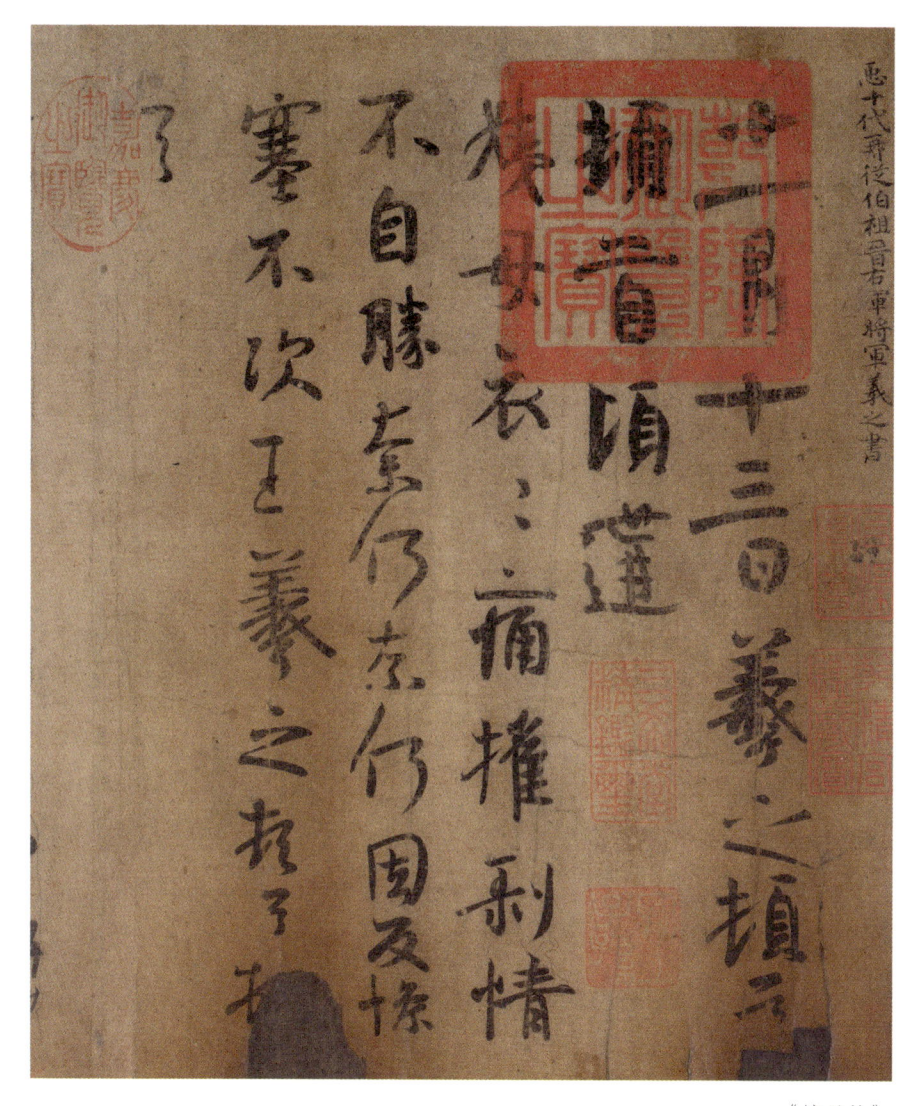

《姨母帖》

第 12 讲 《姨母帖》之谜

王方庆。

可是,王方庆却因此大病一场。他觉得自己实在对不起王家的列祖列宗,同时在满朝文武面前,又觉得有献媚邀宠之嫌。更让王方庆哭笑不得的是,人们传说王羲之在世时留下了200多件墨宝,再加上王献之等王氏祖先的墨宝那就更多了,王方庆献给皇上的不过是其中的一小部分。听到这些传言,王方庆真是有口难辩啊!他尤其担心,万一皇上相信这些传言,再找我索取王氏祖先的墨宝真迹，我拿不出来，这可怎么办呢？就在王方庆为此担心的时候，武则天皇帝果真又要召见他。王方庆心想，这下完了，皇帝真的相信了传言，向他索要剩余的王氏祖先的书法真迹。可是，家里根本没有真迹了，能贡献的都贡献了啊！可是，皇帝召见又不能不去，家里再也没有真迹可献，这如何是好呢？因此，王方庆先是称病躲了几天，可是，躲了初一躲不过十五啊！哪有当朝宰相躲着不见皇帝的道理？最后实在没有理由再躲了，只好硬着头皮上朝面见皇帝。见了皇帝之后，王方庆既不出声，也不抬头，大有要杀要剐随你便的意思。

武则天见王方庆这般模样，心中暗自发笑，对王方庆和颜悦色地说："王爱卿，你知道朕今天召见你，所为何事吗？"面对武则天的威仪，王方庆依然不敢吱声。武则天闪开身，露出身后龙书案上的一个方盒子，然后令人将盒子打开，让王方庆观看。王方庆心怀忐忑地走上前观看，只见里面装的是王方庆不久前献给皇上的王氏祖先所有书法真迹，现在全部装裱一新。见到自家传世珍宝被装裱一新，王方庆感到有些莫明其妙。见王方庆一脸的疑惑，武则天解释道："王爱卿，你前些日子献给朕的王氏祖先的真迹，朕非常喜爱，所以，命令弘文馆制作了摹本，然后又命人把原本重新装裱，并且用锦缎封护。现在摹本我收藏，原本全部还给你。"王方庆一听，又惊又喜，简直不敢相信自己的耳朵，皇帝会把所有的真迹都还给自己，这可是破天荒的事啊！

也难怪王方庆不敢相信自己的耳朵，因为，历朝历代的皇帝，哪个不是想尽办法在民间搜集珍宝，将民间收藏，变成自己的收藏。比如，唐太宗李世民为了获得王羲之的《兰亭序》的真迹，他派监察御史萧翼，乔装打扮成商人，骗取辩才和尚的信任，将《兰亭序》的真迹盗走。辩才和尚得知消息后，当场晕厥，不久就圆寂了。太宗皇帝临死的时候嘱咐儿子李治，将《兰亭序》的真迹带到坟墓中去，从此，王羲之的《兰亭序》真迹下落不明。可是，同样身为皇帝的武则天，为什么会如此大度呢？这就得说说这位女皇了。

武则天是中国历史上唯一的一位女皇帝，她除了具有治理国家的雄才大略之外，对于书法艺术也很有造诣，在我国书法史上占有举足轻重的地位。人们也许不会相信，一个女皇帝能在书法艺术史上有什么重要贡献呢？

武则天在中国古代书法史中的地位主要表现在以下几个方面：

第一，风格独特。比如，她的传世之作《升仙太子碑》。此碑是武则天亲自撰文并题写。字体飘逸恣肆，笔法婉转圆润，使我们体会到武则天的书法深受王羲之的影响；她一改初唐行书的瘦劲，比起她前任的几位皇帝的书法，更具有非凡的气度和开阔的景象。

第二，创造新字。武则天自创了十几个新字，比如"曌"、"囵"、"埊"等，虽然这些字

《升仙太子碑》拓本局部

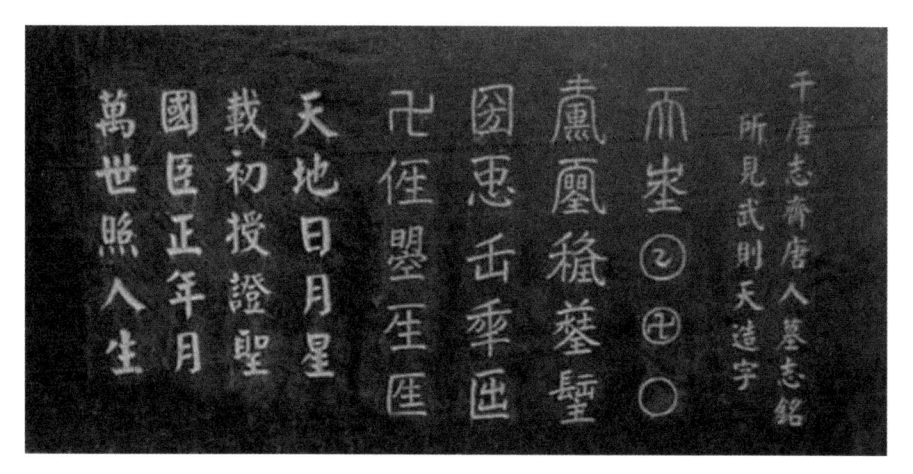

武则天所造新字"曌""囵""埊"等

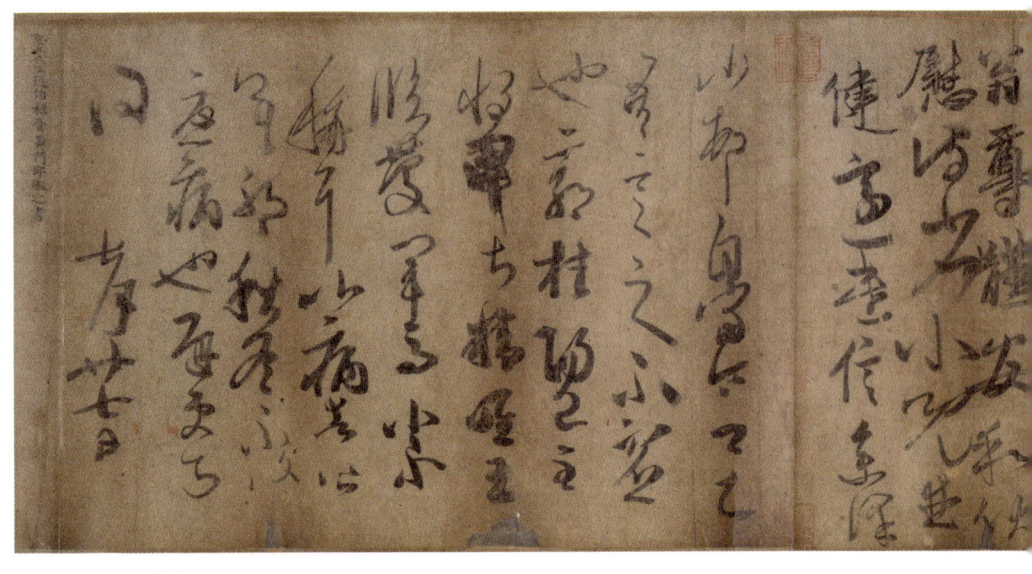

《万岁通天帖》局部

大部分没有流行使用，却表明武则天在文字方面的想象力和创造性。

第三，制作《宝章集》。武则天将王方庆奉献的王羲之一族28个人流传至唐代的书法真迹，汇集编纂成卷，取名《宝章集》。可是，《宝章集》流传到宋代，大部分遗失，仅剩七个人的十幅作品，经宋朝人岳珂将其重新编在一起，由于这些作品最初临摹于万岁通天二年，因此将这七人十幅作品的合卷，称为《万岁通天帖》。其中第一幅就是王羲之的《姨母帖》。

武则天制作好《宝章集》之后，将王方庆奉献的王氏祖先的书法作品真迹，统统还给了他。可是，王家的这些书法真迹却在日后的流转过程中，都失传了。虽然《宝章集》中的作品也大部分遗失，幸好有《万岁通天帖》，将王氏家族中七个人的十幅书法作品保存到今天，虽然其中大部分是重新制作的宋代摹本，但是，其中最珍贵的一幅，也是唯一留存的唐代摹本，就是我们今天要讲的《姨母帖》。

《姨母帖》的字数虽少，却充满了王羲之真挚的情感。因为，这是王羲之听说姨母去世的消息时写的。王羲之在此帖中写道："十一月十三日，羲之顿首，顿首。顷遘姨母哀，哀痛摧剥，情不自胜。奈何，奈何！因

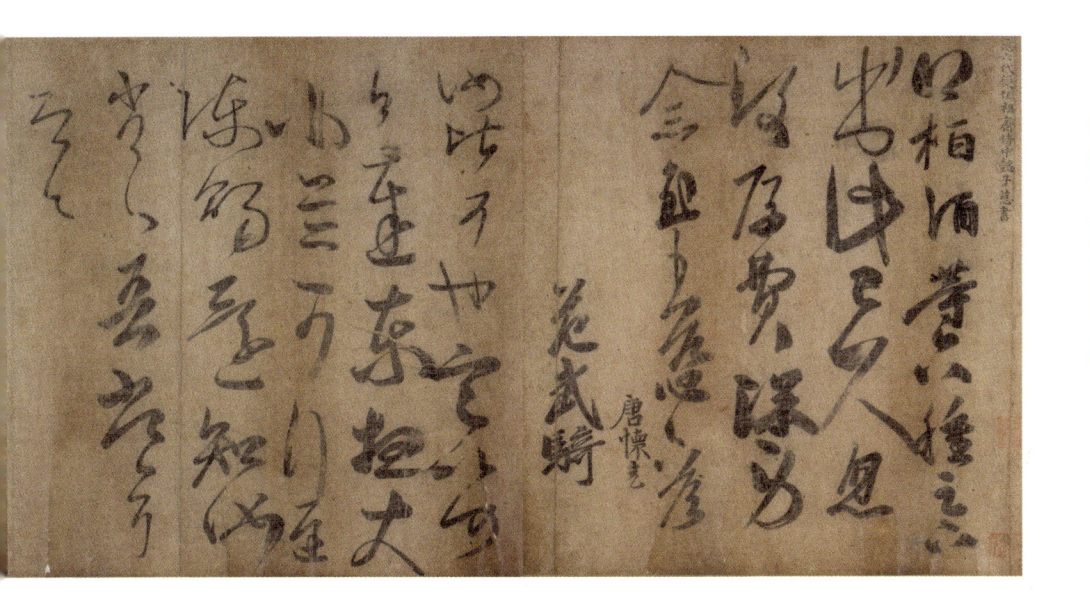

反惨塞。不次,王羲之顿首,顿首。"意思是,永和五年的十一月十三日,王羲之得知姨母去世的消息,哀伤悲痛,摧心剥肝,难以承受。面对亲人逝去,内心无可奈何!哀痛悲伤之情,反复涌现,充塞胸中。不想再多说了,王羲之再次磕头了!寥寥数十个字,表达了王羲之对姨母深切的情感。人们不禁要问:王羲之的姨母是什么人,她的去世为什么让王羲之如此悲痛呢?这就得说说王羲之的姨母了。

王羲之的姨母姓卫,名铄,字茂漪,人称"卫夫人",河东安邑,今山西夏县人,是东晋时期著名的书法家。卫铄后来嫁给了汝阴,今安徽阜阳的太守李矩,所以又被人们称为"李夫人"。不过王羲之姨母最著名的称呼还是"卫夫人"。

说到这儿,人们一定会有疑问:中国古代是男权社会,男尊女卑是普遍的社会风气,人们一向认可"女子无才便是德"的标准,女性没有社会职业,也没有社会地位,只能在家相夫教子。说武则天在书法艺术上达到很高的境界,也是因为她是一代女皇才为人所知。可是,真的会有王羲之姨母,卫夫人这样的女书法家吗?

其实,在中国古代社会,不乏女书法家。比如,自秦汉以来,民间

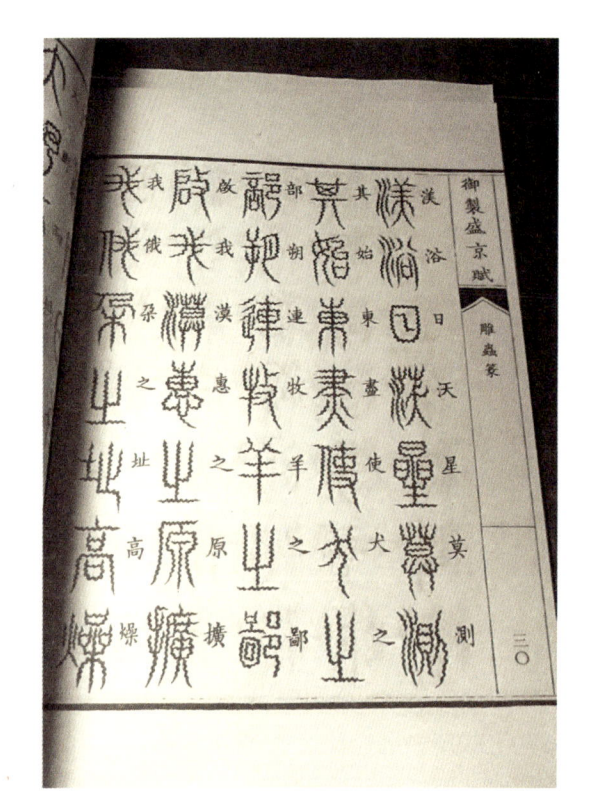

雕虫篆

一直流传着这样一则故事：春秋时期，一个名叫秋胡的鲁国人，与妻子结婚五天之后，就到外地做官去了。五年之后回家，半路遇到一位采桑女子，于是拿出钱去挑逗这位美女，结果遭到严词拒绝。秋胡回到家之后，把挣来的钱交给母亲，然后询问妻子在哪儿。这时妻子走了进来，秋胡发现，她竟然是被自己调戏的采桑女！秋胡一时羞愧难当。妻子愤怒地指责秋胡说："你在外做官这么长时间，不着急回家看望母亲，反而调戏路边的女子，像你这种不孝不义的人，我没办法和你白头偕老。"说完这些话，冲出家门，投河自尽了。更为可惜的是，秋胡的妻子是一位天才的书法家，她创作出一种叫"雕虫篆"的书体。这位极具创造性的女书法家，却因为丈夫的无耻而选择了自尽。

显然，在中国古代男权社会条件下，女书法家的遭遇都比较悲惨。最悲惨的莫过于东汉末年大司农皇甫规的妻子马氏了。她擅长书法，草书隶书都非常好，而且文笔优美，相貌靓丽，可谓色艺双绝。马氏的丈夫皇甫规去世之后，担任相国的权臣董卓，仰慕马氏的才貌，带着100辆车，20匹马，大量钱财和一队奴婢，前往皇甫家提亲，却被马氏拒绝了。董卓命令手下的卫士，拔出佩刀围上去恐吓马氏。马氏毫不畏惧，痛骂董卓，董卓大怒，令人将马氏绑在车辕的横木上鞭打，马氏依然骂不绝口，董卓见马氏不屈服，便下令用木棍将马氏活活打死了。

正是生存环境的恶劣，才使得中国古代艺术史中，很少见到杰出的女艺术家。当然，也不是所有的权臣都迫害艺术家。比如，曹操就是权臣，他却怜惜艺术人才，无论男女。东汉时期著名的女文学家、书法家蔡文姬，因受父亲牵连充军边疆，被赦免之后又流落西域12年，因生活所迫，嫁给了匈奴左贤王。曹操听说之后，花重金从匈奴手中将蔡文姬赎了回来。

相比之下，卫铄就幸运得多。因为，卫氏家学，渊源深厚，书香陶冶，传承四代。卫铄从小就跟叔叔卫桓学习书法。可是，当她最初向叔叔提出要学习书法的时候，叔叔却不以为然地说："女孩子家不必舞文弄墨，还是学学针线算了。"

卫铄心里不服气地想："难道男孩能写字，女孩就不能学吗？"

从此，她便下定决心偷着学。每当叔叔铺纸挥毫时，她便站在旁边，目不转睛地看，叔叔的一举一动都默记在心。随后，她就回到房间里，关上门偷偷地自己练。有一天，她正在看叔叔写字，正巧家中来了客人，叔叔写了一半便放下笔，出去会客了。这时，卫铄看着"文房四宝"手痒痒，忍不住偷偷地写了几行字。叔叔回来一看，感到非常惊奇，就问卫铄："这字儿是你写的？"

卫铄不好意思地点了点头。

叔叔又问："谁教你的？"

卫铄回答："您教的呗！"

叔叔会心地笑了。打那以后，卫桓便把卫铄收在门下，悉心传授书法技巧。卫铄当然求之不得，从此开始了刻苦练习书法的历程。

据说，卫夫人总是在山上练习书法，她把周围山上的石头、树皮和能写字的地方上几乎都写满了字。有一天，突然下起了大雨。卫夫人写在石块、树皮上的字，全都被雨水冲刷掉了，从山上流下来的雨水都变成了黑色。从此，当地就有了这样的传说："此山曾经下过墨汁雨！"

卫夫人的妹妹是王羲之的母亲，因此，王羲之从小跟着姨母学习书法。卫夫人之所以能够成为书圣王羲之的启蒙老师，除了她是王羲之的姨母，有着特别的关系之外，还在于她创作的《笔阵图》。这是一部特别适合启蒙教学用的书法理论著作。卫夫人在《笔阵图》中描述道："书法之妙，在于用笔。一横，就像云层排布千里；一点，好似巨石从高山坠落；一撇，有如犀牛之角、大象之牙断裂；一竖，好像万年一根枯藤；一捺，有如惊涛骇浪，雷鸣电闪；一钩，有如弓弦紧绷；一折，好比百钧强弩，蓄势待发。"

显然，卫夫人不仅是一位书法家，还是一位书法教育家，更为重要的是，她尤其擅长对少年儿童的书法启蒙教育。因此，由卫夫人给王羲之启蒙真是再合适不过了。就在王羲之刚刚7岁的时候，卫夫人就发现了王羲之有书法天赋，便开始让他学习书法。卫夫人很喜欢王羲之的聪明伶俐，不但尽心教王羲之写字，还用前人练字的故事开导、鼓励他。比如，有一天，王羲之问卫夫人："老师，我怎样才能尽快把字练好呢？"卫夫人看着王羲之着急的样子，既可爱，又可笑，便说："孩子，练习书法可不能着急，先听我给你讲个故事吧！那是在东汉的时候，有一个名叫张芝的人，他为了练好字，天天在自家门前的池塘边，蘸着池水研墨练字，从太阳出来，一直练到太阳落山，字写完后，就在池塘里洗涮笔砚，久而久之，洗出的墨汁把整个池塘都染黑了，后来，他的字越练越好，写的草书，笔势活泼流畅，富于变化，大家都称他为'草圣'。"

读者朋友一定觉得，这个故事怎么听起来这么耳熟。是的，民间有许多洗笔砚将池塘变成墨池的传说。比如，卫夫人家乡苏庄村的东头，就有个十来亩大的池塘，当地人称它为"卫夫人洗墨池"。据说，卫夫人小的时候练习书法非常认真，常常一写就是几个小时。写累的时候，她就到门前的池塘里把笔砚洗一洗。久而久之，池塘里的水就被染成了黑色，后人就把这池塘称为"卫夫人洗墨池"。

王羲之一边听着卫夫人讲述张芝的故事，一边心里在想：张芝为了练好字，洗笔砚居然把池塘的水都染黑了，他得下多大功夫啊！要是自己也像张芝那样刻苦，一定能把字练好。从此，在卫夫人的辅导下，王羲之练字更加努力了。他也像张芝一样，每天练完字，就到自家门前的池塘里洗笔砚。时间一长，原来清澈如镜的池塘，也变成了墨池。后来，王羲之每搬到一处，都要在门前的水池里洗笔砚，据说他在各地留下了许多墨池。可见姨母卫夫人对王羲之的影响有多深。

在书法教学方面，卫夫人对王羲之的确用心良苦。民间有这样一个传说，有一天，卫夫人化装成一个老太太的样子，到集市去卖烙饼。卫夫人烙饼和别人不一样，她把案板放在脸前，烙饼锅放在身后，擀一好张饼之后，从头上往身后一扔，恰好落在身后的烙饼锅中，这大概也算是一种飞饼了吧。围观人都高声叫好。不一会儿王羲之也来观看，看到兴奋时，不由地高呼："这个手艺太妙了！"卫夫人听出是王羲之的声音之后，笑眯眯地说："再妙也没有王羲之的字写得好哩！"王羲之心想，这老太太的烙饼的技术确实太高了，自己的字哪能和她相比。于是，暗暗下决心，一定要将书法练得像老太太烙饼一样妙。

说起姨母卫夫人对王羲之的影响，民间还有一个更离奇的故事。有一天，王羲之学画鹅，什么都画好了，就是眼睛怎么画也不对。于是，便请姨母帮忙。卫夫人接过王羲之手中的笔，在鹅眼睛的位置上轻轻一点，这只鹅居然拍动翅膀飞了。虽然，这是一个民间流传的童话故事，却表明了舆论的共识，王羲之的书法艺术成就的确与卫夫人的精心指导密切相关。卫夫人对王羲之的指导就好比画鹅点睛。所以，王羲之对姨母的情感非常深厚，当他听说姨母去世的消息时，立刻提笔写下他当时悲痛的心情，就这样，一篇著名的书法作品——《姨母帖》诞生了。

但是，令人遗憾的是，王方庆手中的原本真迹后来在流传中不知所终。那么，武则天令人制作的《宝章集》的《姨母帖》唐代摹本，就成了孤本，显得弥足珍贵了。虽然，这幅《姨母帖》是摹本，但它毕竟是唐代的，而且最大限度地保留了王羲之作品的原貌。为什么呢？因为，这幅《姨母帖》是武则天令人用"双钩廓填法"制作的。所谓"双钩廓填法",是用线条沿笔迹两边钩出轮廓,然后再在轮廓之内填墨。这种方法比照着帖临摹更能准确地表现原本的面貌。因此,《姨母帖》在笔画粗细、轻重、大小、曲直等方面都临摹得很到位。可是,唐王朝灭亡之后,《宝章集》逐渐散失,到宋代的时候只剩下七个人的十幅作品了。由宋代人岳珂重新整理并且命名《万岁通天帖》,其中第一幅就是王羲之的《姨母帖》。

明代万历年间,《万岁通天帖》在民间出现了,可是,有人却怀疑它是赝品。那么,究竟是怎么回事呢?事情的经过是这样。有一天,一个名叫项笃寿的人,来到他弟弟项元汴的家,看望弟弟。项笃寿是明嘉靖年间的进士,曾经担任兵部郎中。因为与张居正意见不合,被贬为广东参议,后来称病辞官,回归故里,从此离开仕途,过着闲云野鹤的生活。项笃寿有一个爱好,就是收藏。项元汴和他哥哥一样,也喜欢收藏。不过,项元汴更精通的是鉴赏,各类文物古玩,经他鉴别,一眼便能够识别真伪。

可是,项笃寿来到弟弟项元汴的家,见弟弟不住地长吁短叹,连饭都懒得吃。项笃寿内心感到有些纳闷:弟弟拥有万贯家财,不愁使用;奴仆成群,一呼百应。还有什么事不顺心呢?项笃寿不便直接问,就通过弟弟的家人打听。经过打听,项笃寿了解到,弟弟最近收购了一卷王羲之等人的书法作品《万岁通天帖》。

项笃寿心想,《万岁通天帖》是唐代摹本,流传到明代已经八百多年了,得到这样的珍宝是件好事,为什么不高兴呢?原来,项元汴高价买下《万岁通天帖》之后,很快就后悔了。因为他发现其中第一幅《姨母帖》不太像王羲之的书法风格,他怀疑可能是假的,根本不值那么多钱,他打眼了!这件事又不能跟别人说,怕外人知道了,他的当铺以后就没法做生意了。因此,他只好一个人生闷气。

项笃寿了解到弟弟郁闷的真相之后,他突然有了一个主意。几天之后,项笃寿又来到弟弟家中,对弟弟说:"你最近又收到什么名家绝品了?"项元汴就把一卷书帖往哥哥面前一放说:"这就是我买到的'名家绝品',你看看吧!"项笃寿打开一看,正是王羲之等人的《万岁通天帖》。项笃寿觉得果真是一件珍品,尤其其中的第一幅是王羲之的《姨母帖》。不过,此帖的笔画比较厚实,虽然属于行书,却带有隶书的质朴之风。比如文中的"奈何"等字的笔法,用笔朴拙凝重,不像王羲之作品特有的灵动俊秀。也正是因此,项元汴怀疑这卷《万岁通天帖》是赝品。

不过,项笃寿看不出这卷《万岁通天帖》究竟是不是赝品,却赞不绝口,执意要求弟弟把《万岁通天帖》转让给他。项元汴当然求之不得啊!项笃寿买下《万岁通天帖》的目的不过是想帮助弟弟解决一个难题,让弟弟别再郁闷了。至于这《万岁通天帖》到底是不是唐代弘文馆的摹本,他并不在乎。

那么,项笃寿从弟弟项元汴手里买的《万岁通天帖》究竟是不是赝品呢?当然不是,那为何其中的《姨母帖》不像王羲之的书法风格

《姨母帖》局部"奈何"

呢?因为,王羲之的姨母卫夫人去世的时候,王羲之还很年轻,《姨母帖》是王羲之早期的书法作品。这一点人们从此帖中就可以看出,王羲之早期书法作品,用笔凝重、结构扁方,继承了魏晋时期那种朴质的美感,与王羲之后来作品的风格有很大不同。

显然,《姨母帖》在王羲之的书法作品中属于"过渡型"的书体,它对研究东晋书法和王羲之书法风格的发展演变,具有非常重要的价值。项元汴看出《姨母帖》与人们见到的王羲之的其他法帖在风格上不太相似,这是对的,只是他并不知道,也正因为如此,《姨母帖》才具有其他法帖所没有的价值。

可是出人意料的是,当项笃寿把《万岁通天帖》放在自己的藏书楼

之后，《万岁通天帖》总是离奇地丢失，可是，丢失之后又都能神奇地找回来。比如，一次在排水沟里找到，一次在杂物间找到。这让项笃寿疑虑重重，与其说《万岁通天帖》是被盗贼偷走藏起来，倒不如说是被人故意扔掉的。那么，到底是什么人在捣鬼呢？

项笃寿派人暗中监视整个府上的动静，想看看是谁在暗中捣乱。让项笃寿万万没想到的是，这些事全是他的贴身仆人干的。原来，这位仆人听说《万岁通天帖》以前曾经被一个叫华夏的人收藏，可是华夏收藏《万岁通天帖》之后没多久，华府就无端起火了。这位仆人就觉得《万岁通天帖》是不祥之物，收藏《万岁通天帖》不吉利，会给收藏者带来灾难。仆人因为担心项笃寿的家中也会遭此不幸，所以才三番两次地要扔掉《万岁通天帖》。

听完仆人的解释之后，项笃寿觉得这位仆人疑神疑鬼，有些不可理喻。就对仆人说：华府起火是因为管理防备不善，跟收藏《万岁通天帖》有什么相干。你既然担心发生灾难，以后就把心思用在保护项府的安全上吧。也许正是因为项笃寿的仆人兢兢业业的监护，《万岁通天帖》才得以在项府平安地度过了许多年。

据史料记载，《万岁通天帖》不但在明代收藏家华夏的府上遭过火灾，后来被收进清皇宫之后，也曾经遭过一次火灾，至今在《万岁通天帖》上，我们还能看到有烧焦的痕迹。如今，《万岁通天帖》收藏在辽宁省博物馆里，不必再去害怕烈火的焚烧和无意的破坏了。其实，中国古代建筑都是木质结构，天干物燥之时，非常容易起火，这与《万岁通天帖》本身没有任何关系。

第13讲

"东方微笑"之谜

1993年元月，"麦积石窟艺术作品展"开始在日本的东京、大阪等四个城市举行巡展，整个巡展历时半年。这些一千多年前的佛教雕塑艺术作品，引起了日本各界人士的广泛关注，并且获得了极高的赞誉。尤其是其中的一尊泥塑主佛像，打动了无数观众，有人甚至将她和达·芬奇的《蒙娜·丽莎》相比较，说《蒙娜·丽莎》是西方的微笑，而这尊主佛像是东方的微笑。从此，这尊泥塑佛像就赢得了"东方微笑"的美称。将这两件来自东西两半球的艺术作品加以比较，人们发现，二者之间的确有异曲同工之妙。可是，我认为这个比较并不恰当。为什么呢？因为达·芬奇的《蒙娜·丽莎》创作于公元15世纪，而这尊主佛塑像，完成于公元5世纪，二者之间相差一千多年。如果说，两件艺术作品的确达到了相同的水平，那么也就意味着中国这一位没有留下姓名的艺术家，比意大利的达·芬奇，早一千年就达到了如此高的艺术水平。因此，人们一定会问：1500多年前的这位不知名的艺术家，怎么会创作出如此高水平的艺术作品呢？这就得从神秘的麦积山石窟说起了。

　　离开古城西安，沿着古丝绸之路向西，穿过险峻的秦岭山脉北部和绵长的陇坂，大约行进七百多里，来到一座有两千多年历史的文化名城——秦州，即今甘肃省天水市。在秦州东南方向九十里处，有一座形象奇特的山崖，远远望去，像农民秋收后堆积的麦草垛，因此被称之为"麦积山"，也叫"麦积崖"。

　　来到麦积山脚下，人们被眼前的景色惊呆了！只见在距离地面10至140多米之间的悬崖峭壁上，栈道凌空，纵横交错，由下至上，曲折通达，一共有12层之多。几百个石窟和数以万计的佛教造像，星罗棋布于悬崖峭壁之上。人们不禁感到惊奇，古人是怎么做到在离地面一百多米高的悬崖峭壁上修建栈道、开凿石窟、塑造佛像的呢？

　　据史料记载，在开凿石窟和搭建栈道之前，从地面堆积木材，一直

东方微笑（麦积山第44窟主佛像）　　　西方微笑（《蒙娜·丽莎》）

麦积山

第 *13* 讲　"东方微笑"之谜

堆到崖顶，然后从崖顶开始搭建栈道，开凿石窟，雕塑佛像。建造好一层之后，将木材拆除一层。接着往下继续进行。当所有的栈道、石窟和佛教造像都完成之后，堆积的木材也拆除干净了。就这样，悬崖峭壁上的12层栈道和几百个洞窟，无数尊佛像、菩萨像就悬挂在了麦积山的崖壁之上。

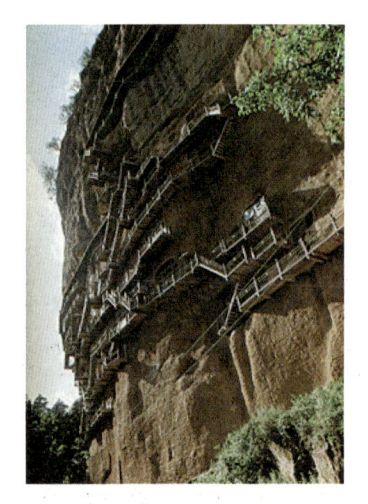

凌空栈道

不过，人们可能会有疑问，古丝绸之路的重镇秦州，在甘肃省境内，位于西北黄土高原之上，哪儿来的这么多木材呢？其实，秦州虽然大部分地区属于黄土高原，但是麦积山却地处秦州的东南部，从地域分布上看，这里属于嘉陵江上游，是著名的甘肃的小江南。此处风景秀美，森林茂密，即使到了现在，附近还有原始森林，所以，这儿不缺木材。不过，开凿麦积山的确消耗了大量的木材，因此，民间有这样的歌谣："砍尽南山柴，堆起麦积崖。"当地土话，"崖"读"nái"。这个发音很奇特，辅音是软腭与舌根阻气，现代汉语中已经没有这个音位了，很可能是先秦古音，或者古老的方言。

被盗佛像

这样的高度和险峻，虽然增加了开凿的难度，但是，却使洞窟中1600多年以来的艺术珍品，得以较完好地保存。那些门与地面基本持平，而且进出方便的石窟，其中的艺术珍品，头部被盗走而流失海外，只剩下无头的躯体，让人触目惊心！

人们一定又有疑问了，古代的僧人为什么要选择这样的悬崖峭壁开凿石窟，雕塑佛像呢？难道他们预见一千多年之后，会有西方列强的一些探险家和文物贩子，不远万里来到中国盗抢我们的国宝吗？古代僧人当然不可能有这样的预见性。这完全是石窟艺术自身的特点决定的。

石窟艺术是外来文化，在悬崖峭壁上开凿石窟，最初用作佛教的寺庙和僧人的住所，被称作"石窟寺"。首创者据说是释迦牟尼，他和弟子们曾如此在石窟里坐禅修行。不过，随着历史的发展，石窟的功能不断增多，最后，逐渐发展成融汇建筑、雕塑和壁画艺术的综合体，成为人类文明的结晶，被今天的人们称作"石窟艺术"。

这种艺术于公元前2世纪，起源于古印度的阿旃陀，距离印度孟买东北288公里处。然后，向西传播到阿富汗的喀布尔西北，白沙瓦河谷，比如，巴米扬石窟；公元2世纪中叶以后，向北进入当时的西域诸国，比如新疆的克孜尔石窟；公元4世纪以后向东，来到敦煌以及河西各郡，比如，莫高窟；穿过河西走廊，经过金城，也就是今天的甘肃兰州，比如，炳灵石窟；再向东到秦州就是麦积山石窟；然后，跨过秦岭，进入中原，最著名的主要有山西大同的云冈石窟和河南洛阳的龙门石窟。

石窟艺术并没有统一的模式，古代僧人和工匠往往因地制宜，创造着形态各异的石窟艺术作品。在散落于全国各地的各类石窟中，麦积山石窟独具特色。为什么呢？因为麦积山虽然山高壁险，但它是沉积砂砾岩，材质比较松软。不但易于开凿，而且本身就有许多因风化而形成的洞穴，这就使得最初在秦州一带传播佛教的僧人，选择了麦积山作为开窟建寺的理想场所。麦积山石窟自东晋十六国时期开创，迄今为止已经有1600多年的历史了。

麦积山的砂砾岩材质松软、粗糙，虽然开凿石窟容易，但是雕刻佛教造像就不适合了，当时的艺术家因地制宜地创造了一种"石胎泥塑"的工艺，也就是，先在砂砾岩上雕出一个雏形，然后再用泥完成整个塑像，因此，麦积山石窟的艺术珍品以泥塑为主。所以，麦积山石窟被海内外赞誉为"东方泥塑馆"。

在这些泥塑作品中，最值得一提的就是在日本参加巡展时，被盛赞为"东方微笑"的那尊佛像。她是麦积山第44窟的主佛像，西魏时期的作品，大约有1500多年的历史了。此作品精美绝伦，技艺炉火纯青，容貌动人心魄，神态栩栩如生。面对此尊主佛，你会感受到母亲的慈爱，女子的温柔和王者的气度；她雍容华贵，仪态端庄，光彩照人，被誉为"东方微笑"当之无愧！因为她的微笑，实在让人感到沉醉和神秘。可是，在这谜一样微笑的背后，却隐藏着一段鲜为人知的悲惨故事。那么，究竟发生了怎样的历史悲剧呢？这还得从北魏末年说起。

众所周知，北魏是鲜卑族拓跋氏建立的地方政权，曾经统一北方，强盛一时。但是，北魏立国一百多年之后，由于民族的压迫，政府的腐败，导致农民起义，北魏政权遭到沉重打击之后，趋于瓦解，北魏王朝进入到晚期。以鲜卑贵族为主体的统治集团内部矛盾激化，结果北魏军政大权落入地方豪强尔朱荣的手中。

武泰元年，即公元528年，魏孝明帝被自己的亲生母亲灵太后毒死，尔朱荣乘机起兵，借口替孝明帝报仇，率兵进攻洛阳，并迎立元子攸为帝，史称魏孝庄帝。尔朱荣进入洛阳之后，将太后和她所立的幼主元钊扔进黄河淹死，并且杀害了北魏王公贵族2000多人。从此，尔朱荣控制了北魏的大权。

魏孝庄帝不甘心做傀儡，利用朝见的机会，杀了尔朱荣。可是，尔朱荣的侄子尔朱兆、堂弟尔朱世隆，起兵造反，攻进洛阳，杀了孝庄帝，立元恭为帝，史称节闵帝。尔朱家族的势力继续控制着北魏的中央政权。

普泰元年，即公元531年，尔朱氏手下的将领高欢起兵，消灭了潼关以东的尔朱家族的势力，并且杀害节闵帝元恭，另立元脩为帝，史称魏孝武帝。从此，北魏政权从尔朱氏手中转移到了高欢的控制之下。永熙三年，即公元534年，魏孝武帝不甘心当傀儡皇帝，逃出了洛阳，投奔占据长安的宇文泰。高欢另立元善见为帝，史称魏孝静帝。

宇文泰迎魏孝武帝在长安建都。从此，北魏出现了两个皇帝。一个在洛阳，史称东魏；一个在长安，史称西魏，彼此对峙，分庭抗礼。可是，不久西魏孝武帝与宇文泰产生了矛盾。几个月之后，宇文泰毒杀了孝武帝，拥立南阳王元宝炬为皇帝，史称西魏文帝。宇文泰让西魏文帝任命自己为柱国大将军、都督中外军事，从此宇文泰成为西魏的最高统帅，西魏文帝不过是个傀儡。而且，整个西魏的皇室，完全被排除在西魏的政治与军事事务之外，另立新君或者改朝换代，只不过是时机问题。我要讲的那段鲜为人知的悲惨故事，就发生在西魏时期。

元宝炬被立为皇帝之后，改年号为大统。大统元年，他册封了一位皇后，史料中没有留下她的名字，只知道她姓乙弗，显然来自鲜卑族。乙弗氏是西魏文帝册封的第一位皇后。她美丽端庄，举止优雅，才华出众。

乙弗氏16岁时，被南阳王元宝炬纳为王妃。元宝炬当了皇帝之后，立刻册封乙弗氏为皇后，可见西魏文帝对乙弗氏的宠爱。可是，元宝炬完全是宇文泰手中的傀儡，作为一个傀儡皇帝的皇后，其悲剧的命运就可想而知了。

乙弗氏虽然出身鲜卑贵族，但是她生性节俭，吃素食，穿旧衣，从不穿绸缎，更不戴任何饰品。为人仁慈宽厚，没有嫔妃所特有的嫉妒之心，所以西魏文帝特别尊重这位皇后，夫妻二人伉俪情深。乙弗氏嫁给元宝炬之后，一共生了12个孩子，可是，大部分都夭折了，只有太子元钦和武都王元戊存活下来。

当时西魏刚刚定都长安，与东魏之间战争不断。国力较弱的西魏，在抵御东魏进攻的同时，还要面对北方柔然的进犯。所谓"柔然"，是公元4世纪后期至6世纪中叶，在北方草原上继匈奴、鲜卑之后崛起的部落制汗国，其核心部族属于鲜卑的一支。北魏衰落，柔然趁机崛起。鼎盛时期，向北可达今蒙古国全境、俄罗斯联邦贝加尔湖地区，向西可达阿尔泰山西麓，向东可达额尔古纳河西岸地区，向南可达今内蒙古自治区北部一带，其核心区域，在今天的蒙古国一带。

面对如此强大的柔然汗国，西魏根本无力抵抗，只能采取和亲的方式平息北部边患。可是，柔然国可汗不再像当年匈奴与汉朝和亲那样，迎娶汉家公主，给汉朝皇帝当女婿，而是要求将自己的女儿嫁给西魏文帝，并且不当嫔妃，只当皇后。可是，此时西魏文帝已经有皇后了，这可怎么办？不答应柔然国和亲的要求，他们就发动战争，南下进攻。为了平息北部边患，西魏文帝只好接受柔然国的条件，先将自己的皇后乙弗氏废掉，让她迁出皇宫。然后，再迎娶柔然公主进宫，并且册封为皇后。

可是，当了西魏国皇后的柔然公主，依然心怀嫉妒，根本容不下已经被废的皇后乙弗氏。西魏文帝无可奈何，只好封他的二儿子元戊为武都王，担任秦州刺史。然后让儿子带着被废的母后乙弗氏，离开长安到秦州的麦积山出家。人们一定会感到不解，麦积山离长安至少有七百多里，为什么选择这么远的地方出家呢？这就得说说西魏时期的麦积山了。

南北朝时期，曾经有过很长一段时间，北方各非华夏族的统治者将佛教立为国教。因为，出家的和尚不纳粮，不当兵，也不必服任何徭役，这就吸引大量的青壮男人出家为僧。北魏的统治者虽然也曾经非常信仰佛教，但是，北魏太武帝，野心勃勃，尚武好战，为了统一全国，要求全民皆兵。于是，他在太延四年，即公元438年下诏，凡是五十岁以下的沙门一律还俗服兵役。后来他又听信了宰相崔浩的劝谏，改信寇谦之的天师道为国教，排斥佛教，最终发展为灭佛的行动。

麦积山石窟远离北魏统治中心，北魏太武帝的灭佛影响并不太大，所以麦积山石窟的佛教传承并没有因为灭佛而中断。西魏王朝定都长安之后，笃信佛教的西魏文帝极力恢复和发展佛教，使其国内崇佛之风再度盛行，佛教被当作国教，全国上下出现了开窟建寺，塑造佛像的高潮。

这就为麦积山石窟的发展提供了一个机遇。西魏时期麦积山石窟得到了皇帝和朝廷的支持，麦积山石窟成为西魏皇家的石窟，麦积山佛教的鼎盛阶段和石窟艺术的辉煌时期到了。

麦积山当时隶属于西魏国的秦州府，因此，西魏文帝才会让小儿子担任秦州刺史，封武都王，保护母亲，跋山涉水七百多里，来到麦积山石窟出家。

西魏文帝废掉皇后乙弗氏是出于无奈，她又是太子的生身母亲，所以二人的夫妻感情依旧，临别时西魏文帝嘱咐妻子带发出家。这本来是夫妻间的对话，却被妒心极重的柔然公主得知，她立刻写信给父亲，唆使柔然国于大统六年再度兴兵南犯。柔然可汗扬言："一国不容两后！

不杀了废后，誓不退兵。"显然，这次兴兵南侵，只是为了维护柔然公主在西魏国的皇后地位。

作为堂堂一国之君的西魏文帝，为了维护边境和平，只好派人到秦州传达他的敕令，令废后乙弗氏自尽。乙弗氏接到丈夫的敕令之后，泪如雨下。《北史》卷十三记载，她忍住悲痛对传送敕令的使者说："愿至尊享千万岁，天下康宁，死无恨也！"意思是，但愿皇帝千年不死，天下永远太平，我死而无憾！

临终前，乙弗氏派人通知儿子武都王秦州刺史元戊，她要与儿子做最后的诀别。母子相见，抱头痛哭；母亲哽咽着对儿子安排后事，儿子哭得说不出话来。周围的侍从们，一个个都低头哭泣，不敢抬头看母子告别的凄惨场面。

与儿子诀别之后，乙弗氏让寺里的僧人布置供品，然后让跟随她多年的几十个宫女，出家为尼，并且亲手为她们落发。一切后事安排妥当之后，乙弗氏回到了自己的房间，"引被自覆而崩"，意思是，自己将被子蒙在脸上，窒息而亡，年仅31岁。

乙弗氏死后，武都王元戊在麦积山的崖壁上开凿了一个石窟，将母亲安葬，这个窟被称为"寂陵"，就是现在麦积山第43号窟。并且在附近另外开凿了一个石窟，元戊自己在里面为母亲守陵三年，后人称这座石窟为"王子洞"。西魏文帝驾崩之后，太子元钦继位，乙弗氏被追谥为"文皇后"，灵柩从寂陵迁回长安与西魏文帝元宝炬合葬于永陵。

西魏文皇后乙弗氏自尽之后不久，在麦积山的石窟中，陆续出现了一批母性形象的主佛。其中最典型的就是第44窟的主佛"东方微笑"，有人根据第44窟紧靠着第43窟"寂陵"，也就是乙弗氏的陵墓，猜测44窟主佛，很有可能是当地艺术家为纪念乙弗氏而创作。

这尊被人们赞誉为"东方微笑"的主佛像，是麦积山石窟造像艺术中的一颗璀璨的明珠，是麦积山石窟的镇窟之宝。人们不禁产生疑问：为什么在西魏时期，会出现这样美的主佛像，她为什么与我们心目中的释迦牟尼佛完全不同呢？这就得从佛教造像艺术风格的演化说起了。

犍陀佛像　　　　　　　　秀骨清像

佛教雕塑艺术与石窟艺术一样，是伴随着佛教在中国的传播而进入中原地区的。所以说，这也是一种外来文化。最初的佛教雕塑艺术受希腊化的影响，无论是佛还是菩萨，一个个孔武有力，体格健美，都是男性贵族的形象。身上的袈裟类似古罗马元老的长袍，襞褶厚重，衣纹交叠，毛料质感非常清晰。

进入中原之后，受华夏文化以及北方游牧民族文化的影响，佛教雕塑艺术的形象发生了鲜明的变化。北魏早期的佛教造像，以帝王形象为主，其代表作是大同云冈石窟的巨佛造像，之所以如此，是北魏统治者对佛教的利用，佛主即是帝王，开凿石窟，制作佛像，都是在为政治服务。

到了北魏晚期，北方各地的石窟中出现了大量"秀骨清像"的风格，其实就是江南汉族人的形象。修长的身材、窄削的肩膀、清瘦的脸庞、挺直的鼻梁、微笑的嘴角，温和的表情，还有"褒衣博带"式的袈裟，颇有南朝士大夫潇洒飘逸的风度。之所以会出现这样的风格变化，是北魏孝文帝推行汉化政策的结果。

西魏时期，麦积山石窟佛教雕塑作品出现女性化趋势。主佛不再是帝王，当然也不是一般的女性，而是具有王者气概的国母形象。麦积山第44窟主佛就是这种形象的代表。那么，本来代表和象征帝王的主佛，为什么会演化为母亲的形象呢？据我分析，出现这种风格的主要原因是，

大同云冈石窟的巨佛造像

西魏国力衰弱，统治者缺乏北魏早期的帝王气度，主体的虚弱必然导致偶像的母性化。

从崇拜者或者信徒的心态分析，在这世界上，还有比充满了智慧的母亲更能够慰藉心灵的形象吗？在这一点上，表现出了中华文化与西方文化的不同。天主教中有圣母形象，但西方人强调的是她的处女的纯洁和没有原罪的神圣。而中国的母性偶像，则着意于智性与母爱的统一，相信她既具有与神佛一样的神性与力量，又有母亲般的无私与慈爱。

有人说这是"恋母情结"，试问：世上何人不恋母？纷繁的人生，龌龊的世界，哪里还有比母亲的怀抱更温暖、更安全的去处呢？从某种意义上说，母性形象的出现，是中国信徒的宗教情感世俗化的表现，因为，中国人更重亲情和家庭。中国人不但认同和接受了佛教，而且将佛教文

母性形象　　　　　　　　　　　宫女形像

化元素按照自己的情感进行改造，使其更中国化，也更富有人情味。

麦积山石窟的佛教造像女性化的第二个原因是，北方鲜卑族继续受到南方汉文化的影响，而此时的南方处在梁朝统治时期，梁朝的艺术追求阴柔之美。统治者的御用画师们，以描绘宫廷美女为能事。西魏的统治者向往南朝贵族的生活，因此，深受南朝艺术风格的影响。这一点在西魏时期的菩萨形象上表现得尤为鲜明。

阳光青年

西魏后来被北周取代，麦积山石窟的佛教造像的艺术风格也随之发生了巨大的变化。主佛身上的母性风貌渐渐消失，变成青春年少的北方青年形象。女性的温婉与母性的慈爱，变为北方青年的俊美和阳光。这是一个政权在上升阶段的王朝尚武精神与国力逐渐走向强盛的表现。因为，北周虽然是由鲜卑族统治的，却形成了强大的关陇地方豪强集团，最终成为隋、唐两朝统治集团的基础。这些主佛的青春形象，预示着一个民族的鼎盛时期的到来！

虽然如此，象征着"东方微笑"的西魏时期的主佛像，依然是麦积山石窟佛教雕塑艺术的最高水平。可是，有人却认为，"东方微笑"不是指麦积山第44号窟的主佛，而是第133窟的小沙弥。这个小沙弥，也有人说是释迦牟尼的大弟子阿难，看上去年纪也就十多岁，眉宇间明显带着孩童天真无邪的稚气，脸上的微笑神情被刻画得惟妙惟肖，十分惹人喜爱。

称小沙弥为"东方微笑"，也是有原因的。据说，有一年，一位非

小沙弥

常尊贵的客人参观麦积山石窟。麦积山石窟的方方面面都非常重视这次接待任务，可是，这位客人始终表情严肃，神色凝重，不苟言笑。也不知道是因为招待不周，还是因为讲解不当。可是，当这位尊贵的客人来到第133窟，看到了这尊小沙弥的时候，脸上终于露出了微笑的表情。接待者们这才松了一口气。从此，这尊小沙弥就被人们称之为"东方微笑"了。那么，究竟哪个作品是"东方微笑"呢？

其实，微笑的表情和神态，是麦积山石窟佛教雕塑艺术的基本风格。无论什么时代，无论是主佛、菩萨还是弟子，无论主体风格发生什么样的变化，却永远带着一种标志性的表情，那就是灿烂却有几分神秘的微笑。

比如，麦积山第70号窟的菩萨像，显然是古代印度王公贵族的形象，甚至有几分古希腊神像的光彩，因此，他脸上的微笑带着几分高傲和神秘。

佛教雕塑艺术在进入中原之前，主佛是神像，所以表情庄严神圣。可是，进入中原之后，主佛的形象开始出现人性化的意味。比如，麦积山第148号窟的释迦牟尼像，佛祖在禅坐的沉静中，嘴角漾起一缕神秘的微笑，使佛祖更显得慈祥与平和。

进入北魏晚期，中国化的佛教雕塑艺术更加成熟和完美，其微笑的

70号窟菩萨 　　　　　　　　　　148号主佛

133号窟主佛 　　　　　　　　　80号窟菩萨

第 *13* 讲　「东方微笑」之谜

表情也更加灿烂和动人。比如，麦积山第 133 号窟的主佛像，神秘而迷人的微笑，令人心旷神怡。

不仅主佛，菩萨的微笑更加生动。比如，麦积山第 80 号窟的菩萨像，深陷的嘴角旁，绽出一对甜蜜的酒窝，神情分外迷人。

麦积山石窟中还有一些以现实生活为蓝本的人物造像。比如，弟子造像，更贴近生活，这些作品表现的同样是会心的微笑，而且在微笑中交流。

弟子造像

人们一定会有疑问：为什么佛教雕塑艺术中无论是主佛、菩萨、沙弥还是弟子，都带着灿烂的微笑呢？因为，这与人们的精神状态有关。只有信仰虔诚，内心平静，心灵自由的人，才能绽放出由衷的微笑。当然，也有人会说，因为现实生活太苦难，人们需要微笑超越苦难，摆脱烦恼。这两种说法都有道理，因此，我衷心地希望人间有更多的微笑！

第14讲

曾侯乙编钟之谜

走进湖北省博物馆的展厅，可以看到一组气势宏伟的青铜编钟，这是我国迄今为止发现的、数量最多、规模最大、音律最齐全、保存最完好的青铜编钟。钟本来是一种打击乐器，主要用于祭祀或宴饮。中国有个成语叫"钟鸣鼎食"，意思是豪门贵族在吃饭的时候，敲钟奏乐，用鼎盛装食品。中国古人祭祀祖先，实际上就是给祖先举办一场宴会，同样用鼎盛装食物，并同时敲钟奏乐。

曾侯乙编钟

最初的传统中，钟只有一个，以后就越来越多，由三个到五个，由五个到八个，由八到十三个，最后发展到六十五个。在这组编钟中，最轻的2.4公斤，最重的203公斤。整个编钟的总重量达3吨。这六十五个编钟，按照大小和频率不同，依次悬挂在钟架上，组合在一起，所以叫"编钟"。

更令人惊叹的是，这套编钟从制作到现在，已经2400多年了，它的出土表明，中国人在2400多年前，无论是乐器制作，演奏技巧，青铜工艺，还是音乐理论，都达到了世界最高水平。面对这组规模庞大、气势恢宏的青铜编钟，人们不禁要问：这组青铜编钟究竟是谁制作的，

它的主人是谁呢?要说清楚这些问题,还得从编钟的出土说起。

　　1977年9月,武汉空军某部雷达修理所扩建厂房,在随县擂鼓墩开山炸石、平整土地。隆隆的爆炸声响过之后,工人们开始清理爆炸后的碎石和泥土。这个时候有人发现,原本一片红色的砂砾岩中,却出现了黑褐色的泥土。这个情况引起了当时负责施工的王家贵的注意。王家贵有些历史知识,并且对考古颇有兴趣。当他看到这些黑褐色的泥土时,脑海中马上出现一连串的疑问:在红色砂砾岩中怎么会出现黑褐色的泥土呢?这下面很可能有古墓!于是,王家贵马上向他的领导郑国贤汇报,郑国贤很重视这个情况,觉得有必要向当地有关部门反映。于是,二人来到随县县城,找到县文化局。可是,当时的县文化局,根本没有专业的文物考古机构,因此,他们提供的情况没有引起重视。这个时候,施工现场又出现了新的情况,让王家贵更加不安了。那么,究竟发生什么情况了呢?

　　王家贵回到工地,继续指挥工人打眼放炮,就听见几个工人在聊天,其中一名工人说:"如果今天运气好,再挖几个废铜烂铁去卖个好价钱,就能买好烟抽了。"听了这话,王家贵就嘀咕:这荒郊野岭哪儿来的废铜烂铁呢?一定是地下文物。一想到这儿,王家贵立刻找说话的工人了解卖废铜烂铁的情况,然后放下手中的工作,赶往随县城关镇的废品收购站,结果去晚了一步,收购的那些废铜烂铁,已经运走了。

　　经过一番周折,王家贵终于了解到,这些所谓的"废铜烂铁"是古人乘坐的马车上使用的金属配件,显然,在擂鼓墩一带一定有古代车马坑。可是,施工过程已经将文物出土的第一现场破坏,此处究竟埋藏过什么时代的车马,已经无法知晓了。但是,这些黑褐色泥土和古代马车的青铜配件,更让王家贵觉得施工现场的地下,很可能有古墓。于是,他继续向上级部门反映情况。功夫不负苦心人,王家贵提供的情况,终于引起有关部门的重视。

　　1978年3月10日,湖北省成立了联合勘探小组。几天之后,时任湖北省博物馆副馆长兼考古队队长的谭维四,带着考古工作人员赶到随县擂鼓墩，开始对发现黑褐色泥土的地方进行钻探发掘。他们手持探铲，向地下打孔探测，很快得出结论，地下的确有古墓。随着探孔的不断增多，墓坑的范围也就越来越清楚了。

根据探测结果，考古专家对这个墓坑的规模有了初步的认识，它东西长21米，南北宽将近7米，总面积220平方米，仅椁室就有190多平方米。这样大的椁室在当时的中国尚属首例。

可是，经过初步勘探发现，这个墓葬坑的上层已经遭到了严重破坏，而且还发现这里的地下水位比较高，已经有水在溢出。显然，这座古墓已经无法原封不动地保护，必须进行抢救性的发掘。于是，考古队长谭维四向上级请示，建议立即动手发掘，最大限度地抢救文物，这一建议得到了湖北省委和国家文物局的批准。从此，对随县擂鼓墩古墓的挖掘，正式开始了。

可是，刚刚开挖不久，一个坏消息传来：在墓坑中发现了一个盗洞，人们顿时有几分失望，为什么呢？因为，有盗墓洞说明这座古墓已经有盗墓贼光顾过了，那么，这座古墓中的文物岂不早已荡然无存？而且，盗墓贼光顾古墓，是破坏性的，会使整个古墓变得毫无价值。难道，国家投入那么多资金，这么多人辛苦数月，就打开一个毫无价值的空坟不成？

不久，更坏的消息传来，盗洞内灌满淤泥，还有几块散碎的石板，说明这座古墓已经进水。现场很多人都失去了信心，甚至认为，一个已经被盗过的古墓，又进了水，这很可能是一个没有任何发掘价值的古墓。因为，里面的文物极可能遭到盗掘和被水浸泡，很难保存完好了。怎么办？还继续挖掘吗？队员们将目光投向队长谭维四，谭维四经过慎重考虑之后，最终下决心，继续挖掘，不到最后，谁也不能妄下结论。

在谭维四队长的带领之下，队员们打起精神，继续他们的挖掘工作。几天之后，墓坑周边的填土清除干净，覆盖坟墓的47块巨型的石板完全显露出来。这些石板太重，人力根本搬不动。于是，队长派人调来大型吊车。

当巨大的石板被吊起的时候，人们发现石板下面，还有大约250厘米厚的夯土层；夯土层的下面，是30厘米厚的青膏泥。这是一种非常细腻，黏性很大，渗水性极小的土壤。经验丰富的考古队员们明白，用青膏泥防渗水是春秋战国时期古墓的惯例，显然，这个古墓很有可能是战国时期的。青膏泥的下面，还有一层木炭，其总量有60吨。如此规模的防腐手段，说明墓主人绝非等闲之辈。

几天之后，木炭清除完毕，墓室上层的椁板终于完全显露出来了。当巨大的椁板被吊起时，却让考古队员们大失所望。原来椁室内是一池浑水，水面上漂浮着几具棺材。队长立刻下令用抽水机排水，同时用吊车将几口漂浮的木棺一一吊了出来。

可是，打开棺盖却发现，里面都是一些女性的遗骨，年龄在13岁到25岁之间，而且，整个墓穴一共有23具这样的遗骨。这些女尸显然是为墓主人陪葬的。那么，这些年轻女子都是做什么的呢？有专家推测，她们很有可能是墓主人养活的一群歌舞伎。能够养活一群歌舞伎，而且死后还要将她们埋到坟墓里陪葬，那么这个墓的主人究竟是什么人啊？

随着抽水机不停地工作，墓坑里的水位不断下降，更惊人的一幕出现了，只见水面上露出三个木架，上面分别挂着3组青铜铸造的编钟。根据经验推断，这只是木架的顶端，木架下面应该还有几层，那么，水下会不会还有更多更大的编钟呢？这个假设太令人兴奋了。

队长谭维四判断，椁室的深度是3.3米，现在刚刚露出1米左右，下面还有2米多深的积水，水下肯定有支撑物。为了避免编钟支架失去平衡倒塌，损毁水中的文物，谭维四下令，放慢抽水的速度。

水面下降的速度放慢了，似乎时间也慢了下来，人们的心情变得焦急起来，目不转睛地盯着水面，期待着更令人兴奋的发现。墓坑里的水终于抽干了，一套规模宏大、气势磅礴的编钟呈现在众人的面前。编钟基本保持着下葬时的状态，一共65件，这是迄今为止中国出土的最大的青铜编钟，而且做工精美，制作精良，的确是一组无价的国宝！

面对这组气势恢宏的青铜编钟，人们的疑问更加强烈：墓中埋葬的究竟是什么人，怎么会有如此规模的编钟陪葬呢？不仅如此，这个墓葬中一共出土了各类随葬品大约15000多件，其中有青铜器、漆器、玉器和金器。在这些青铜器中，人们还发现了九个鼎，八个簋。九鼎八簋的发现，更让人惊讶，为什么呢？因为，鼎和簋是用来祭祀的礼器。按照周礼的规定，天子祭祀的时候，才能使用九鼎八簋，这是天子的特权。可是，湖北省随县，也就是现在的随州市一带是古代随国，不可能有周天子的墓葬，那么，这位敢使用天子礼仪的墓主人究竟是什么人呢？

考古工作人员怀着强烈的好奇心，打开了墓主人的棺材。这位墓主人，男性，身高1.62米，死亡时间大约在45岁。人们不禁要问，这个身材矮小的男人会是什么样的身份呢？考古工作人员在出土的各类青铜器上，发现频繁出现的三字铭文"曾侯乙"。曾是国名，侯是爵位，乙是人名。显然，棺内的墓主人是曾侯乙，这座古墓就是"曾侯乙墓"。由于这套编钟上也多次出现"曾侯乙作持"的铭文，意思是，曾侯乙制作并使用。因此，这套编钟被称作"曾侯乙编钟"。可是，这位曾侯乙又是谁呢？

有人会觉得这不是个问题，曾侯乙还能有谁，不就是曾国的国君呗！可是，在春秋战国时期的史料中，从来没有见过有关曾国的记载。可是，地下的文物证明，两千多年前这里曾经有一个诸侯国叫曾国，这个曾侯乙就是曾国的君主。文献资料与地下文物之间的不一致，导致了专家学者们对这个问题展开了激烈的讨论，这个曾国到底在哪儿

曾侯乙编钟铭文拓本

呢？由此产生了所谓的"曾国之谜"。

有人解释说，春秋战国时期的史料之所以没有曾国记载，是因为曾国就是缯国。这个缯国在先秦时期很有名，公元前771年，与西申国一起联合西戎，攻下镐京也就是长安，杀了周幽王，灭了西周。

可是，有学者不同意这种观点，认为曾国和缯国完全是两个不同的国家。他的依据是，在湖北的叶家山发现了西周时期的"曾侯犺墓"，墓中出土了一件簋，簋上的铭文表示，这个簋是曾侯犺用来祭祀他的父亲南宫的，这个南宫就是周朝著名的开国将军南宫适。南宫适姓姬，是周文王的儿子。因此，南宫适的儿子曾侯犺自然也姓姬，所以说，曾国是姬姓国家，建立于西周初期。

周朝建立之初，周武王将南公适分封到湖北枣阳、随州一带，也就是所谓的"随枣走廊"。周武王让南宫适经营这里的疆土，同时向南警戒淮夷，监视江夏的异动。显然，曾国地处周朝京畿地区的南面。

可是，根据清华简记载，周幽王娶妻于西申国，生平王，后来又娶褒姒，生伯盘。幽王喜欢褒姒，与伯盘一道驱逐平王。平王逃到西申国，幽王便发兵进攻西申国。缯国人带领西戎大军解西申国之围。幽王和伯盘兵败被杀，西周灭亡。显然，缯国当时的地理位置应该在周朝京畿地区的西面。既然曾国在南，缯国在西，说明曾国的确不是缯国。

更令人感觉蹊跷的是，发现曾侯乙墓的地方是随州，春秋战国时期这里是随国，那么，曾国国君的墓葬为什么会埋在了随国的土地上呢？有人因此提出，曾国就是随国，随国就是曾国，因为，无论是曾侯乙墓还是曾侯犺墓，都发现在随州，这里地处"随枣走廊"，正是周武王分封南宫适的地方，所以得出结论：曾随同国，一国两名。那么，曾国和随国究竟是不是一个国家呢？这就得说说这个随国了。

随国是周武王分封在汉水北岸各姬姓诸侯国的首领，主要任务就是监控南方蛮夷之国，也就是后来的楚国，以保卫周朝的南部边疆。春秋开始，天下大乱，周王室的实力下降，随国也就没有了后盾。同时周王室对楚国的压力消失，因此助长了楚国北上争霸中原的野心。

地处"随枣走廊"上的随国，挡住了楚国北上中原的必经之路，成了楚国争霸的主要障碍。于是，楚国经常对随国发动大规模进攻。随国也奋力抗楚，但由于楚国势力强大，最终还是同楚国订立了盟约。

到了春秋中期，楚国的势力更加强盛，与此同时，中原齐、晋、宋、秦等强国，也不断争夺霸权。随国被夹在各大国之间，为了生存，只能投靠一个强国。因为楚国离随国太近，所以只能投靠楚国。可是，楚国却不断蚕食随国，随国的领土不断缩小，国力也越来越弱。最后，随国只能臣服于楚国，成了楚国的附庸国。

可是，如果随国就是曾国的话，曾侯乙作为随国国君，生活却如此奢侈，说明随国的经济实力并不弱；在地下出土的15000多件文物中，占主要成分的是战车和各种兵器，说明随国的军事力量也不弱。而且，能够制作如此气势恢宏的青铜编钟，敢用九鼎八簋的天子礼仪祭祀祖先，说明随国君主野心勃勃。所以说，这位曾侯乙，不太像是楚国的附庸！

更令人感到蹊跷的是，在曾侯乙墓出土的65座编钟中，有一座镈钟，无论从造型、工艺、还是音律上，都与曾侯乙其他编钟不一样，就像混进来的赝品。后来，考古工作人员在这座镈钟的铭文中找到了答案。原来，这座镈钟不是这组编钟的原配，而是战国时期的楚惠王送给曾侯乙的。钟上的铭文告诉我们：楚惠王五十六年，即公元前433年，楚惠王接到曾侯乙去世的消息非常难过，专门为曾侯乙铸造了这座镈钟。此钟送到随国时，曾侯乙还没有下葬，随国人就将这座镈钟编入曾侯乙编钟，一起陪葬曾侯乙。楚王的这种态度，显然与他的南方强国的身份地位不太相符。于是，有人对随曾一国两名的说法，提出质疑。那么，曾国究竟是否就是随国呢？

2013年，在湖北随州市的文峰塔墓地，出土了一套曾侯舆编钟，其中一件巨大的甬钟，保存比较完整，上面有180个字的铭文，记载了这样一则故事：

楚昭王时期，吴王阖闾和他的胞弟夫概率兵攻打楚国。楚国大军被吴国打败，吴国大军攻破楚国的郢都。楚昭王弃都向北逃到云梦泽的时候，被吴军射伤。楚昭王逃到鄀国，鄀国国君不但不收留楚昭王，而且认为楚昭王不仁不义，要杀楚昭王。

楚昭王只好逃到了曾国，吴王阖闾随后率兵而至。曾侯紧闭城门，调兵遣将，严阵以待。吴王阖闾在城下对曾侯说，周天子的子孙，分封在江汉流域的都被楚国灭掉了，曾国迟早也会被楚国灭掉的，你还是早点把楚王交出来，让我杀掉他。曾侯坚决不肯，并且对吴王说："曾国与楚国世代友好，你不要再说了，楚昭王不在曾国，他已经逃走了。"吴王没办法，只好带兵离开了曾国。楚昭王因此逃过一劫，心中对曾侯充满了感激之情。

不久，楚国的援军秦军赶到，秦楚联手，大败吴军，夫概见大势已去，撤兵归国，自立为王。吴王阖闾得知这一消息之后，慌忙带兵离开郢都回到吴国。楚昭王回国复位，下令楚国与曾国世代友好，不相攻伐。

这是战国时期吴王伐楚，楚昭王逃到曾国的历史。这段历史在《左传》和《史记》中都有详细记载，可是，无论是《左传》还是《史记》都称保护楚昭王的国家是随国，可是，曾侯舆编钟铭文却说是曾国。这就证实了，曾国与随国确实是一个国家，两个名字。

曾侯乙镈钟

既然，随国就是曾国，曾侯乙就是随国的国君，曾侯乙墓在随国境内出现就可以理解了。可是，有一个疑问还是没有解决。一个小小的附庸国的君主，怎么会拥有如此气势恢宏的编钟呢？有人解释说，曾侯乙其实不是曾国的国君，而是楚王的御用乐师，这组编钟实际上是楚王的。可是，这个说法很难成立。为什么呢？因为，一个乐师生活怎么会如此奢侈，为什么拥有那么多的战车、武器，甚至使用九鼎八簋的天子礼仪，死后还让歌舞伎为他陪葬？

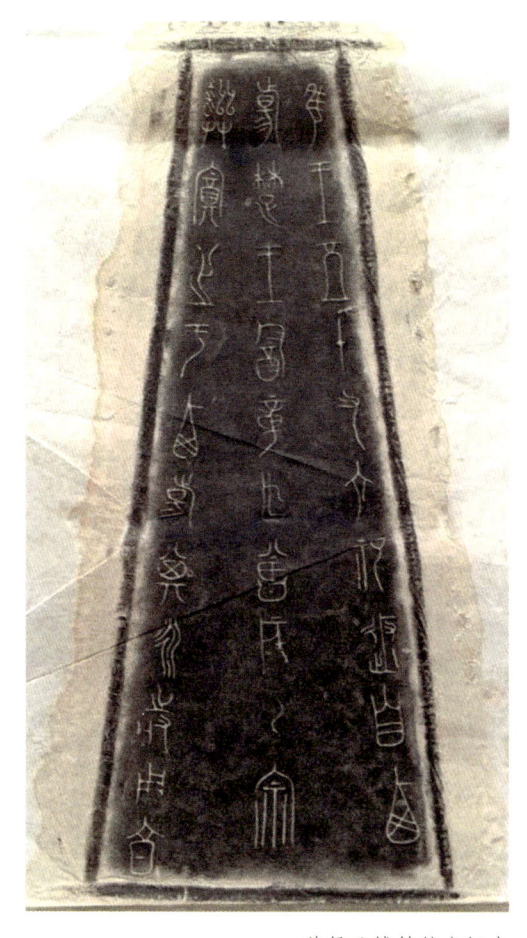

曾侯乙镈钟铭文拓本

据我分析，这位曾侯乙很有可能是一位有雄心壮志的国君，他想中兴曾国。他沉湎于音乐只是一种障眼法，蒙蔽楚王的耳目。暗中发展经济、扩大武装力量，等待时机，准备振兴自己的国家。遗憾的是，这位曾侯乙在45岁左右的时候，英年早逝。虽然，作为一位国家君主不免有些遗憾，但是，他却给我们留下了不朽的遗产。这位侯爵音乐家，利用手中的资源和权力，为自己制作了天下最大的编钟，而且在许多钟上留下音乐理论，说明他不仅是音乐家，还是音乐理论家。

当人们面对这组宏伟的编钟时，不禁会问：它真的是乐器吗？它究竟会发出什么样的声响呢？人们多么想听一听，这组制作于2400多年前的古代乐器，究竟会发出什么样的美妙音乐呢？可这是国宝，如此珍贵的文物谁也不敢轻举妄动，毕竟它在地下埋藏了2400多年、又在水中浸泡了2000多年，万一敲碎了怎么办？这可真让人纠结，敲了怕碎，不敲又如何证明这组编钟的意义和价值呢？

究竟敲还是不敲呢？最后由领导决定。为了进一步深入研究曾侯乙编钟的意义和价值，国家文物局批准，专门请文化部文艺研究院和中国音乐研究所的黄翔鹏、李纯一、王湘等六位音乐专家专程来到随县，对曾侯乙编钟进行考察和研究。其实就是让音乐专家们试敲。

几位专家选择了几座编钟进行试敲。当一座编钟被敲响时，专家黄翔鹏像孩子似的欢呼雀跃起来，嘴里直嚷着"双音钟、双音钟"，意思是一个钟能发出音高不同的两个乐音。也就是说，在编钟的口沿正中可以敲出一个乐音，编钟的两侧能敲出另一个乐音。两侧的音比口沿中间的音高出一个小三度。所谓"小三度"就是两个全音一个半音的关系，比如，2-4；所谓"大三度"就是三个全音的关系，比如，1-3。

黄翔鹏为什么会这么激动呢？因为，就在曾侯乙编钟出土的前一年，黄翔鹏通过对先秦音乐文物的测音调查，提出先秦的古代乐师，掌握了一钟双音的制作工艺。可是，这个观点被一些音乐学家否定了，理由是，钟是靠整体振动发音，怎么可能在一个物体上发出两个不同频率的乐音呢？可是，曾侯乙编钟用实物证明，黄翔鹏的观点完全正确，他能不高兴吗？

专家们一见敲击对这些钟并不产生影响，于是，决定对65个钟统统进行测音分析，也就是全部试敲一遍。最后的结论是，全套编钟的音域宽广，和现代钢琴的音域差不多。如果方法得当，配合默契，一定能演奏出奇妙的、类似交响乐的声音。这个结论太让人兴奋了！

为了证实这个结论，专家和工人们将这套编钟在当地一个礼堂内重新架设起来。可是，这样规模宏大的乐器，当年古人是怎么演奏的呢？这还得从出土文物中寻找答案。考古人员在挖掘现场，清理出6个"T"形木槌和两根长圆木棒，木槌和木棒的顶端都有磨损，显然是用来敲击编钟的。

1978 年 8 月 1 日建军节，由考古工作者、音乐家以及某部队宣传队的部分演奏员，临时组成了一个演奏组，在某部队的大礼堂，面对 1000 多名军人和群众，用曾侯乙编钟演奏了一些古今中外的曲目。赢得观众的热烈鼓掌，人们没有想到 2400 年前的乐器还能够演奏当代的乐曲，而且是那么美妙。

1979 年 9 月 20 日下午，中国历史博物馆，也就是今天的中国国家博物馆的二楼，"湖北随县曾侯乙墓出土文物展览"大厅里，编钟再次敲响，这一次增加了世界名曲贝多芬第九交响乐《欢乐颂》，表明曾侯乙编钟完全可以演奏任何复杂的曲目。可是，这次演奏完之后，国家文物局决定，为了保护珍贵的国宝，不许对原件再进行敲击。

这道禁令意味着编钟的声音，将从人们的听觉中永远消失了。可是，越来越多的人想继续听到这美妙的音乐声。这可怎么办？这个时候有人建议，这还不容易，复制一套曾侯乙编钟不就结了吗？可以让更多的人欣赏到它的魅力。可是有人马上质疑道：要复制曾侯乙编钟谈何容易，甚至根本不可能！

为什么呢？因为，既要复制曾侯乙编钟，就必须不仅在外形上与原件完全一样，还要与原件发出完全一样的乐音。这可不像弦乐器，音高可以在乐器做好之后校对。这是青铜制品，必须一次性浇铸完成。怎么可能做到复制件与原件在声音频率上完全一致呢？

考古学家和音乐学家无能为力了。这个时候，中国科学院自然科学研究所的华觉明先生建议：用现代的激光技术对古代的钟体进行全息分析，通过分析完全掌握古人的设计及制作方法之后，才有可能复制出音频完全一样的曾侯乙编钟。

编钟复制小组采纳了专家的建议。在考古、历史、物理、声学、激光等六个机构的科学家、工程师、技师共 100 多人的共同努力之下，历经 4 年多的时间，终于复制出了一部分编钟。

复制出的编钟不仅在外形上酷似原件，在声学方面也达到了出奇的精确，其音质与原件仅仅相差正负三音分，而这一点点误差只有精密的仪器才能区分，人的耳朵根本无法分辨。这一成果得到了国家文物局的肯定，于是又一次拨出款项决定复制全套编钟。

　　三年之后，一共复制了四套曾侯乙编钟，一套留在它的出土地随州市，每天为游客表演；另一套在湖北省博物馆和原件一起展出；还有一套在陕西黄帝陵用于每年黄帝祭祀大典；最后一套，于1997年赠送给隔海相望的台湾同胞，让我们祖先创造的美好乐音，在两岸同时奏响！

第15讲

元青花之谜

2005年7月12日，在英国伦敦佳士得拍卖行举行的一场拍卖会上，一件元青花"鬼谷子下山图罐"，以1400万英镑，约合2.3亿人民币的天价，拍卖成功，创造了亚洲艺术品在全球拍卖史上的最高纪录。元青花就是元代青花瓷器。人们一定会有疑问：元青花"鬼谷子下山图罐"究竟是一件什么样的瓷器，居然能够拍出如此天价呢？这还得从瓷器在中华文化中的地位说起。

学过英文的人都知道，在英文中，瓷器与中国是一个单词，都叫"china"，首字母小写是瓷器，首字母大写就是中国。似乎在西方人的心目中，瓷器就等于中国，瓷器是中华文化的代表，所以一件元青花瓷器才有可能拍出如此天价。那么，西方人为什么会有这样的认识呢？

有人解释说：早在东汉时期，中国人就在昌南，也就是今天的景德镇烧制瓷器。到了唐朝，昌南人创制出一种青白瓷，晶莹滋润，有如玉器，远近闻名，并大量出口欧洲。18世纪以前，欧洲人还不会制造瓷器，因此中国昌南镇的瓷器特别受欢迎，昌南的英文音译就是"china"，因此，欧洲人就以"china"一词，既代表瓷器，也代表中国。由此可见，瓷器之于中华文化的重要性。

青白瓷

可是，这个说法

有问题。昌南这一名称的出现是唐武德四年，即公元621年之后的事，到了宋真宗景德元年，即公元1004年，因昌南镇生产的青白瓷质地优良，就以皇帝的年号为名，将昌南镇改为景德镇，昌南这个名字用了五百多年，而景德镇这个名字一直使用到今天，已经一千多年了。也就是说，我国东汉时期生产瓷器的时候，昌南还不叫昌南；当我国的青白瓷大量出口欧洲的时候，昌南镇叫景德镇。显然，china不是昌南的音译，它另有来源。那么，它究竟源自何处呢？

其实，英文"China"起源于印度古梵文"Cina"，"Cina"这个名称早在三千年前就出现在古代印度的典籍中。三千年前，别说昌南不存在，即使瓷器也还在形成之中。有人说"Cina"是秦的音译，显然也不对，因为秦朝不过是两千三百年前的事。那么，三千多年前的古代印度人，为什么称中国为"Cina"呢？其实，"Cina"在梵文中是思维、智力和技巧的意思。大概是因为，中国人给古代印度人留下了善于思考，很有智慧的印象。

受古代印度人的影响，西方人就用"Cina"称呼我们这个古老的东方民族，"Cina"的英文音译，就是"china"。不过，"china"不是昌南的音译，并非否认"china"与中国和瓷器的关系。因为，当来自中国的瓷器风靡欧洲的时候，他们使用本来就有的"china"称呼来自中国的瓷器，于是瓷器与中国就成了一个词。因此，在西方人的眼里，瓷器代表着中华文化，是中华文化的象征。即便如此，人们还是难以理解，一个看起来并不起眼的元青花"鬼谷子下山图罐"，居然能拍出2.3亿人民币的天价！为了解释这个问题，还得从中国瓷器的发展进程说起，以证明元代青花瓷的价值。

说起瓷器，人们习惯说成陶瓷，其实，陶和瓷是不一样的。二者的区别首先是制作材料不同，其次是炉温的控制。早在七千多年前，中国人就掌握了制陶工艺，但是由于炉温比较低，只有几百度，所以烧出来的只能是陶；当炉温能够控制到1200度左右的时候，高温使被烧制的胎体烧结程度较为致密、釉色的品质更加优良，瓷器就诞生了。虽然考古工作人员在地下发现了一些几千年前的瓷片,但是,有确凿证据证明,中国人成熟掌握瓷器制作工艺的时间是东汉时期。

瓷器由于釉面光滑,防渗性能好,质地坚硬,便于清洗,弥补了陶器性能的不足,而且比青铜器价格低廉,制作工艺简便,所以,瓷器的出现最终让陶器在历史上消失,也取代了青铜器。现在瓷器已经成为世界范围内使用最广泛、最受欢迎的生活用具。

瓷器自问世以来,虽然发展的道路非常漫长,但是其发展的规律还是非常清晰的。瓷器刚刚出现的时候,基本上以白瓷为主,后来出现青瓷。当制瓷工匠掌握了烧制技术中的化学原理,加入铜、锰、磷酸钙等物质之后,瓷器开始向五彩瓷发展。

不过,这种五彩瓷主要受民间百姓喜欢,皇室和贵族依然追求单色瓷器的极致。典型的表现就是,追求瓷器本身的造型与釉的色彩和质地,代表这种审美情趣的典型作品是宋代的官窑瓷器,一味追求造型的线条流畅和釉质的色彩美,其最高成就是青釉色质的精纯。

青釉瓷器的代表作品是龙泉青瓷,达到了"温润如玉"的色质之美,成为宋代皇室和贵族追求的上乘瓷器。比如,宋徽宗曾经要求工匠烧制出雨后天晴的蓝色,并且限期交货,否则杀头。工匠费尽心思也烧不出这种颜色,经过无数次失败之后,最终无可奈何,准备接受皇帝的制裁了。

就在这个时候,工匠的女儿纵身跳进了窑口的烈焰之中,用自己的生命最终换来宋徽宗要求的雨过天晴之后的"天青色"的瓷器。这个故事当然是传说,却告诉人们一个道理,如此追求瓷器制作的最高境界,是瓷器制作的极致,同时也是绝路。要想有

天青釉瓷

所创造，超越前人，必须另辟蹊径。那么，这个蹊径是什么呢？就是青花瓷的脱颖而出。

青花瓷起源于唐代的巩县窑，自产生到宋代一直都没有受到重视，属旁枝末节的品种。但是，真正烧制成功、发展成熟则是元代的景德镇时期。元青花的成功烧制，堪称中国瓷器史上一件具有划时代意义的大事，它不仅为中国瓷器家族增添了一朵瑰丽的奇葩，而且对后世瓷器的发展起到了极为关键的作用。

青花瓷

青花瓷又称白地青花瓷，简称青花，顾名思义，就是用青色釉在白瓷上绘制以花草为主的图案，因此被称为"青花"。在元青花烧制成功之前，中国瓷器的发展进步已再难有大的起色和变化。到了元代，由于景德镇瓷窑在白瓷胎料中加入了一种高岭土，进一步提高了瓷器的烧成温度，又使瓷器不易变形，从而可以烧造出前所未有的气势磅礴的大型作品。

由于上釉前加入钴料，也叫苏麻离青，使瓷器釉色一改以往的淡灰青色，而呈现出浓艳鲜明的宝蓝色，这就为瓷器制作过程使用中国传统水墨画的技法提供了技术支持。在洁白如玉的瓷胎上绘制出精美的蓝色图案，上釉之后经过1300度高温的烧制，出炉之后的瓷器，令人觉得清新、典雅、精致、曼妙，犹如丹青高手绘制的水墨画。而且，历经数百年风霜雨雪的洗礼或时间岁月的磨损，都不会褪色。

可是，严格说来，青花瓷已经不再是纯粹的制瓷工艺，而是制瓷工艺与绘画艺术的完美结合。虽然，青花瓷并非纯色瓷的替代物，但是，它取代了纯色瓷的主流地位。也就是说，自元以后，青花瓷成为了瓷器制作的主要模式。由此可见，元青花在中国古代瓷器制作史中的地位和意义。元青花以其豪迈的气概和艺术原创的精神，将青花艺术推向顶峰，确立了后世青花瓷的繁荣与长久不衰。

2005年在英国伦敦佳士得拍卖行，以1400万英镑，约合2.3亿人民币的天价拍卖成功的"鬼谷子下山图罐"就是一件典型的元青花瓷器。这是存世不多的此类元青花瓷器中的一件，的确是稀世珍宝。

那么，"鬼谷子下山图罐"这样的稀世珍宝，是怎么流落到国外去的呢？据英国伦敦佳士得拍卖行拍卖图录中介绍，第一次世界大战期间，一位名叫赫默特的男爵，在荷兰海军服役。他于民国二年到北京担任荷兰使节护卫军司令，专门负责德国、奥匈帝国等使团领地的安全。

赫默特男爵非常喜欢中国文化，从此开始搜集和收藏中国文物。赫默特男爵尤其喜欢中国精美的瓷器，这件元青花"鬼谷子下山图罐"，就是他收藏的瓷器中最珍贵的一件。由于这件瓷器没有款识，制作年代未知，因此赫默特没有认识到这件元青花的价值。十年之后，他回国时将这件元青花"鬼谷子下山图罐"随身携带，可是，欧洲的收藏家和拍卖行并不重视这件元青花作品。他们都不相信中国元代就能烧造出如此精美的青花瓷，一致认为，这件"鬼谷子下山图罐"是明代的东西。

赫默特男爵去世之后，他的后人曾经将"鬼谷子下山图罐"拿到拍卖行去估价，拍卖行专家也认为这是一件明代青花瓷，仅仅估了2000美元。赫默特男爵的后人觉得估价太低，又将罐子拿回了家，可是并没有珍藏，而是用它盛放杂物，根本没有想到，这是一个价值连城的珍宝。

1968年，在美国俄亥俄州的克里夫兰美术馆，举办了一场蒙古统治下主题的中国艺术品展览。通过这次展览，西方的收藏家和拍卖行才开始对元代的青花瓷有所了解，迅速产生兴趣并且给予高度的重视。其中的关键因素是，元青花非常稀少，真的应了中国那句老话，物以稀为贵。

时光一晃到了2005年。有一天，佳士得拍卖行的专家在赫默特男爵的后裔家中，发现这家人居然用一件元青花瓷器装杂物，真是暴殄天物啊！这位拍卖专家就像哥伦布发现新大陆一样，立刻提醒主人，这个罐子是宝贝，必须换个地方存放。于是，这件被埋没了几十年的元青花"鬼谷子下山图罐"，终于在世界拍卖平台上亮相了。

2005年3月，佳士得拍卖行将这件元青花"鬼谷子下山图罐"在美国纽约、日本东京、荷兰、法国、中国香港、上海、北京、台湾等地巡回展览。通过这次的巡展，人们不仅认识到元青花的意义，而且引起了国际收藏界极大的关注。

这件拍品的拍卖底价迅速上涨。人们不断地在给这件元青花估计拍卖价，从100万英镑估到500万英镑，又从500万英镑估到800万英镑。来自中国最具竞拍实力的藏家们希望它能够回归祖国，想联手收购，却因技术问题未能如愿，来自中国台湾的陈氏博物馆估价的最高底线是800万至1000万英镑。

当这件元青花瓷器开始竞拍时，一共有10位竞拍者。可是，一阵激烈竞争之后，竞拍价迅速达到1000万英镑，这个时候，来自中国的竞拍者纷纷放弃。可是，来自其他国家的竞拍者依然还有六七个人，可见世界各地的藏家对中国元青花的痴迷程度。

经过几轮竞拍之后，一位专门经营中国早期艺术品的英国古董商，埃斯凯纳齐，最终以1400万英镑的价格，将这件元青花收入囊中。加上拍卖的佣金，这件"鬼谷子下山图罐"拍出高达1568.8万英镑，折合人民币约2.3亿元，这可真是天价啊！可是，这位埃斯凯纳齐，只是个代理人，人们并不知道究竟谁是这件元青花的真正买主。埃斯凯纳齐含混地告诉记者："不是亚洲人，也不是英国人。"那么，这位土豪究竟是什么人呢？人们只好猜测，有可能是美国的一位收藏家。无论这个收藏者是谁，对于中国人而言，面对这件中国瓷器之王，元青花"鬼谷子下山图罐"，只能望洋兴叹！

可是，当这件元青花瓷拍出天价，并且流失海外的消息传到国内之

鬼谷子下山图罐

青花龙纹大瓶

后,有位学者却指出,这件"鬼谷子下山图罐"根本不是元青花,外国人上当了!不仅如此,所有人物画青花瓷罐都不是元青花,而是明青花。那么,这位学者的依据是什么呢?

他首先指出,所谓"元青花"是有典型样式的,业界称之为"至正型"。所谓"至正型"元青花,是指一种以进口苏麻离青为青料、发色浓艳、绘画精密、胎厚体大的元青花类型,这种类型多为大罐、大盘、大瓶等器型,由于出现在至正时期,所以称为"至正型"。

比如,至正十一年的青花龙纹大瓶。此瓶是一对,形体大,器型复杂。九层纹饰几乎囊括了元青花绘画的全部内容,恰恰没有人物。以后,凡是层次多,绘制内容类似的元青花,都统称为"至正型",所以说,至正青花龙纹大瓶是元青花的代表作。这种至正型元青花没有出现过人物形象,尤其不会出现汉族历史人物。所以,有人物形象而且表现汉族历史人物的青花瓷作品都不可能是元青花。那么，为什么有人物的青花瓷器就不可能是元青花呢？

这位学者的理由很简单：元代统治者把社会中的人分成四等：第一等是蒙古人，其次是色目人，再次是汉人，最低等的是南人，就是江南人。在有着强烈的种族歧视的社会条件下，元代的青花瓷器上，如果表现人物，也只会表现被元代统治者认为的第一等人，怎么可能会出现汉族历史人物呢？而且这些汉族人物都不可能是蒙古统治者喜欢的人物。为什么这么说呢？

比如，"鬼谷子下山图罐"。此作品表现的是鬼谷子下山救他的徒弟的故事。据说，战国时期齐国与燕国频繁发生极为惨烈的战斗，效力于齐国的孙膑在一场战斗中被燕国军队所围困，他不得不派遣苏代前往鬼谷子隐居修炼地——鬼谷，向师父求救。得知爱徒孙膑被围困的消息之后，鬼谷子立即下山展开营救。

这件元青花瓷器描绘的就是鬼谷子等人下山时的情景：只见图案中央有一辆由一虎一豹牵引的两轮车，车上端坐着身穿袍服、身体微倾的鬼谷子，他完全是一种运筹帷幄、决胜千里的镇静神态，车前是两名手持长矛开道的士卒，身后是擎着"鬼谷"战旗的将军独孤角，他的哥哥在这场战斗中与孙膑一起被围困。殿后的就是前来报信的苏代。

说起苏代大家可能不认识，不过关于他的故事大家耳熟能详。什么故事呢？据《战国策》记载，苏代得知强大的赵国即将进攻弱小的燕国，便前往劝阻赵惠王说：我从燕国来赵国途中经过易水，看到有一只河蚌正张开蚌壳在晒太阳，突然飞来一只鹬鸟，它伸长脖子去啄食鲜嫩的蚌肉，河蚌急忙把蚌壳合拢，恰好把鹬鸟的尖嘴牢牢地夹住了。鹬鸟说："今天不下雨，明天不下雨，你就会被晒死的！"河蚌则回答："我今天不放你，明天也不放你，你同样会被憋死！"就在鹬蚌相争的时候，一位渔夫经过这里轻而易举地就捉住了它们。这个"鹬蚌相争"的故事让赵惠王明白，如果自己进攻燕国就会给秦国提供战机，从而使赵国与燕国都逃脱不了被秦国灭亡的命运，于是他放弃了进攻燕国的计划。有如此高智谋的汉族历史英雄人物，元统治者怎么会加以宣传呢？

尤其是像鬼谷子这样的人，虽然只是个传说中的人物，但他是以擅长谋略而闻名的，是纵横家的开创者。他教出来的学生都是人才，而且都擅长谋略，一个个纵横捭阖，驰骋天下，比如，苏代的哥哥苏秦、张仪、孙膑、庞涓、毛遂、乐毅等。这些人都是旷世奇才，如果这些人都在元朝出现，这元朝统治者还坐得稳江山吗？

认为"鬼谷子下山图罐"不是元青花瓷，甚至所有带人物的青花瓷都不是元青花瓷的观点，在业界引起很大的争论。有人反驳说，元青花出现人物形象，与元世祖忽必烈积极施行民族融合的政策密切相关。元朝开国之初，元世祖忽必烈为了缓和尖锐的民族矛盾，争取广大汉族地主与士大夫阶层的支持，听取了谋士郝经的建议。《陵川集》中曾记载郝经说过："今日能用士，而能行中国之道，则中国之主也。"意思是，今天如果能够起用中国（汉族）的文人，按照中国方法治理中国，才能成为中国的主人。忽必烈采纳了郝经的建议，从而使新生政权逐步得以稳定与巩固，在青花瓷上绘制这类人物故事画就是蒙古统治者施行这一民族政策的形象见证。

这位反驳者也以"鬼谷子下山图罐"为例，认为元代人用青花瓷表现鬼谷子的形象，与鬼谷子倡导臣民应该看清历史发展趋势、倡导全国统一这一纵横家的思想有关。这些思想，显然都十分符合元朝统治者的政治需要，因此鬼谷子下山图，成为元青花瓷上的经典图案也就不足为奇了。

不过，我认为这位反驳者的观点虽然有一定的道理，但是明显存在问题。什么问题呢？首先，忽必烈的所谓民族团结政策，究竟落实了多少？其次，元朝统治者将人分为四等的种族歧视政策，一直贯穿于整个元朝的始终。再次，忽必烈是元朝的开创者，他执政的时代，元青花瓷还没有成熟，其典型样式还没有出现。

而且有些元青花瓷表现的主题，也很令人费解。比如，"蒙恬图瓷瓶"，让人觉得不可思议。元朝统治者怎么会用青花瓷纪念蒙恬这样的历史人物呢？蒙恬是秦朝著名将领，秦王朝开国之初，曾率领30万大军北击匈奴。他不但收复了大片被匈奴占领的国土，而且迁徙民众，修筑长城，英勇戍边，威震匈奴。甚至当时有过这样的话：有蒙恬在，匈奴不敢南下牧马。同样作为游牧民族的蒙古统治者，怎么可能喜欢抗击匈奴的英雄呢？

再比如，"周亚夫细柳营瓷罐"。周亚夫是汉代大将军，同样是汉民族的大英雄。周亚夫最著名的事例，就是治军严整，他的"细柳营"就是用来形容军队常备不懈、军纪森严以抗外敌的典型。那么，周亚夫整军备战、严格军纪是为什么？还不是要抵抗匈奴的入侵。元代统治者不可能喜欢蒙恬，同样也不可能喜欢周亚夫！

更令人觉得不解的是"昭君出塞图罐"。为什么呢？因为，昭君出塞是东

蒙恬图瓷瓶

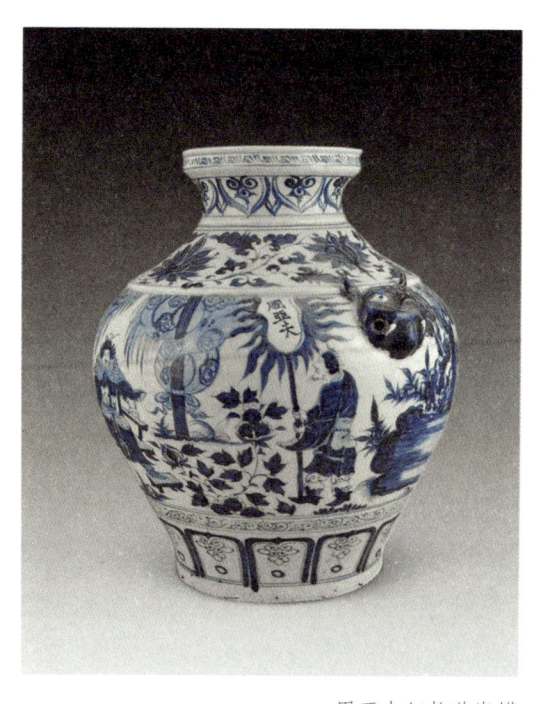

周亚夫细柳营瓷罐

汉时期，汉朝为了和亲，将王昭君远嫁匈奴的故事。故事中的悲壮和牺牲精神，使人们在歌颂王昭君的同时，觉得匈奴生活的塞外是多么令人无法忍受的苦难之地。元朝统治者的家乡也在塞外，会像汉族人一样表现他们的家乡吗？

如果说，昭君出塞还有民族团结的意味，勉强可以理解为是在落实忽必烈的民族政策。可是，"文姬归汉梅瓶"似乎就无法做如此的解释了。为什么呢？因为，文姬就是蔡文姬，她是东汉时期著名学者蔡邕的女儿，博学多才，精通音乐，擅长书法。最初嫁给河东人卫仲道，丈夫去世之后，在家守寡。后来父亲获罪受牵连，又在兵荒马乱中被胡兵掳走，从此流落西域，因生活所迫嫁给南匈奴左贤王。曹操觉得蔡文姬是个人才，嫁给匈奴太可惜了，于是花重金将蔡文姬从匈奴单于手里赎了回来。这样的主题和人物，元代统治怎么可能在青花瓷器上表现呢？

当然，也有不反映民族矛盾或者民族关系的作品。比如，"三顾茅

昭君出塞图罐

文姬归汉梅瓶

庐图罐",细分析也不太可能是元代的作品。三顾茅庐的典故出自诸葛亮的《出师表》,这一故事在民间广泛流传,尤其是其中"尊刘抑曹"的观点被普通百姓所接受,是明朝初期罗贯中的《三国演义》发行之后的事。而且,"尊刘抑曹"的观点形成于偏安一隅的南宋,意在与元皇帝争夺正统,这样的观点,怎么可能出现在元青花中呢?

根据以上疑问,这位学者得出结论,表现中国古代人物和故事的青花瓷,不是元青花而是明青花。大致制作于明洪武至永乐年间。因为,以蒙恬、周亚夫、蔡文姬、王昭君等汉族历史人物为题材的青花瓷作品,表达了朱元璋"驱逐胡虏,恢复中华"的政治主张,同时也表达了誓师的心愿;而"三顾茅庐"的故事,则表现了刚刚建立大明王朝的统治者渴望贤者辅佐的心愿;"鬼谷子下山"的题材,则表现了明代统治者希望有智谋的人加盟自己队伍的愿望。

我认为,这位学者的观点很有道理。但是,他忽略了一个问题,就是时间。元青花瓷成熟于元代至正年间,这是元代最后一个年号。时间是公元1341至1368年,历时仅28年。可是,就在这28年里,元朝的统治发生了重大变故,就是至正十一年的红巾军起义。正是这一年,典型的至正型元青花龙纹大瓶制作完成。第二年朱元璋参加起义军,至正十六年,朱元璋被部下拥戴为吴国公。至正十八年,陈友谅控制了整个江西省。至正二十二年,江西省在朱元璋的控制之下,此时离明朝建立,还有六年时间。

这就说明,一共只有28年的元至正年间,元朝政府却有10年失去对景德镇的控制。也就是说,至正年间元朝政府对景德镇的有效控

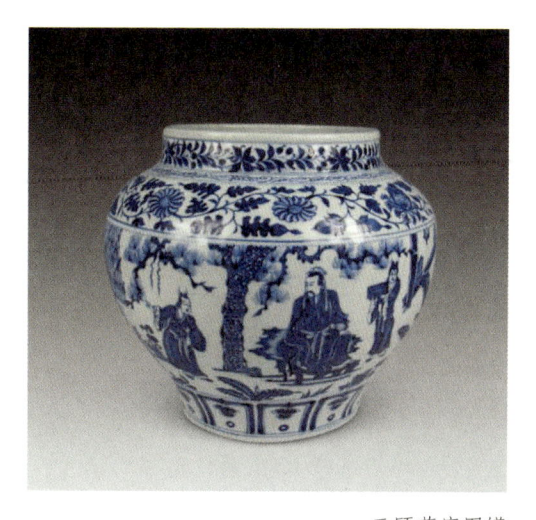

三顾茅庐图罐

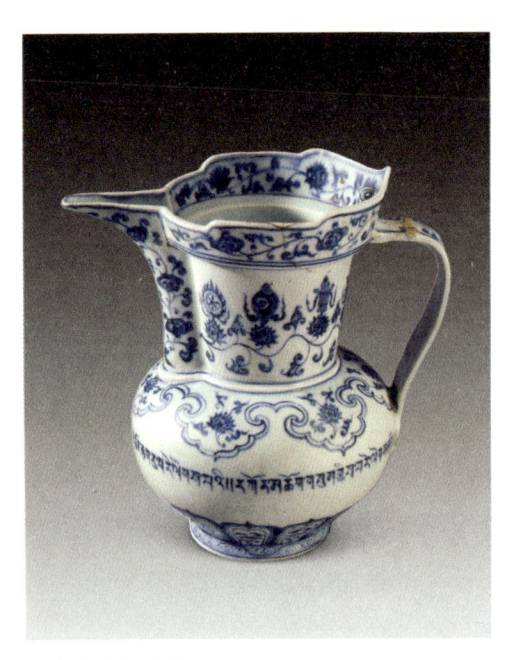

明青花的典型样式

制仅仅18年。而陈友谅控制江西不到4年，不会在景德镇有多大作为。在明朝建立前6年，朱元璋已经控制了包括景德镇在内的整个江西省。

没有史料证明景德镇毁于元末战火，朱元璋应该接手了一个完整的景德镇制瓷工业。新的王朝要建立，百废待举，也要宣传自己的政治主张。因此，一大批表现汉族英雄人物的青花瓷器就应运而生了，这也正是"恢复中华"之举！那么，这些青花瓷的作品，究竟应该属于什么年代呢？我认为，即使时间已经进入到明洪武年间，此时制作的青花瓷还不能称作明青花。为什么呢？我有两个理由：理由一，青花瓷制作工艺是不会因为朝代更迭而迅速改变的，恰恰相反，这种精湛的制瓷工艺，一般会成为新统治者手中宣传自己政治主张的有力武器，所以，以"鬼谷子下山图罐"为代表的表现人物的青花瓷，从制作工艺的角度看，它们依然属于元青花；理由二，明青花的典型样式大致形成于永乐、宣德年间，此时的青花瓷器与"鬼谷子下山图罐"一类的青花瓷器的制作样式与风格，有着鲜明的差异。因此，说"鬼谷子下山图罐"以及所有人物画青花瓷都是明青花，这个观点很难成立。虽然它现在流失海外，但依然是不可多得的国之瑰宝！

第16讲

金缕玉衣之谜

1968年5月23日，已经是深夜11点多了，在河北省满城县陵山主峰的山坡上，解放军某部机械连还在连夜施工。排长小胡率领一个班的战士在开凿山洞，当山洞开凿到24米深的时候，突然发生了塌陷，坑内露出一个阴森森的洞口，直径大约1.5米左右。一名战士自告奋勇爬进洞内探测，发现洞内空间很大，有很多坛坛罐罐。排长小胡立刻向连长汇报，连长意识到很有可能是挖到了古代墓葬，立刻向上级部门反映情况。不久，一个考古专家小组赶到了施工现场。

　　经过一番勘测，专家们发现，古墓内的空间很大，墓室内有车马房，房中的车马器具金碧辉煌。墓室内还有一间厨房，里面装着大量的酒缸和堆积如山的陶器，显然是用来喝酒的。墓室中有一个大厅，周边有排水沟，角落里还有一间浴室。墓室内的地面整齐地覆盖着大瓦，通过这些瓦的制作工艺和样式，考古专家推断，这座古墓很有可能是西汉时期的。这个结论让人异常兴奋！

　　经过一番清理之后，墓室内发现了大量珍贵而精美的文物，有青铜器、玉器和金器等等。这些出土文物证明了考古专家的推断，这座古墓的确是

金缕玉衣

西汉时期的。当考古工作人员清理古墓后室的时候，在棺床上发现了一件由金丝连缀玉片构成的，与人的形状和大小一致的东西，它的旁边还摆放着金饼、玉璧、佩剑和佩刀。显然，这是墓主人的遗骸。考古专家们一阵惊喜，难道这就是文献中记载的"金缕玉衣"吗？这个发现太令人振奋了。为什么呢？因为，以前人们只是在史料中看到过金缕玉衣的记载。由于汉代墓葬大部分被盗，因此考古专家只见过玉衣的残片！可是，这次却发现了一件完整的金缕玉衣，这是我国考古史上的第一次！

那么，这座墓的主人是谁呢？经过仔细考察，专家们在青铜器上发现了"中山内府"的铭文。显然，这座古墓的主人是西汉时期的中山国王，而且这座古墓的地点的确就在西汉时期的中山国境内。可是，西汉时期中山国的国王传了10代，这座墓葬中的主人，究竟是哪一位中山国王呢？这还得在铭文中找答案。专家们在铭文中又发现"卅二年"和"卅四年"的字样。那么，哪一位中山国王在位超过32年或者34年呢？经过查阅史料最后确认，超过这个时间长度的只有中山靖王刘胜，他在位42年，其他中山国王都没有超过32年。由此可以断定，这座墓葬的主人是中山靖王刘胜。

说起中山靖王，看过《三国演义》的朋友都知道，刘备自称"中山靖王之后"，就是这位中山靖王。他是西汉景帝刘启的儿子，汉武帝刘彻的同父异母哥哥。刘胜死于公元前113年，也就是说，这座汉代古墓，距今已经有2000多年的历史了。

既然墓主人是刘胜，那么装殓在金缕玉衣中的尸体就一定是刘胜了。显然，刘胜身材高大魁梧，为什么这么说？因为，这件金缕玉衣全长1.88米，别说西汉，就是放在今天也算身材魁梧了。由于这件金缕玉衣的规模比较大，所以整个玉衣用了1100克金丝，将2498枚玉片编缀在一起，组成一件外形与人体一样的玉衣，因此称作"金缕玉衣"，也叫"玉匣"。其实，就是装殓死人的尸衣。

一说尸衣，今天的人们一定不会喜欢，甚至有几分厌恶。可是，这件制作于两千多年前的尸衣，是这座古墓中最有价值的发现，也是我国首次发现、规格最高、最完整的玉制葬衣，现藏于河北博物院。人们不禁要问：古代贵族为什么要用玉石装殓尸体呢？这个问题很复杂，要想说清楚，就必须从我国古老的玉文化说起。说起玉文化，那可是中华文化独具特色之处啊！

中华民族有着历史悠久的玉文化。比如，"玉"字早在商代的甲骨文中就出现了。汉字中有玉字旁的字将近500个，比如，"珍"、"琼"、"瑕"、"瑜"、"珏"等；用玉字组成的词更是不计其数，比如，金玉良言、珠圆玉润、抛砖引玉、亭亭玉立、玉树临风等等。汉字中的珍宝都与玉有关，比如"宝"字，就是"玉"和"家"的组合，显示出"玉"具有不可替代的珍贵价值。

玉石之所以珍贵，有一个重要原因是玉石的材质和色泽都很美，因此，在古代诗文中，常用玉来比喻和形容一些美好的人或事物。比如，《诗经·秦风》中有这样的诗句："何以赠之，环瑰玉佩。"意思是，用美玉作信物，表达彼此的爱慕和坚贞的情感。而且，围绕着玉，还有许多民间传说，的确非常美丽动人。

比如，春秋时期，秦穆公有个小女儿名叫弄玉，善于吹笙。弄玉住的地方叫凤台。有一天，弄玉在凤台上吹笙，忽然听见有人唱和，可是，却不见人影。晚上，弄玉梦见一个美男子骑着彩凤从天而降，站在凤台之上对弄玉说："我是太华山的主人，上帝命我与你完婚，中秋那天相见。"说罢，解下腰间玉箫，倚栏吹奏，彩凤和着箫声鸣叫起舞。弄玉醒来之后，派人到华山寻找，却不见此人。中秋之夜，一位名叫萧史的男子为秦穆公吹箫。一共吹奏了三首曲子。一曲箫声，清风习习；二曲箫声，彩云飘聚；三曲箫声，孔雀降临，百鸟和鸣。秦穆公听完之后非常高兴，立刻让萧史和弄玉成婚。半年之后的一天晚上，弄玉夫妇在凤台吹箫，忽然有一龙一凤降临，两人乘龙凤而去，留下"乘龙快婿"的美谈。

关于美玉的传说，最惊心动魄的还是卞和抱玉的故事。春秋时期，有一个名叫卞和的楚国人，怀揣一块玉璞献给楚厉王，楚厉王认为是一块普通的石头，下令砍掉卞和的左脚；楚厉王死，楚武王即位，卞和将玉璞献给楚武王，楚武王仍然认为这块玉璞是普通的石头，下令将卞和的右脚砍去。楚武王死，楚文王即位。有一天，楚文王到各处巡视，路过楚山听见一位老人在山脚下痛哭，哭得双眼流血。一打听才知道，这位老人就是卞和。楚文王找来玉工直接将这块石头剖开，里面果真是一块品质极佳的美玉。楚文王被卞和的忠诚和执着所感动，由于卞和姓卞和氏，所以楚文王将这块美玉命名为"和氏之璧"。从此，"和氏之璧"就成了美玉的代称。

人们通过卞和抱玉的传说，赞美卞和与美玉一样具有始终不渝的坚贞品格。从此，人们赋予美玉高尚的道德品质，把美玉和美德结为一体。比如，"以玉比德"的君子之风，"宁为玉碎，不为瓦全"的高尚情怀，"化干戈为玉帛"的和平理念等等。这些观念一直流传到今天，依然深深地影响着人们的思想和情感。

人们不禁要问，为什么中华民族会如此赞颂美玉呢？为什么会产生与其他古老民族相比独具特色的"玉文化"，甚至"玉崇拜"呢？原因很简单，因为，其他古老民族都是从石器时代直接过渡到青铜时代的，而我们中华民族却在石器时代与青铜时代之间，还经历了一个漫长的玉器时代。所以说，玉器时代才是我们中华文明独具特色的源头。

比如，古代文献中曾经有"黄帝之时，以玉为兵"的说法。传说中的黄帝，主要活动于西北黄土高原地区。在这一带的古代遗迹中，发现了大量的玉器，而且以兵器居多，也最具特色。显然，"黄帝之时，以玉为兵"的说法，绝非空穴来风。

虽然中华文化是多源的，可是这些不同的源头，不约而同地都经历了玉器时代。比如，河南南阳独山玉雕"第一村"，浙江余姚河姆渡文化遗址，辽河流域的红山文化遗址，都发现了大量的玉器。即使进入青铜时代，玉器依然与青铜器并用了长达1000多年。玉器在中华大地上共盛行了大约3000多年。可以说，我国是世界上用玉最早，绵延时间最长的国家。可是，最初作为工具、兵器和礼器，后来象征美德表达审美追求的美玉，怎么会演变为装殓尸体的尸衣呢？玉文化为什么会出现这种畸形的变化呢？这就得从古人赋予玉的各种意义说起了。

据史料记载，最早用玉石做尸衣的是汉景帝，而且所有的玉衣都出篆书"王""玉""皇"

土于王侯的墓葬。显然，玉与权力相关。那么，玉又是如何与权力发生关系的呢？

主要因为玉是一种稀缺资源，同时玉器加工制作艰难，从而使玉器珍贵异常。稀缺的东西，往往属于权力的掌握者。比如，红山文化日常生活的遗址中找不到任何玉器，只有在中心大墓中才发现了玉器。而中心大墓中埋葬的都是部落领袖，因此，墓葬中的玉器就是权力的象征。

这一点从"玉"字的写法也可以看出来。因为，在古文字中，"玉"字并没有一点，和帝王的"王"字是一个字。三横代表天、人、地，加上联结天、人、地的一竖就是王。至于"皇"字就更加直白了，就是头戴美玉的王者。

可是，权力应该在现实生活中才能发挥功能，为什么象征权力的玉器，被埋在坟里与死人做伴呢？这说明，玉器除了象征权力之外还有其他含义。当人们用一竖联结天、人、地的时候，这王或者玉，就有了沟通天与人的功能。能够沟通天与人，也就能够连通人与神。因此，玉石被古人赋予了神性，这种神性根源于中国古代的神话。

比如，中国古代神话传说中的少女皇娥，乘木筏在苍茫的大海上漂游，遇到"白帝之子"，便与他同乘木筏，嬉戏于海上。后来二人做了一面旗帜，用玉石雕刻成鸠鸟，装饰在旗杆顶上，这个旗帜就是他们两个氏族共同的徽号，而这只玉石雕刻的鸠鸟就是这两个氏族共同的图腾。

从此，玉就与古代神话密不可分了。比如，上天最高的神叫"玉皇大帝"，西王母住在昆仑玉山上，山上的宫殿叫"琼楼瑶池"，庭院里长的是"玉树琼花"；嫦娥在月亮上居住的广寒宫虽然冷清，却有"玉兔"为伴。总之，与神话有关的事物都离不开美玉。

由于美玉具有与神沟通的功能，因此，古人使用玉器祭祀神明，这种玉器就是礼器。在古代社会，世俗权力与宗教权力是一体的，宗教领袖也就是部落首领。所以，礼器也是权力的象征。比如，玉璧、玉琮这些祭祀神明的玉器，既是礼器，同时也是权杖。

世俗权力与宗教权力相结合，这是人类文化史中的共同现象。为什么会有这种现象呢？据我分析，人本来生而平等，可是，有些人却凭借能力、胆识、智谋和偶然的机遇，控制了资源，掌握了社会公权力，形成了社会的不平等。为了使自己手中的权力合法化，使社会不公平合理化，掌握权力的人就将自己的权力神化，将人为的等级制度与神的意志结合在一起，从而使与神沟通的礼器，成为身份和权力的象征。

代表神权与君权统一的最高形式的玉器，就是"传国玉玺"。自从秦始皇用玉石制作了皇帝大印之后，就不许任何人用玉石制印，皇帝的大印也只能用玉制作，而且创造"玉玺"一词，以表示唯一性和神圣性。可是，用来制作皇帝玉玺的玉石既然如此神圣、庄严，为什么会演化为装殓死人的尸衣呢？让人觉得古代帝王和贵族们的心理很变态，使玉文化走向了畸形。

其实，这与中国古人对生命的看法有关。

首先，中国古人认为玉是天地之精，化生而来，并且与天地同在，因此，玉就具有了生生不息的功能和永恒不朽的意义。

其次，中国古人以为玉可以使人长生不老，甚至相信服用玉，就可以实现永远年轻的目的。这就可以理解，为什么红山文化遗址的中心墓葬中，只有玉器而无石器和陶器，因为，用玉器陪葬表达了墓主人渴望永生的意愿。因此，后来用美玉做尸衣就可以理解了。

金缕玉衣大致出现在西汉文景时期。不仅皇帝，上层贵族都用玉衣装殓尸体，只是玉衣在等级上有区别。皇帝的玉衣用金缕，诸侯王的玉衣用银缕，王子、公主的玉衣用铜缕等。

但这种制度在西汉时期并没有得到严格的执行。比如，中山靖王刘胜是诸侯，却穿"金缕玉衣"，按理说，他只能穿"银缕玉衣"。虽然这种等级制度并没有被严格遵守，但是，无论用金缕、银缕还是铜缕，毕竟都是玉衣，对玉料的消耗并没有因等级不同而减少。况且，能够使用玉衣的人是一个相当大的群体。

粗略估计一下，两汉时期有资格穿玉衣入葬的皇帝和诸侯王加在一起，一共将近400位，加上他们的原配夫人，这是一个庞大的消费群体。因此，朝廷专门设立玉衣制作作坊，有专门的工匠对玉料进行筛选、磨片、钻孔、抛光，然后根据死者身份的不同进行私人订制。

虽然不太可能人人都穿玉衣下葬，但穿玉衣下葬的人绝不会是个小数字，仅新中国建立以来，就已经发现了十几件玉衣，如此多的玉衣要消费多少玉石啊！人们不禁要问：西汉时期，为什么皇帝和贵族们突然兴起用玉装殓尸体的风气呢？

这些玉衣使用的玉料似乎可以解释这个问题。经过专家们最终确认，西汉时期用来制作玉衣的玉石，大部分是新疆的和田玉。新疆和田在西汉时期是西域的于阗国，汉武大帝派张骞出使西域，打通了中原到西域诸国的交通、贸易的往来，从而使和田玉源源不断地涌入中原，由于玉料供给量的猛增，激发了贵族们用玉做尸衣的欲望。

可是，人们一定会问，西汉时期虽然开通了去西域的道路，但是从中原到西域毕竟路途遥远，当时的人们为什么要不远万里到于阗国采集和田玉呢？其中的原因很简单，就是因为和田玉的品质。中国古人经过几千年的筛选，最终确立了美玉的标准。首先，颜色温润，其次，材质坚韧，第三，音质悦耳。完全符合这三个标准的只有和田玉。因此，古人就将和田玉确定为"帝王之玉"。

这一点在商朝古墓中也得到了证实。这座商朝古墓叫"妇好墓"，墓主人妇好是商朝天子武丁的妻子。在这座墓葬中，除了大量的青铜器之外，总共发掘出700多件各种玉器。根据玉匠和专家的辨认，这些玉器的原料都是和田玉。

人们不禁感到疑惑，妇好墓

妇好墓玉器之一

中的和田玉是怎么来到中原的呢？难道，早在商朝武丁时期，中原人就能到遥远的和田采集玉石吗？似乎不太可能。可是，有两片甲骨上的文字却证实了这一点。其中一片上写着"征玉"，另一片上写着"取玉"。

"取玉"可以理解为有人进贡玉石，那么"征玉"呢？难道商王朝为夺取玉石曾经发动过战争？这个疑点在《周易》中找到了答案。《周易》中有这样一句话："高宗伐鬼方，三年克之。"意思是，商王武丁曾经发动了一场针对鬼方的战争，整整持续了三年，并且取得了最后胜利。可是，这场战争会与玉石有关吗？要回答这个问题，就得先说说"鬼方"在什么地方。根据甲骨文记载，"鬼方"是商朝时期生活在中国西北地区的游牧部落，势力范围主要在昆仑山一带。专家们猜测，那场武丁王倾尽全国之力，整整打了三年的战争，很有可能是为了昆仑山的玉石。

红山文化：玉猪龙

可是，有一片甲骨却记载了这样一句话："鬼方受佑。"意思是，商王武丁通过祭司祈求上苍保佑鬼方。武丁曾经花三年时间攻打鬼方，为什么又乞求神明护佑鬼方呢？人们猜想，很有可能通过三年战争，鬼方向商王俯首称臣。当然，鬼方未必产玉，也许是输送玉石路上的一个部落，因此，乞求神明保佑鬼方就有保佑玉石之路通畅的意思。这说明，商王武丁的确从昆仑山一带"征玉"或"取玉"。

可是，中原大地上并不缺少玉矿啊！迄今为止，玉矿产地主要有四个，它们分别是辽宁的岫岩玉、河南的南阳玉、陕西的蓝田玉以及新疆的和田玉。南阳玉、岫岩玉和蓝田玉的产地，距离商王朝统治中心都不远，商王为什么舍近求远，要到万里之遥的和田取玉呢？经过比较人们发现，出土于不同地方的玉器，呈现出鲜明的地方色彩。比如，红山文化的玉猪龙，使用辽宁岫岩的软玉矿，材质较粗；良渚文化的玉琮，产自江苏溧阳的小

良渚文化：玉琮

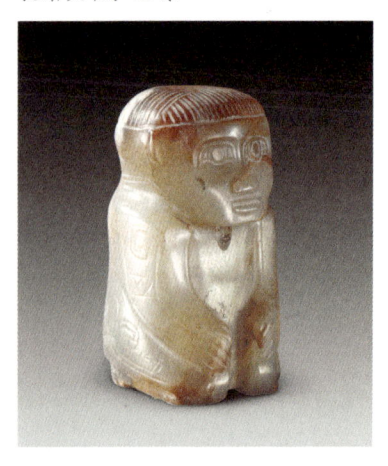

妇好墓玉器之二

梅岭，呈现不均匀的斑点。唯有商朝妇好墓中出土的玉器，光洁温润，晶莹剔透。因此，许多专家都认定妇好墓中的玉料来自和田。在古人心目中，只有和田玉才称得上是真正的美玉。这也是为什么商王武丁要征伐鬼方的原因。

可是，黄河下游的商王都城距离出产和田玉料的昆仑山有近万里，其间是巍峨的高山、湍急的河流、茫茫的沙漠和人迹罕至的戈壁。在三千多年前的商王朝时期，和田玉是如何跨越重重障碍，最终到达商朝都城的呢？

显然，在三千多年前的商代鼎盛时期，从中原到西域，曾经存在过一条玉石之路！甘肃西部有一座关口的名字，为我们提供了线索。这个关口叫"玉门关"，此关虽然设立于西汉武帝时期，但是，这个名字不可能是随意取的。那么，此关为什么以"玉"命名呢？一定与和田美玉经由此地，输入中原有关。

可是，出了玉门关往西，便是风沙弥漫、人迹罕至的沙漠、戈壁，这是通向西域之路最凶险的死亡地带。无数古代商人为了穿越这片死亡地带，付出了生命的代价。因此人们不禁产生疑问：在这一带真的存在过一条比丝绸之路更古老的玉石之路吗？如果存在，它从什么年代开始，又是怎么形成的呢？

20世纪初，在中国西部沙漠的深处，瑞典探险家斯文·赫定发现了一个古代中国西部沙漠中的小王国，楼兰国的遗址。在这个已经被风沙湮没了很久的遗迹中，考古学家发现了大量的新石器时期的玉器，这是最早的和田玉器。显然，早在四千多年前的新石器时期，和田玉就已经越过昆仑山来到了沙漠中的这个绿洲部落。楼兰国绝不是唯一的，也就是说，从和田到中原，虽然万里之遥。但是，路途中一定会有很多这样的部落，这就为和田美玉通过死亡地带进入中原提供了可能。

玉门关

比如，1984年在甘肃省武威境内，发现了一个四千年前的史前文明遗址，精美的玉器是其最大的特点，其中一件玉琮，色度柔和，质地精良，原料只能来自和田。在内蒙古中南部、陕北和晋西北，发现了一个被称为"新华文化"的部落，出土了大量玉器，经过检测，其材质与和田玉极其相似。在山西南部的汾河下游和浍河流域发现的陶寺文化遗址，出土的玉器同样与和田玉惊人地相似。

把这些点连成一条线，三千多年前的玉石之路就出现在我们眼前。它的起点是昆仑山，然后穿过甘肃向东，经宁夏、陕西北部、山西南部，来到黄河流域。在那个遥远的时代，和田玉很有可能是通过这些部落的交换和中转，才最终到达中原腹地。这条道路比举世闻名的丝绸之路要早一千多年。它不仅为中原地区带来了精美的和田玉，同时也是中原和西域文化交流的通道。因此，有人认为这条沟通西域的道路叫"丝绸之路"就不准确了，应该叫"玉石之路"。可是，有人反驳说，叫"玉石之路"也不全面，

斯文·赫定

应该叫"玉帛之路",这个称呼不仅有"化干戈为玉帛"的美好愿望,也比较准确地概括了这条道路的特征和功能。

楼兰遗址

可是,资源非常稀缺,路途如此遥远,加工制作相当艰难的美玉,却让皇帝和诸侯们用来装殓尸体,真让人觉得是暴殄天物!而且,在汉代制作一件中等型号的玉衣所需的费用,相当于一百户中等人家家产的总和。西汉时代制作一套玉衣,即使是一名非常熟练的玉工,也要花上十年的时间。这些王公贵族之所以花费如此巨大的成本,制作玉衣无非是以为用美玉装殓尸体,人体不会腐烂。

可是,令专家们感到非常奇怪的是,在中山靖王刘胜的墓室中,装殓尸体的玉衣是空的,怎么也找不到刘胜的尸体。人们怀疑刘胜也许和他的老婆窦绾合葬在一起了。因为,窦绾墓就在刘胜墓的旁边。可是,打开窦绾的墓,还是找不到刘胜的尸首,却发现了另外一件玉衣,在这件玉衣里找到了几块尸骨,显然是窦绾留下的。玉衣里发现尸骨提醒了专家,当专家对刘胜的玉衣进一步仔细检查时,发现了几颗牙齿,这说明刘胜的尸体在他的玉衣里完全腐烂,连骨头都化了。

这真是绝妙的讽刺,想借助玉衣防腐,却加速了尸体的腐烂,这是使用玉衣的贵族们绝对没想到的。不过,用玉石做尸衣实在太奢侈,必然引来百姓的愤怒和抱怨。因此,到了三国时期,魏文帝曹丕下令禁止使用玉衣装殓死人,从此,玉衣这种畸形的文化样式,终于从历史上消失了。玉石重新恢复了寄托美好理想、象征坚贞品格、表达审美情趣的文化形态。不过,金缕玉衣虽然是玉文化的畸形样式,但是它本身依然是一件见证历史的国宝。

第17讲

《苦笋帖》之谜

上海博物馆收藏的一幅绢本书法作品，名字叫《苦笋帖》，它是作者写给朋友的一封短信，没有抬头，只有落款。整幅作品纵25.1厘米，横12厘米，正文只有两行共计14个字，真还不如现在的一条短信长。信的内容是："苦笋及茗异常佳，乃可径来。"意思是，苦笋和茶叶非常好，直接送来吧，落款是"怀素"。说起怀素那可是唐代著名的书法艺术大师，他的狂草影响了中国书法艺术一千多年。怀素笔下的《苦笋帖》，虽然只有14个字，但是瘦肥相宜，流畅生动，中锋用笔，轻重适度，尤其是第二行"乃可径来怀素上"七个字，几乎是一笔所书。所以说，《苦笋帖》是一幅非常难得的草书上乘作品。因此，上海博物馆将它作为国宝收藏。可是，围绕《苦笋帖》的作者怀素，却有很多历史谜团，有些谜团至今还有争议。如果这些谜团不梳理清楚，不解释明白，那么怀素这个人究竟是谁，《苦笋帖》的作者是否是怀素，以及《苦笋帖》本身的真实性，都将受到怀疑，它的国宝身份必定会打折扣。那么，怀素身上都有哪些历史谜团呢？

首先是怀素的身份。据北宋《宣和书谱》卷十九的记载："释怀素，字藏真，俗姓钱，……玄奘三藏之门人也。"意思是，怀素和尚是曾经去西天取经的唐三藏的徒弟。清代的《全唐诗》、《全唐文》，现代的《中国书法大辞典》等影响较广、较为权威的工具书，都如此记载。因此，人们普遍认为，怀素就是唐三藏的徒弟。

可是，经过认真考证就会发现这根本不可能。为什么呢？因为，唐三藏于公元646年就圆寂了，而怀素出生于公元737年，也就是说，唐三藏死后91年，怀素才出生。怀素怎么可能是唐三藏的徒弟呢？那么，《宣和书谱》的编纂者怎么会犯如此低级的错误呢？原因很简单，唐三藏的确有一个弟子叫怀素。

此怀素俗姓范，祖籍南阳，出生于京兆，即今天的陕西省西安市。10岁时出家，法号怀素。26岁时，拜刚从西天取经回来的唐三藏为师。

此怀素修的是律宗，以佛教戒律为研究内容，以严守戒律而闻名天下。

可是，书法家怀素虽然也是和尚，却不知道师从何门何派，更不知道修佛的师傅究竟是谁。而且他行为放浪不羁，嗜酒吃肉，不守佛门戒律，有人说他是个坏和尚，有人称赞他更像一位禅师。因此，有学者称唐三藏的弟子怀素，为怀素律师；称书法家怀素，为怀素禅师。这个区别很准确，也比较方便讲述和记忆。

显然，《宣和书谱》的编纂者，把怀素律师与怀素禅师混为一个人了。从此以讹传讹，书法家怀素就成了唐三藏的徒弟。发生这种事情也不难理解，因为世上重名重姓的人很多，出家人用相同的法号更是经常发生的事。据有位学者考证，唐代叫怀素的和尚至少有三个人。可是，《宣和书谱》的编纂者为什么偏偏把怀素禅师错认为怀素律师呢？

说来原因很简单，就是因为怀素律师在佛教史中的地位很重要，在佛教领域做出了杰出的贡献。成果太丰富，知名度太高。怀素律师不仅在研究佛教戒律方面有自己独到的见解，并且开创了律宗一个重要门派——"东塔宗"。两个同样知名的人物，都是和尚，法号又一样，因此被人们当成一个人了。

当我们明确了写《苦笋帖》的怀素不是唐僧的徒弟之后，怀素禅师

《苦笋帖》

身上的第二个谜团又产生了。什么谜团呢？就是他的俗姓究竟姓什么。《宣和书谱》记载："释怀素，字藏真，俗姓钱。"怀素禅师在《自叙帖》中说："从父司勋员外郎，吴兴钱起。"所谓"从父"是父亲的堂兄弟，此人名叫钱起，是吴兴（即今天浙江湖州）人。

钱起比怀素大15岁，不会是从伯父，只能是从叔父。用今天的话说，钱起是怀素的远房堂叔。既然是远房堂叔，那么钱起姓钱，怀素自然就姓钱了。可是，钱起有一首夸赞怀素的诗，题目却是《送外甥怀素上人归乡侍奉》。显然，这位钱起不是怀素禅师的从父，而是舅舅，不然怎么会称怀素为"外甥"呢？如果钱起是怀素的舅舅，那么怀素的俗姓就不可能姓钱了。如果怀素不姓钱，那么称钱起为"从父"的怀素是谁呢？被钱起称为"外甥"的怀素又是谁呢？如果他们不是一个怀素，那么《苦笋帖》的作者又是哪一位怀素呢？

有人为了论证怀素禅师姓钱，引用陆羽在《唐僧怀素传》中的话："怀素伯祖惠融禅师者，先时学欧阳询书，世莫能辨，至是乡中呼为大钱师、小钱师。"意思是，怀素爷爷的兄长是一位禅师，法号惠融。他临摹欧阳询的字非常像，完全能够以假乱真。乡亲邻里都称惠融禅师为大钱师父，称怀素禅师为小钱师父。

可是，有人反驳说：《唐僧怀素传》中说的是"大钱师小钱"，而不是"大钱师，小钱师"，没有最后一个"师"字，意思是，怀素的伯祖临摹欧体完全可以假乱真，就像大钱和小钱一模一样。这句话和姓不姓钱没有任何关系，是有人为了论证怀素姓钱故意加上去的。那么，怀素禅师既然不姓钱，为什么要称钱起为"从父"呢？这位反驳者认为，怀素完全是攀缘。钱起是唐天宝十年的进士，唐代宗大历年间入选翰林院学士，被誉为"大历十才子之冠"。官居司勋员外郎、考功郎中，人称"钱考功"。显然，这个称钱起为从父的怀素并不姓钱，怀素禅师的真实性就再度受到质疑。《苦笋帖》的作者究竟是哪个怀素就不一定了，这直接影响《苦笋帖》的价值，所以必须搞清楚。

我认为，怀素的确姓钱，这位学者说怀素攀缘没有道理。为什么呢？

因为，怀素无论姓什么，他都是出家人，无论是否守佛教戒律，毕竟看破红尘。这样的人至于攀缘一个考功郎中吗？考功郎中不过是一位记录朝廷官员功劳的文官，又不是什么朝廷重臣，至于让一个出家人攀他的缘吗？以怀素在当时的声望，究竟谁攀谁的缘，还不一定呢！比如，这位考功郎中钱起，曾经写诗赞美怀素禅师说："释子吾家宝，神清慧有余。"意思是，佛家弟子中有我家的宝贝，他相貌清秀有智慧。显然，是钱起将怀素看作自家的宝贝，而不是怀素禅师攀缘钱起。既然怀素是钱起的"吾家宝"，那么怀素就应该姓钱。可是，既然怀素姓钱，为什么钱起又称怀素禅师为外甥呢？那么，怀素禅师到底是钱起的侄子还是外甥，或者，钱起到底是怀素禅师的堂叔还是舅舅呢？

有人为了解开这个谜团，做出了这样的假设：钱起与怀素的父亲是远房的宗族兄弟，所以，怀素的爹妈都姓钱，这样一来，钱起既是怀素禅师的堂叔，也是怀素禅师的远房舅舅。钱起叫怀素外甥，表示亲切；怀素叫钱起从父，表示庄重。这种现象在中国古代社会，比比皆是。

可是，有学者却考证出，怀素的母亲并不姓钱。他的依据是，陆羽在《唐僧怀素传》中讲述的一段史实。说怀素曾经拜邬肜为书法老师，邬肜的母亲姓刘，怀素的母亲与邬肜的母亲是同族姐妹，所以，邬肜与怀素是姨表兄弟。

这样一来，就否定了钱起是怀素舅舅的可能，他只能是怀素的从父。那么，钱起在诗中称怀素"吾家宝"就合情合理了。可是，钱起就在这首诗的标题上出现"外甥怀素"又如何解释呢？有学者认为，当诗题与诗句的内容不一致的时候，一般应该相信诗句，因为诗题可能是由后人改动，但诗句一般很难改，况且钱起的诗集《钱考功集》的确是后人编辑的。因此，人们确信此诗的题目有误。

那么，为什么会产生这样的错误呢？有学者分析，很有可能是《钱考功集》的编辑与《宣和书谱》的编辑犯了同样的错误，将怀素律师与怀素禅师当成一个人，因此认定怀素禅师姓范。在钱起的诗集中，有钱起送给他外甥的诗，而这位外甥的确姓范。于是，这位编辑就想当然地将钱起给怀素的诗的标题上，加了"外甥"两个字，于是，这首诗的标题就与诗的内容产生了矛盾。如今，绝大部分学者都接受这个观点，怀素姓钱不姓范，不是玄奘的弟子而是书法艺术大师，这位怀素的确是《苦笋帖》的作者。

可是，《苦笋帖》作者的问题还是没有彻底解决。还有什么问题呢？这就是怀素身上的第三个谜团，怀素究竟是哪儿人。关于怀素的家乡，有人说是京兆人，有人说是零陵人，也有人说是长沙人，可是他的从父钱起又是浙江湖州人。人的家乡只能有一个，如果一个人出现两个以上的家乡，那这个人的身份就再度可疑起来。这使得《苦笋帖》的作者又变得扑朔迷离了。那么，怀素的家乡究竟在哪儿呢？

细分析起来，这些矛盾很好解释。比如，说怀素是京兆人，是因为将怀素禅师误认为是怀素律师，怀素律师的确是京兆人。说怀素是湖南长沙人与说怀素是湖南零陵人并不矛盾。为什么呢？因为，零陵在秦朝时是长沙郡，汉代时是长沙国。因此，长沙和零陵其实是一个地方。

可是，还有一个疑点没有排除。什么疑点呢？就是怀素的从父钱起，他是浙江湖州人，既然是从父，那么，怀素和钱起就同属一个家族。可是，怀素出生于长沙，钱起家在湖州，长沙距离湖州大约2000多里，这又如何解释呢？面对这个矛盾，人们不禁对怀素的家乡到底在哪儿，他究竟姓什么，以及这个人的真实性再次产生了怀疑。《苦笋帖》的作者究竟是谁又不一定了。

其实，这个矛盾很容易解释，怀素的祖籍是吴兴，他的出生地是零陵。怀素家大概从曾祖父时起，从吴兴迁居到湖南零陵，于是怀素便成了长沙人或零陵人。正是如此，钱起写给怀素的诗，题目是《送怀素上人归乡侍奉》，表明怀素曾经回老家吴兴祭祖。

关于怀素身上的种种谜团终于尘埃落定，怀素俗姓钱，祖籍浙江湖州，出生于湖南长沙，是唐朝的禅师，著名的书法艺术大师，《苦笋帖》的确是怀素的真迹。可是，怀素的《苦笋帖》，不过是一条随手写的短信，却被历代收藏家视为珍宝，收藏流转了一千多年，最后，上海博物馆将其按照国宝的规格收藏。那么，人们不禁产生疑问：《苦笋帖》为什么令人如此喜爱呢？原因很简单，怀素的《苦笋帖》的确是一幅难得的草书上乘作品。

所谓"草书"本来是人们为了书写便捷而创造的一种字体，笔画连绵、结构简练。可是，经过书法家之手，却演化为一种艺术。草书之美在于通过简单的线条表达艺术家的精神世界和情感状态。唐朝中期，人们在草书的基础上创造出狂草。狂草的特点是，不计笔画工拙，畅达豪放，大起大落，放任不羁，让人真切地感受到艺术家独立的人格。总之，无论是草书还是狂草，其艺术风格与大唐盛世的浪漫情怀非常吻合。

当然，书法艺术的狂草不是涂鸦，要从规规矩矩的正楷练起，需要相当艰苦的训练过程。怀素小的时候家里很穷，所以少年时期就出家当了和尚，诵经坐禅之余，他对书法产生了兴趣，一有空闲就临摹名人的书法墨迹。可是，怀素穷得买不起纸，无奈之下，想出了在芭蕉叶上练字的办法，于是怀素种了上万株芭蕉，用芭蕉叶代替习字用的纸；芭蕉叶不够用的时候，他就在木板上练字，久而久之，木板都被他写烂了。

可是经过一段苦练之后，怀素觉得"学无师授，如不由户出"，意思是，学习书法没有老师，如同进出房屋没有门。于是，就拜自己的姨表兄邬彤为书法老师。邬彤是中唐时期著名的书法家。更为重要的是，邬彤的老师是唐代著名书法艺术大师张旭。

张旭平生嗜酒如命，性情放荡不羁，往往酒醉之后，一边呼叫，一边狂走，乘兴挥毫，兴尽而止。张旭的狂草，左驰右鹜，千变万化。比如，他的《肚痛帖》《古诗四帖》，都是草书艺术的上乘作品。张旭自我评价道："吾书不大不小，得其中道，若飞鸟出林，惊蛇入草。"所谓"大"、"小"，指"大草"和"小草"。也就是"狂草"和"草书"。

张旭自己认为，他的笔法既非小草，也不是大草，而取中间状态。就像鸟从树林间飞出，好比惊蛇钻入草丛。观察自然界的飞禽走兽，都可以感悟到书法艺术的妙处，的确是艺术大师啊！有人可能会以为，怀素的狂草一定受张旭的影响。其实，怀素拜邬彤为师的时候，张旭已经不在人世了。怀素只能通过邬彤，间接地了解张旭对草书艺术的见解。

比如，有一天，怀素与邬彤谈论书法艺术，一直聊到深夜。说到兴奋时，邬彤提到了自己的恩师张旭，并且介绍了张旭的草书。邬彤对怀素神秘地说："我师父曾经悄悄地对我传授狂草秘诀：'孤蓬自振，惊沙坐飞。'"意思是，草书的最高境界，笔法墨迹就像一棵蓬草独自飞，静默沙滩会扬尘。听完这番话之后，怀素无言以对，只是连续在嘴里念叨几十遍："有收获！有收获！有收获！"

怀素跟着邬彤学习书法一年多之后，向邬彤告别。邬彤对怀素说："这一别相隔万里，没有什么礼物赠给你。我收藏了一个宝物，今天忍痛割爱，送给你吧！"于是邬彤将祖传的王羲之的三幅法帖中的一幅送给怀素，让他好好临摹。当怀素准备上路的时候，邬彤对怀素说："草书竖牵，似古钗脚，勉旃！"意思是，草书的竖笔，就像古代女子头上的金钗之脚，古朴刚健，遒劲有力。好好努力吧！

多年的勤学苦练和名师的指点，使怀素练就了一手好书法，他最擅长的就是狂草。怀素的狂草笔法瘦劲，飞动自然，如骤雨旋风，千变万化。而《苦笋帖》是怀素狂草作品的代表作。后人评价此帖道："墨气精彩，草书十四字，超妙入神。"意思是，此帖有气势，仅十四个字，非常精妙，出神入化。

怀素之所以能够取得如此高的艺术成就，与另一位大书法家密不可分。这个人是谁呢？就是唐代大书法家颜真卿。人们会感到奇怪，狂放不羁的怀素，如何赢得正气凛然的颜真卿的欣赏呢？人们都知道，颜真卿是大唐忠臣和儒家楷模，怎么会喜欢怀素这样的酒肉和尚呢？颜真卿的字体法度严谨，是楷书的典范，又如何影响怀素放浪不羁的狂草的呢？这还得从怀素与颜真卿的不期而遇说起。

离开邬彤之后，又过了若干年，一个偶然的机会，怀素在洛阳遇到了颜真卿。由于颜真卿与邬彤都是张旭的学生，所以，颜真卿答应与怀素相见。一见面，颜真卿就问怀素："学习草书，需要在老师传授之外，自己体会，才能有所收获。比如，张旭老师在学习书法的时候，观察孤蓬和惊沙，欣赏公孙大娘剑舞，因此，他的笔法才有了自己独特的风格。不知道你的老师邬肜有没有这样的体会？"怀素回答说："草书之竖像古代女子的金钗之脚。"颜真卿听完之后笑而不语。

此后几个月，只字不提练习书法的事。怀素只好向颜

颜体楷书

真卿告别，颜真卿见怀素要走就对怀素说："学古钗脚，何如屋漏痕！"意思是，练习草书的笔画像金钗之脚，不如像房屋漏雨时墙壁上的痕迹！怀素听了这话之后，一下抱住颜真卿的脚，又唱又感叹，激动兴奋了好一阵子才撒手。

颜真卿等怀素感叹完之后，又问道："那么禅师你自己有什么心得体会呢？"怀素回答说："夏天观察奇峰间白云缭绕，经常以此景为师。云因风而变化万端，没有固定样式；有时还会观察墙壁上的裂缝，都是一些自然而然的景象。"

颜真卿听完这话之后感叹道："草书之圣，神奇奥妙，每个时代都有杰出的人才，可是我从来没听说过如此精妙的方法！"这显然是对怀素的极高赞美。天资聪颖的怀素，在练习草书时的心得感悟，深得颜真卿的首肯。这一年，颜真卿64岁，怀素36岁，二人从此惺惺相惜，成了忘年之交。

后来，怀素编了一本《怀素上人草书歌行》，请颜真卿作序。颜真卿欣然命笔，写下了《怀素上人草书歌序》，先表达了对怀素的欣赏，

然后简要描述了草书发展的历史，着重表达了对恩师张旭的肯定和赞叹，最后，对怀素加以勉励。字里行间，颜真卿的谦逊儒雅的风范与奖掖后进的用心，跃然纸上。

怀素与颜真卿洛阳一别，再也没有见过面。兴元元年，淮西节度使李希烈举兵造反，宰相卢杞忌惮颜真卿的刚正不阿，就想借李希烈的手除掉颜真卿，于是就派已经78岁高龄的颜真卿代表朝廷到淮西与叛将李希烈谈判。李希烈仰慕颜真卿的声望和人格，千方百计，威逼利诱，企图让颜真卿投降，结果被颜真卿严词拒绝了。恼羞成怒的李希烈，将颜真卿杀害了。颜真卿遇害的消息传来，三军将士，为之痛哭。

怀素自然伤心不已。为了表达自己对恩师的怀念之情，他写下了《秋风帖》。他在此帖的最后写道："我有数行泪，不落十余年。今日为君尽，并洒秋风前。"这几句一千多年前的诗句，今天读着依然令人感动。回想恩师教自己书法，为自己的诗集欣然作序，并且忠肝义胆，慷慨赴死，怀素怎么能不涕泪纵横！

在众位大家的指导和影响下，怀素的书法艺术自然炉火纯青，登峰造极。而《苦笋帖》是我们今天能够看到的怀素狂草作品的代表作之一，那走舞龙蛇般的线条给人以极大的审美享受。一千多年前怀素随意写下的一封短信，流传至今，成为珍贵的书法名帖，实属不易。为什么这么说呢？

因为，怀素传世的作品并不多，显得《苦笋帖》意义更加重大。人们不禁要问：怀素一生以书法为生活，他几乎每天都在写，而且到处写，为什么传世作品却不多呢？这就得说说中唐时期，书法艺术风格以及审美风气的重大转变了。

盛唐时期，书法艺术的审美焦点发生了巨大的变化。这种变化，从张旭开始，到怀素达到顶峰。比如，杜甫在《饮中八仙歌》诗中这样描述张旭的书法创作过程："自称臣是酒中仙，张旭三杯草圣传，脱帽露顶王公前，挥毫落纸如云烟。"杜甫这首论书法的诗，展现出人们对书法艺术欣赏的两大变化：一是将书法家作为欣赏对象；二是把书法创作的过程作为欣赏焦点。人们似乎不太在意书法作品，更在意书法艺术的创作过程。

再比如，诗人任华在《怀素上人草书歌》中的描述："狂僧前日动京华，朝骑王公大人马，暮宿王公大人家，谁不造素屏，谁不涂粉壁……十杯五杯不解意，百杯已后始颠狂。一颠一狂多意气，大叫一声起攘臂。挥毫倏忽千万字，有时一字两字长丈二。"意思是，怀素到了京城引起轰动效应，受到王公贵族们的欢迎和款待，家家准备好墙壁，让怀素在上面题写。怀素喝醉之后，大叫一声，挥毫于墙壁之上，字体变化万千。可是，书法作品写在墙壁上，很难长久保留。这就使得怀素的作品传世比较少，因此，《苦笋帖》就格外得珍贵。

可是，面对《苦笋帖》这样的稀世珍宝，人们不禁要问：怀素为什么要给友人写下这样一条短信呢？怀素在短信中说："苦笋及茗异常佳，乃可径来。"所谓"苦笋"，是生长于崇山峻岭中的野竹笋，有消渴明目、解酒除热的功效。喜欢喝酒的人，自然喜欢吃苦笋。

所谓"茗"也就是茶，茶与苦笋一样，也可以解酒清热。好酒的人都好茶。所以，当朋友捎信说要给怀素送苦笋和茶的时候，怀素毫不客气，连抬头都不写，立刻让对方直接送过来吧。可见，怀素有多喜欢苦笋和茶。

那么，要给怀素送苦笋和茶的朋友是谁呢？或者说，这封《苦笋帖》究竟是写给谁的呢？因为《苦笋帖》没有抬头，所以没办法知道。不过，我觉得这个人很有可能是《唐僧怀素传》的作者陆羽。为什么呢？因为

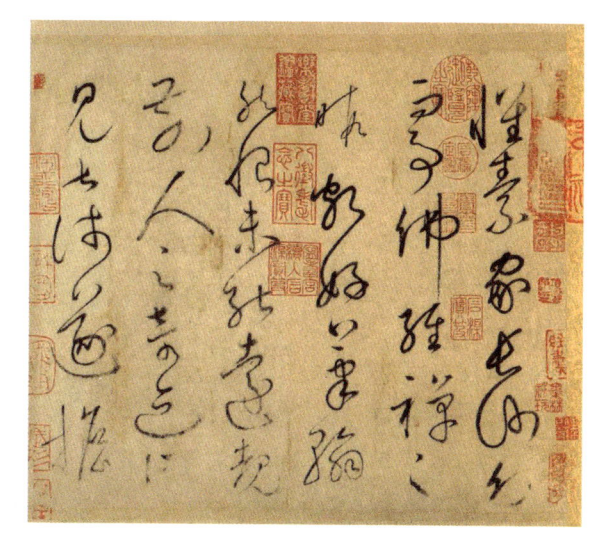

怀素狂草：《自叙帖》局部

乾隆题字"醉僧逸翰"

陆羽非常喜欢茶，而且对茶有专门的研究，曾经写了一本名叫《茶经》的书。一个是懂茶品茶的专家，一个是嗜酒好茶的和尚，两个人自然气味相投，关系亲密。这一点从《苦笋帖》中没有抬头的随意性和"乃可径来"的语气，完全可以感受得到。否则，陆羽也不会给怀素写传。因此，《苦笋帖》完全可以理解为怀素和尚与茶专家陆羽之间友谊的象征。

《苦笋帖》在问世之后，最初由北宋的米芾收藏，后来转给了聂子述，到了明代被项元汴收藏，清代又成了李佐贤的藏品。最后，进入清宫内府由乾隆皇帝收藏。乾隆皇帝非常欣赏怀素的这幅《苦笋帖》，常常独自欣赏并临摹。乾隆皇帝还在帖前写下"醉僧逸翰"四个大字。现在，此帖收藏于上海博物馆，成为该馆的镇馆之宝。

第18讲

"马踏飞燕"之谜

1973年的某一天，在英国伦敦大英博物馆的门口，为了观看中国对外大型历史文物展览，人们排起了长龙一样的队伍。英国观众看完展览之后，对参加展出的"马踏飞燕"赞不绝口，盛赞它为"绝世珍宝"。所谓"马踏飞燕"，是东汉时期用青铜铸造的一匹奔驰的骏马，此马高34.5厘米，长45厘米，宽13厘米，重7.3公斤。此马身躯健壮，四肢修长，马蹄轻捷，三足腾空，一只后蹄将全身的重量踏在一只飞燕身上，让人不得不赞叹其动作之轻盈，奔跑之疾速，设计之巧妙，制作之精湛。马的鬃毛和尾巴迎风飘扬，的确有天马的飘逸和风采。我国的大型文物展在美国展出时，国外报刊同样争相报道，称赞"马踏飞燕""简直是艺术品中的最高峰"。从此，"马踏飞燕"名扬世界，后来还成为旅游业的标志，从此形象在全国各地到处可见，受到国人的普遍喜爱。可是，这匹珍贵的"马踏飞燕"却差一点儿被当作废铜烂铁卖掉，究竟是怎么回事呢？这还得从它的出土说起。

　　1969年9月20日，甘肃省武威县新鲜公社新鲜大队第13小队的村民，按照上级统一的部署在本村开挖地道。地道要从一个叫"雷台"的土台下面经过。这里之所以叫"雷台"，是因为这个土台上有一座道观，名叫雷台观，道观的后殿供奉着雷神。这座雷台位于武威县城以北的两公里处，是一座长方形的土台，有明显的人工夯筑的痕迹，可是当地的村民并没有把它当回事。这并不奇怪，因为，武威是古丝绸之路上的重镇，历史悠久，文化积淀非常深厚，几乎每一片土地上都可能有历史留下的烙印。像雷台这样的人工夯筑的痕迹，自然不会引起当地村民太多的注意。

　　当天下午，挖地道的工程按部就班地进行，当地道挖到十多米的时候，突然两个村民发现地道的侧壁露出一堵用青砖砌成的墙壁。有人拿镐头轻轻一敲，发现里面竟然是空的。这个时候，队长举起镐头在墙壁上砸出一个洞，里面黑乎乎的，一股刺鼻的怪味儿扑面而来。借着手电筒的光亮，人们发现这是一座砖结构的古墓，墓道很深，也很宽大，手电光照不到头，里面阴森森直往外冒凉气，在场的村民们感到有些胆怯。队长带着几个胆儿大的村民壮着胆子，打着手电筒，战战兢兢地走进墓道。在手电筒微弱的光亮之下，村民们看见古墓中整齐排列着大量的铜人、铜车、铜马，显然这是一组珍贵的"铜车马仪仗俑队"，可是没文化的村民并不认识。只见这些铜器在手电光的照射下隐隐发光，村民们兴奋异常，误以为这组铜车马仪仗俑队是金子做的。于是，村民们各自随手抄了几件。队长毕竟头脑清楚，怕事情闹大，带领村民离开了古墓，然后又将古墓的洞口封住了。

出了古墓之后，队长将村民们召集在大队部开会，让他们把墓室里的文物都拿出来，然后装进三个大袋子里，放在村委会的库房，还做了登记。第二天，第13小队的干部在一起开会，商量如何处理这些文物。大部分人都主张，把这些文物送到废品收购站卖掉，也许能够买几匹能用的真牲口。事情决定下来之后，队长叮嘱大家封锁消息，千万不能外传。

可是，世上没有不透风的墙！第二天，雷台下挖出"金人、金马"的消息就在村子里传开了。几个参与盗墓的村民着急了，怕其他小队的村民进古墓里拿宝贝，当天傍晚又将洞口重新打开，将古墓里所有他们认为值钱的东西，全部装进麻袋，然后悄悄地转移到大队的库房里藏了起来。

为了掩人耳目，在大队长的带领之下，第13小队的几个村民又来到雷台脚下，在离墓洞大约20米的地方，另外再挖一条地道，意思是告诉其他村民，地道里并没有传说中的古墓。可是，让他们没有料到的是，这次挖的地道与古墓的甬道形成了直角，在地道尽头再次遇到砖墙。打开砖墙，村民们从另一个方向再次进入同一座墓室。两次都挖到了古墓，这一下发现古墓与宝物的消息再也瞒不住了。

消息很快传到了公社一级领导处，公社领导立即命令封存古墓的洞口，并派民兵监控现场，防止有人继续盗掘古墓。同时上报县一级领导，县有关领导立刻下令，马上追缴失散的文物。开始村民们拒不承认挖到文物的事，县里有关领导只好亲自到墓室查看，只见墓室中一片狼藉，一眼就看出有大量文物被转移了。面对事实，再加上反复讲解这些文物的重要性，村民们这才交出各自私藏的文物，藏匿在大队库房里的文物也被交了出来。幸好上级领导及时得到消息，否则这批珍贵的文物就会被当作废铜烂铁，卖给废品收购站了。可是，这些珍贵的文物在没文化的村民们手上，破损得非常严重。

几个月之后，甘肃省文物考古研究所的专家前往武威清理墓葬。当他们走进这座漆黑的古墓时，只见满地是铜钱，还有一些陶器；两口腐烂的棺材被掀翻，两具尸骨扔在棺床上，显然，这是一座夫妻合葬墓。可是，没文化的村民们在墓葬中随意搬动陪葬品，将古墓的原始状态破坏，许多历史信息永远也无法知晓了。

不过，考古专家们在清理墓葬时，还发现了两个早期的盗洞，表明这座古墓在此次发现之前，已经被盗过两次，估计当时的盗墓贼只盗走了容易出手的金银珠宝，至于青铜车马，他们不感兴趣，因此，这组"铜车马仪仗俑队"才得以完好保留。由于这座墓葬发现于雷台附近，因此专家们称这座古墓为"雷台墓"。根据墓葬的形制、出土的文物与铭文，专家们判断，雷台墓的年代大致是东汉年间，距今已经有两千多年的历史。

这座古墓虽然多次被盗，但是仍然出土了包括铜车马仪仗俑队在内的230多件珍贵文物。可是，使用大规模"铜车马仪仗俑队"进行陪葬的现象，在汉代墓葬中极为罕见。显然，这位墓主人生前的地位非常显赫，那么这位墓主人究竟是谁呢？大家带着强烈的好奇心，继续仔细发掘，在墓主人夫妇合葬的地方，发现了四枚银制的将军印。一个人拥有四枚将军印，说明这位墓主人生前曾四次被册封为将军，显然墓主人曾经战功赫赫。可是，这位战功赫赫的墓主人究竟是谁呢？由于找不到墓志铭，所以一时还难以确认。

经过进一步的认真清理之后，专家们发现，在12件铜人俑的背后，铸有"张氏婢"或"张氏奴"的字样，由此可以断定这位墓主人姓张。专家还在一匹铜马的胸前发现铭文，据铭文记载，墓主人曾经担任过武威郡守。可是，根据东汉礼制，郡守死后铺地钱不能超过2万枚，可是，这座墓葬出土的铺地钱多达28000余枚，而且是被盗之后的剩余。这说明墓主人去世的时候，身份比郡守高。另外，出土的铜马上清楚地刻有"张君夫人"的铭文，按照规矩，诸侯的妻子才能称"夫人"。显然，这位姓张的墓主人最后被封了侯。那么，这位姓张的侯爵究竟是谁呢？

有位学者考证出，东汉时期在凉州担任郡守并且有侯爵身份的人只有一个，这个人的名字叫张江。凉州自古为军事要塞，羌人攻打凉州，必须经过张掖峡口，张江戍守此地，奋勇作战，保疆有功，因此被朝廷封为"破羌将军"，这与墓穴中的银印"破羌将军"完全吻合。可是，这位将军怎么会拥有如此精美的铜车马仪仗俑队呢？这组铜车马仪仗俑队，又是谁制作的呢？

雷台墓铜人俑

据这位学者考证，东汉时期，张掖盛产铜，凉州的冶金技术也达到相当高的水平。公元66年，张江担任武威郡守并且被封侯爵之后，为了报答汉明帝的知遇之恩，铸造了这组铜车马仪仗俑队。当这组铜车马仪仗俑队被送到京城洛阳时，汉明帝十分喜爱，将它们放置在平乐观，并且称之为"凉州贡马"。不幸的是，这组铜车马仪仗俑队，后来被董卓所毁。幸好张江当时铸造了两套，以备精选。一套送进京城，一套自己留用，最后被后人放进了自己的墓穴中陪葬。

可是，有学者却坚决反对，认为墓主人不可能是张江。他的理由是，雷台墓完全是东汉末年的风格，而张江是东汉初期的人物。不过，我认为，仅凭墓葬风格否认墓主人是张江，证据不充分，因为墓葬风格有很大的随意性，而且时间的上限也很难确定。因此，雷台墓的主人是张江的可能性还是比较大的。虽然墓主人是张江，却并不等于这组铜车马仪仗俑队是张

铜车马仪仗俑队

江制作,他充其量是个出资人。

可是,这组铜车马仪仗俑队被送到甘肃省博物馆之后,就再也没有引起人们的注意。幸亏遇到一位"伯乐",这组铜车马仪仗俑队才引起人们的广泛关注。那么,这位伯乐是谁呢?他就是时任中国科学院院长的郭沫若。远在北京的郭沫若怎么会有机会关注甘肃的铜车马仪仗俑队呢?这也算是机缘巧合吧。

在铜车马仪仗俑队出土整整两年后的一天,郭沫若陪同某国的政府代表团,在西北地区进行访问。当代表团抵达兰州时,虽然日程安排得非常紧张,但对文物有着浓厚兴趣的郭沫若,利用外宾休息的时间,去参观甘肃省博物馆。当看到铜车马仪仗俑队时,郭沫若立刻被其中的一匹铜奔马吸引住了。他连声赞美说:"太好了,太美了,真有气魄!我们的祖先在将近2000年前就制造出如此生动绝妙的铜马,无论从艺术构思的巧妙、工艺技术水平的高超，还是结构力学角度，都达到了前所未有的水平，这是我们民族的骄傲。"看到铜奔马后蹄踏着一只疾飞的燕子，郭沫若就给这匹铜奔马取了个名字："马踏飞燕"。从此，"马踏飞燕"这一称呼，就被叫开了。

郭沫若返回北京之后，心情仍然非常激动，他放不下这匹"马踏飞燕"了。郭老找到当时文物局的负责人谈起了"马踏飞燕"的事。两个人最后商定，将武威雷台汉墓出土、甘肃省博物馆收藏的"马踏飞燕"和这组铜车马仪仗俑队，都调到北京来，参加当时正在故宫举办的文物展。

但是，"马踏飞燕"出土时已是残缺不全：马头及尾巴的几绺鬃毛都不见了，马的颈部有几个1厘米大小的洞，三个马蹄也是空心的。后来，故宫博物院的著名青铜器修复专家对"马踏飞燕"进行了精心的修补。修补完之后，用传统的方法作旧，做到修复如旧，根本看不出痕迹。

修复后的"马踏飞燕"不仅将马的奔驰与燕的飞翔的动态表现得淋漓尽致，更巧妙地烘托出马蹄之轻快，而且马鬃马尾飘扬，增添了马踏飞燕凌空飞驰的灵动感。这件精巧的艺术品在全国乃至世界各地展出时，受到

马踏飞燕

马踏飞燕正面

人们广泛的赞誉。

因为，这匹"马踏飞燕"的确体现了汉代雕塑艺术家高超的智慧、丰富的想象、浪漫的情怀和精湛的工艺，是我国古代雕塑艺术的稀世之宝。马踏飞燕的每一部分都异常完美和匀称，姿态的动感极强，同时又保持着精确的平衡，是动与静完美的结合。比如，整个作品的重心经过极其周密的计算，稳稳地落在踏鸟的一只马蹄上，将马的奔腾之势与稳定的力学结构凝为一体，着重表现了它所具有的蓬勃生命力和一往无前的气势，具有震撼人心的艺术效果。即使在科技如此发达的今天，当我们看到这件作品时，还是情不自禁地惊叹制作者卓越的想象力、新颖的构思和铸造工艺的精湛。

面对这件稀世珍宝人们不禁要问：为什么在东汉时期，人们会制作出如此传神的战马雕像呢？这就得从当时的社会风气和时代精神说起了。西汉建立之初，由于国力衰弱，经济困难，对内实行清静无为之治，中央集权减政放权；对外面对强大的匈奴，只能采取和亲的方式赢得边境和平。经过将近一个世纪的休养生息，出现了文景之治的繁荣，国力强大了。因此，在汉武帝的鼎盛时期，开始改变国策，从无为变有为；对北部的匈奴从和亲转为武力反击。

为了永久性地解决西北部的边患问题，在使用武力反击匈奴之前，汉武帝决心要拆散匈奴的联盟，建立反击匈奴的统一战线。于是，派张骞出使西域。经过十几年的艰苦努力，终于拆散了匈奴的联盟，汉朝与西域诸国建立了友好关系，而且打通了去西域的交通和商路。更为重要的是，汉武帝采取了与以往历代帝王相比完全不同的战略方针。

自春秋时期开始，中原华夏应对北部游牧民族的袭扰，基本上是以防守为主，先是秦国、赵国和燕国，分别修筑了自己的长城。秦一统天下之后，将三国的长城连接起来，修筑了万里长城。汉朝初年，更是延续了以防守为主的政策，甚至用和亲的方式交换和平。当汉武帝决心彻底解决边患问题的时候，则一反传统，主动出击，要与敌人在他们的国土上决战，将战争引向敌国，歼灭敌国主力于敌国之境，方能一劳永逸地解决边患问题。要完成这样的战略思想，必须有一支强大的机动部队，在当时的历史条件下就是骑兵！

汉武帝为了建立自己的骑兵部队，不惜血本。可是，中原的马匹大都用于拉车、耕地，根本不适应机动作战。所以，必须选用良种马。那么，什么样的马最适合骑兵作战呢？当然是西域草原、戈壁上游牧民族地区生产的马匹。其中最著名的就是天马。我们眼前的这匹马踏飞燕的原型，就是天马。有人也许会反驳说：你又没见过天马，凭什么说马踏飞燕的原型就是天马呢？

天马也叫神马，据《史记》卷一百二十三的记载，"神马当从西北来"。这个西北指的就是西域，当时叫大宛国，就是今天的新疆伊犁和西北亚的巴尔喀什湖一带。据说，天马能够日行千里、夜行八百而不疲倦。它出的汗是血红色的，所以被称为"汗血宝马"。

这种宝马令汉武帝神往不已。汉武帝喜爱天马，并非只为了观赏，主要是出于军事考虑。马是古代重要的交通工具，又是军队作战中最具机动性的装备。谁拥有了良马，谁就拥有了作战主动权。西汉王朝经常和马上民族匈奴作战，每年都要消耗大量的马匹。

比如，卫青、霍去病北伐匈奴，一次动用了14万匹军马，战争结束时只剩下3万匹。之所以有如此大的战马损耗，除了作战激烈之外，一个重要因素，就是中原产的马匹素质太差。更为重要的是，当时的人们还不懂为战马钉掌，在战争的环境下，马蹄的磨损非常快，马蹄一旦磨损，战马也就该退役了。显然，中原汉朝不但马的品种不良，而且养马、驯马、制马的技术也很差。这如何才能拥有强大战斗力的骑兵部队呢？所以，必须首先解决马的品种问题。因此，引进天马就成了当务之急。

天马或者汗血宝马，其实是一种山马，它们的蹄脚坚硬耐磨，服役时间要比中原马长很多。而且，汗血宝马比匈奴人骑的马更为高大，能走"对侧快步"，也就是马的左腿或右腿同时迈步，就像人同手同脚一样，如果仔细观察这匹马踏飞燕你就会发现，马同一侧的两条腿同时向一个方向腾起，正是"对侧快步"！这种步伐更适合装备全副披挂的重甲骑兵。

因此，为了得到这种汗血宝马，汉武帝不惜代价。他听说西域大宛国有这种良马。于是，派百余人的使团，带着一匹用黄金打造的马模型，前往大宛国，希望用这匹金马换回大宛国的天马。可是，大宛国王爱马心切，不肯用大宛马换汉朝的金马。不换也就罢了，在汉朝使团归国途中，金马在大宛国境内被劫，汉朝使者被杀。汉武帝得到消息之后大怒，立刻命令李广利将军带兵征讨大宛国。李广利带着汉朝大军将大宛国都城整整围困了四十多天。最后，大宛国王只好求和，把所有的马匹拿出来让李广利挑选。李广利挑选了三千多匹天马胜利而归。这就是汉朝历史上著名的"天马战役"。得到这三千匹天马，汉武帝高兴地作了一首《西极天马之歌》，盛赞这次战争的胜利。有了这三千匹良马之后，汉朝的骑兵实力大增。后来，汉朝彻底地打败了匈奴人，从此汗血宝马的故事广为流传，天马的形象也逐渐深入人心。

这一点可以从马俑的形象变化上得到证明。比如，战国时期的秦国始终怀着统一六国的志向，秦国是最早使用骑兵的诸侯国。东进作战需要大量马匹，秦人将养马视为立国之本。可是，秦国的战马主要是河曲马，颈部和腿部，粗短有力。秦始皇兵马俑中的马俑，就是以这种马为原型的。汉武帝征大宛国得到西域天马后，马的形象发生了很大的变化：颈部颀长，腿细蹄大，与河曲马相比，灵活性和速度都增强了。总之，战马由力量型向速度型转化,这匹"马踏飞燕"是最好的体现。由此可以肯定,马踏飞燕的确是以汉代的"天马"或者"汗血宝马"为原型铸造的。

可是,有人认为此雕像叫"马踏飞燕"不准确,因为,从马蹄与燕子的比例分析,没有哪只燕子会比马蹄大那么多。再加上马蹄下的这只飞禽的造型绝对不是燕子的特征,而更像是猎鹰。所以,建议将"马踏飞燕"改称"马踏飞鹰"。我认为,这种观点很难成立。为什么呢?因为持这种观点的人,一来不了解雕塑语言,二来忽略了此铜马的一个重要特征,就是表现速度。大家都知道鹰最擅长的是天空中翱翔,而不是飞行的速度。所以,如果称这件青铜奔马为"马踏飞鹰",就失去了表现天马速度如飞这一主题。

有人同样根据马蹄下的燕子体型太大,提出马蹄下踏着的不是燕子而是龙雀。所谓"龙雀",最早受秦人的崇拜,也叫"飞廉",是秦人祖先崇拜的图腾,由于飞行速度极快,因此被人们称为"风神"。到了汉朝,人们将"飞廉"改称"龙雀"。而这匹铜马的作者为了表示这匹马跑得飞快,就将一只飞速极快的龙雀置于马的右后蹄之下。所以,这匹铜马应该叫"马超龙雀"。可是,这个观点也很难成立。为什么呢?因为,汉代龙雀的形象是鹿头马身、长着一双翅膀,与青铜奔马蹄子下的飞禽毫无相似之处。

还有学者认为,此铜马应该是"马神天驷"。所谓"天驷",是指天上二十八星宿中的"马祖神"。这位学者认为,秦汉以前的人们都崇拜"天驷",尊"天驷"为"马祖神"。武威雷台汉墓的主人张将军,生前率领骑兵部队保卫边疆,因此供奉马神,死后用青铜马神陪葬,是很自然的事情。可是,这个名字最大的问题是,如何解释马神蹄下的飞禽呢?由于无法解释这个问题,所以这种观点自然就不成立了。

还有学者将铜奔马蹄子下面的飞禽与各种形态的金乌进行比较,最后得出结论,铜奔马蹄子下边的飞禽是金乌,因此应该称这匹铜奔马为"马超金乌"。这个说法虽然有一定的道理,但是却忽略了一个问题,就是金乌的象征意义不是速度而是太阳。中国古人崇拜太阳神,最早的太阳神的形象就是一只金乌驮着太阳飞。可是,这匹铜奔马实在与太阳没关系。不

金乌图样

过,这种观点与"马超龙雀"一样很有启发。

为什么呢?就是对"超"字的使用,我认为这个字比"踏"字更为准确。我们在观赏这部作品时,不要忘了它是雕塑艺术。雕塑艺术有着自身无法超越的局限性,就是它本身是静止的,却要表达动态形象。当用青铜奔马这样静态的形象来表现动态的过程,而且还要将两个动态的形象放在一起,显示一个形象的速度比另一个形象的速度要快的时候,这对雕塑语言来说,是非常困难的。不得已,只好将马置于燕子之上,形成了一种踏的视觉效果。而且静态的雕塑作品必须解决支点问题,比例略显大了一些的燕子,实在是为了给青铜奔马提供一个比较稳定的支点。其实,作者的本意的确不是让马蹄踏飞燕,而是要表现马超飞燕。此处的"超"有两重意思:其一,速度上的超,燕子的飞行速度极快,青铜奔马超过燕子的速度;其二,空间上的超,燕子在高空飞翔,青铜奔马超过燕子的高度。这两种超共同完成了一个艺术意象,就是"天马行空"!因此我认为,青铜奔马的视觉形态是马踏飞燕,而表现的艺术意象则是天马行空。面对如此完美的艺术意象,我对古代艺术家的想象力和创造力,佩服得五体投地!

第19讲

《洛神赋图》之谜

在故宫博物院，收藏着一幅《洛神赋图》。此画纵27.1厘米，横572.8厘米，绢本设色，表现了一个长篇叙事故事。此画是东晋画家顾恺之的代表作，虽然此画的真迹早已消失，现存的《洛神赋图》都是宋代的摹本，但是，这并不影响此画的意义和价值。它是人类绘画艺术史中第一幅纯粹的艺术创作。因为，此画不表现宗教题材，不塑造道德楷模，不宣传政治主张，不记录历史事件，只表现人类精神的永恒主题：爱情。这种绘画艺术作品的出现，是魏晋时期人的觉醒、艺术与审美走向独立的生动表现。这种表现在西方是"文艺复兴"时期的事，比中国人整整晚了一千多年。此画中表现的爱情又发生在人与神之间，阴阳相隔，人神难聚，凄美而摄人心魄！那么，这幅《洛神赋图》究竟如何凄美呢？这还得从《洛神赋图》的创作依据，文学作品《洛神赋》说起。

《洛神赋》是三国时期著名文学家曹植的代表作。曹植，字子建，曹操的第三子，生前曾经被封为鄄城王。这位王爷于黄初三年，到京城洛阳朝见魏文帝，也就是他的哥哥曹丕。曹植在返回封地鄄城的路上，乘船渡洛水的时候，面对清澈平缓的河水和两岸的美景，不禁想起了一个古代神话故事：据说伏羲的女儿宓妃，溺洛水而亡化为女神，人称"洛水之神"，简称"洛神"，同时又想起了春秋时期楚国诗人宋玉在《神女赋》中描写的楚襄王苦苦追求一位神女，却被这位神女拒绝的故事。一时间灵感突发，一气呵成，写下了这篇脍炙人口的《洛神赋》。曹植在《洛神赋》中以第一人称叙述道：

我们一行人离开京都洛阳朝东，回封地鄄城，伊水河两岸的山渐渐消失在身后，越过辕辕关，经过通谷口，登上景山，向西眺望，太阳就要落山了。此时人困马乏，于是就在洛水岸边休息，卸了车，解开马，让马在草地上吃草。我穿过树林来到河边，低头凝望着粼粼的水波，不觉精神恍惚，思绪飘散。当我抬起头时不禁大吃一惊，只见不远处，一位少女站在洛水边。我怀疑自己眼花了，于是对身边的车夫说："你看见那边站着一个人吗？她是谁啊？竟然如此美丽！"车夫回答说："听说洛水之神叫宓妃，君王难道看见她了？可是，我怎么什么也没看见呢？她长什么样，您能描述一下吗？"

曹植对车夫描述道：她一回身如鸿雁惊飞，一挪步似游龙戏水；亮丽如秋日里的菊花，凝重似春风中的青松。身影像云中月，时隐时现；体态似风中雪，飘忽不定；远望如朝霞中，旭日升起；近看似绿波间，莲花绽开。

人们读到这儿一定会觉得可笑：曹植您这是观景，还是看美女啊？其实，曹植是在描述洛神的神韵，然后，他又继续描述她的相貌：她不胖不瘦，不高不矮，削肩细腰，亭亭玉立；皮肤白皙，不施脂粉；长眉细弯，皓齿朱唇。一双美目，热情洋溢；一对酒窝，甜美可爱。

她身着艳丽的罗衣，缀着精美的佩玉，行走时发出悦耳的声响。她头戴金银翡翠和闪亮的明珠，脚穿绣花远足鞋，裙裾下摆轻如薄雾，散发着幽兰的清香。

她毫无目的地徘徊，步履飘然；一会停住脚步，微微倚靠着桂树，借树枝遮着夕阳；一会蹲在河滩上，采摘水边的香草。

我被洛神的美丽深深地吸引，不觉得心旌摇曳，却又非常郁闷。为什么呢？因为，没人替我转达爱意，只能借助洛水之波传递话语。我解下玉佩向洛神发出邀请，她拿出一块美玉回应我，并且指着洛水与我相约。我怀着赤诚之心，可又怕她骗我。我不禁心怀惆怅，犹豫起来，镇定神情，控制住自己。

可是，洛神却低头徘徊，身影若隐若现，忽明忽暗。一会轻盈似仙鹤，欲飞而未翔；一会踏着开满鲜花的小路，漾起一阵芬芳。忽然，洛神发出一声叹息，声音哀婉而悠长。

这长长的叹息，引得众神纷至沓来，有的在水中嬉戏，有的在沙洲飞翔，有的采集明珠，有的拾取羽毛。湘水之神跟在洛神的身后，洛水之神挽着汉水之神的臂膀，几个女神在一起聊天。她们为瓠瓜星没有丈夫而叹息，为牵牛星见不到妻子而哀伤。

几位女神的对话触动了洛神，她久久伫立，用长袖蔽光远眺，任风吹动她的衣襟；突然她转身在水波上行走，溅起的水花儿遮住了她的脚面。她的动作瞬间变得零乱起来，一会急促，一会缓慢；一会向前，一会后退；一会想要离开，一会又回转身来。她的双眸流转明亮，脸色红润放光。她突然转身向我，朱唇微启，欲言又止，气香如兰。

赵孟頫书曹植《洛神赋》

此时风停了，波涛也息了，河伯敲响神鼓，女娲发出号令。众神们簇拥着洛神，乘车上路了。当车经过沙洲，越过山冈时，洛神突然回头，低声对我说："只怨人神不同道，彼此青春年华，无法如愿以偿！"话音未落，掩面而泣，泪水沾湿衣襟。停了片刻，洛神又说："一次不期而遇，转眼竟成永诀，从此身处两地，今生实难再见。不能用柔情表达爱意，只好赠美玉留作永久纪念。我虽栖身于阴冷的洛水深处，却时时怀念君王。"话音未落，洛神不知去向，众神瞬间消失。

我惆怅的心难以言表！于是拼命往山上跑，脚步虽在挪动，心却留在原地。我无法忘怀刚才的情景和洛神的容貌，希望洛神再次出现。我不顾一切地驾着轻舟逆流而上，悠长的河水哪里还有洛神的影子；我真不想就这样回去，思恋之情，耿耿于怀，越来越强；我无法入睡，只好伫立岸边，任秋风将衣襟上的露水凝结成霜。天亮了，我必须动身回鄄城。可是，我手持缰绳，高举马鞭，却怅然徘徊，无法离去。

这唯美的意境，哀伤的结局，摄人心魄，更令人神伤！所以曹植的《洛神赋》一问世，立刻被人传诵，成为流传千古的经典。顾恺之就是根据曹植的《洛神赋》，创作了他的《洛神赋图》。在中外绘画史中，很少有人根据文学作品创作绘画作品。为什么呢？因为这是两种完全不同的艺术表现形式，相互之间的转换非常困难。那么，顾恺之为什么要选择一篇文学作品作为绘画创作的主题呢？这就得说说这位顾恺之了。

顾恺之，字长康，东晋毗陵（即今江苏无锡）人，杰出的人物画家。他出身于官宦之家，从小博览群书，年少时便展露才华，能诗善赋，工于书法，精于绘画，是世界绘画史中第一位留下姓名的艺术家。

顾恺之虽然是一位天才的绘画艺术大师，但是，绘画与文学毕竟是两种完全不同的艺术形式，它们各自有适合自己的主题。也就是说，适合文学表现的主题，未必适合绘画艺术。因为，文学用文字营造艺术意象，绘画用线条和色彩表现视觉形象。用绘画艺术图解文学意象，往往费力不讨好。为什么这样说呢？因为，文学艺术借助读者的想象力，而读者们往往有无限的想象空间，因此，一千个读者的心目中，就会有一千个洛神的形象。

可是，绘画艺术只呈现出画家自己心目中的洛神，画得再美，也限制了观众的想象。即使是顾恺之这样的艺术大师，画得再好，也不可能让所有读过《洛神赋》的人都说好。那么，顾恺之为什么要选择《洛神赋》这样的文学艺术经典作为他绘画作品的题材，干这种费力不讨好的事呢？有人解释说，顾恺之读到曹植的《洛神赋》之后，既被洛神的形象所震撼，也被曹植与洛神之间的爱情所感动。因此，他决心要将曹植在《洛神赋》中营造的意境，用颜色和线条表现出来。

不过，还有一种说法。说顾恺之在读《洛神赋》之前，就听说曹植爱恋他的嫂子，曹丕的妃子甄氏，《洛神赋》实际上是曹植描写甄妃的容貌、神情、姿态和装束。也就是说，《洛神赋》中的洛神，不是伏羲的女儿宓妃，而是曹植所爱慕的女人甄氏。因为身份和地位的限制，两个真心相爱的人，无法如愿以偿，只能抱恨终身。有了这两位真实人物的情感悲剧作为背景，这篇《洛神赋》就显得更加真实，更加有血有肉，也就更能激起艺术家的创作冲动。那么，事实真的如此吗？这就得说说这位甄氏了。

史料中没有留下甄氏的名字，只知道她是中山无极（即今河北省无极县）人，父亲甄逸曾经担任过上蔡县令，算得上是无极县的名门望族。不然也不会嫁给袁绍的儿子袁熙。因为，袁绍家族是东汉时期的官宦世家，号称"四世三公"，意思是四代人中有三位封了公爵。

东汉末年，天下大乱，袁绍趁机举兵，一时间兵精粮足，雄踞一方。可是，建安五年，官渡一战，曹操以4万大军将袁绍的10万大军打得落花流水。袁绍的实力受到极大的削弱，气极之下，一命呜呼！

不久，袁绍的儿子袁尚和袁谭发生内讧，相互厮杀，损失惨重。曹操趁机发兵攻打袁氏的老巢邺城。袁熙此时不在邺城而在幽州，袁熙的妻子甄氏因为要照顾婆婆的生活，所以留在了邺城。邺城被曹操大军攻陷之后，甄氏便成了曹军的战利品。

这个时候，曹植遇见了甄氏，并一见钟情，非要娶她为妻不可。可是曹操不答应曹植的请求，却将甄氏许配给了曹植的哥哥，当时担任五官中郎将的曹丕。曹植心中愤愤不平，却也无可奈何；对甄氏的朝思暮想，折磨得他寝食难安。

后来曹丕当了皇帝，甄氏成了皇妃。由于曹植和甄氏之间的情感纠葛，曹丕一直无法释怀，虽然甄妃生了太子，却不立她为皇后。第二年，曹丕听信妃子郭氏的谗言，下旨将甄妃赐死。曹植听说消息之后，非常悲痛，为了怀念他心爱的女人甄氏，以及他们之间真挚的情感，才写下这千古名篇《洛神赋》。

可是，这个说法显然很难成立。为什么呢？因为有一个明显的疑点无法解释。据史料记载，曹军攻陷邺城的时候，曹植年仅12岁，在这个年龄段，他不太可能跟随父亲南征北战。即使曹植也参加了攻打邺城的战斗，也没有机会与甄氏一见钟情。因为，曹军攻下邺城之后，是曹丕抢在他父亲曹操前头，首先闯入袁家，强行霸占了甄氏。当年曹丕17岁，甄氏21岁。

当然，我只能怀疑12岁的曹植与21岁的甄氏一见钟情的可能性，却无法否认曹植与甄氏之间有可能发生爱慕之情。那么，《洛神赋》是不是曹植用来描述自己与嫂子甄氏之间相爱的情感呢？对此人们众说纷纭，莫衷一是，不过有人却言之凿凿。

这个人名叫李善，是唐朝人，他在《洛神赋》的注释中说：黄初年间的一天，曹植入朝见魏文帝曹丕，曹丕将甄妃使用过的玉枕拿出来给曹植看，曹植一见此玉枕，便低声哭泣。因为，此时甄妃由于郭妃的逸言，已经被曹丕赐死了。可是，曹丕不久就醒悟了，后悔赐死甄妃。因此，让甄妃的儿子太子曹睿设宴款待曹植，并且将甄妃的玉枕留给曹植作纪念。

曹植在回封地的路上，夜里住在船中思念甄氏。忽然，一位女子来到面前，对曹植说：我本来要将自己的心托付给君王，可是这一心愿无法满足了。这个玉枕是我从娘家带出来的嫁妆，先给了五官中郎将，现在交给君王。你可以枕着它入睡，就像我们在一起一样，这岂是常人的情感可比的。可是，郭氏用糠塞住我的嘴，又让我披头散发，这样的容貌，实在羞于再见君王！

说完这番话之后，这个女子就不见了，后来又派人送来珍珠，曹植回赠玉佩。曹植从梦中醒来之后，悲喜交加，无法控制，于是创作了《感甄赋》。后来甄妃的儿子曹睿看到之后，将其改为《洛神赋》。

我认为，这种说法完全是虚构的。为什么呢？我有如下几个理由：

理由一，曹植做梦，几百年之后的李善是怎么知道的？

理由二，《洛神赋》描写的是艺术想象不是梦境。这一点，我们通过刚才详细解读《洛神赋》就已经证明。为了强调这不是梦，曹植特别描写了自己在洛水岸边伫立一夜，浑身都结满了霜。

理由三，有悖情理。曹氏兄弟之间，为了共同喜爱的女人转赠遗物，这种事情本身就非常可疑。如果确有此事，这种家中的隐私，不可能透露给外人，几百年之后的李善又是如何知道的呢？而且描绘细致，身临其境，显然更像小说。

可是，有人却认定曹植与甄妃之间确有奸情，并且找到了三条有力的证据：

证据一，曹植被弹劾。《三国志》卷十九记载，黄初二年，一个名叫灌均的人，上疏弹劾曹植："醉酒悖慢，劫胁使者。"意思是，喝醉酒之后，悖逆无理，劫持并威胁朝廷使者。司法部门请求治曹植的罪，曹丕念曹植是同胞兄弟没有治罪，只是将曹植贬为安乡侯。

证据二，甄妃被赐死。甄妃被曹丕的另一位妃子郭氏告密，指控的罪名是有怨言。于是，曹丕大怒，下旨赐死甄妃，并且将死后的甄妃披头散发，嘴中塞糠，草草掩埋，下场很惨。

证据三，曹植被弹劾与甄妃被赐死，这两件事情同时发生在黄初二年，这绝非巧合。

可是，我觉得这种推论纯粹是主观臆断。为什么呢？理由很简单：

首先，曹植之罪在于威胁曹丕的帝位。众所周知，曹操生前更喜欢三子曹植，后来没有立曹植为太子，主要考虑曹丕是嫡长子，担心废长立幼带来后患。可是，曹植仍然是皇帝大位最有力的竞争者。因此，曹丕才会派灌均到曹植的封国监督曹植。可是，曹植却不知小心谨慎，"以信人之心，无忌于左右"，说话不注意场合，因此被人抓住把柄到皇帝面前打小报告。诬告内容究竟是什么，曹植没说，只说"身轻于鸿毛，而谤重于泰山"。显然，罪名非常严重，但是与奸情无关。为什么这样说呢？因为，诬告曹植的人是曹丕派到曹植封国打探情报的监督者，而甄妃此时在邺城。邺城在河南安阳境内，鄄城在山东菏泽境内，两城之间相距将近500里，如何发生奸情？所以，最终曹丕没有治曹植的罪，除了出于同胞兄弟的考虑之外，关键是"吹毛求瑕，千端万绪，然终无可言者"。意思是，诬告的人，最终找不到任何证据。

理由二，甄妃之罪在于失宠。虽然甄妃是曹丕的原配，却比曹丕大四岁，本来就是他人之妻，此时已经年近四十，又是两个孩子的母亲，再加上曹丕身边有了新欢郭妃。此人工于心计，颇有谋略，为曹丕夺得太子之位出谋划策，最终事成。郭妃想取代甄妃的地位，自然会想尽一切办法，调拨离间，欲加之罪，何患无辞。

其实，曹植与甄氏之间究竟有没有爱慕关系，这只有当事人知道，外人只能妄加揣测，毫无意义，而且很无聊。因此，有人根本否认《洛神赋》与曹植和甄氏之间的爱情有关。比如，清代人何焯认为：曹植由于得不到君主的重用，所以在渡洛水的时候，写下《洛神赋》。他是想借宓妃

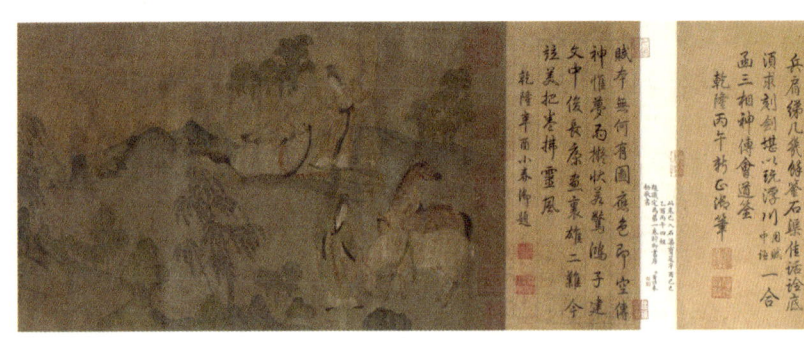

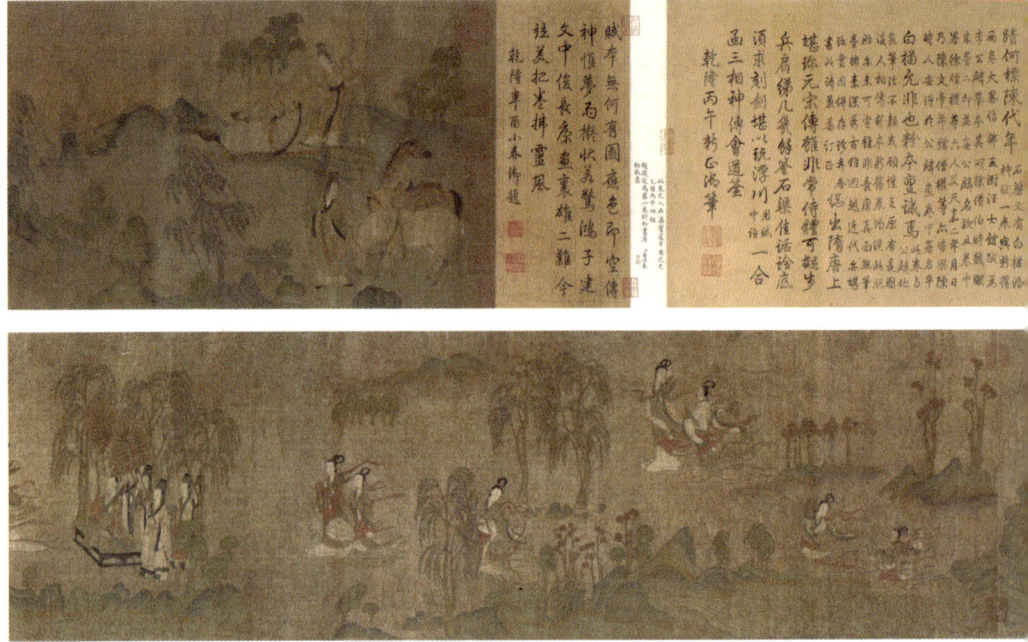

《洛神赋图》

妙入毫顛

第19讲 《洛神赋图》之谜

的形象表达对皇帝的期望,就像屈原通过《离骚》表达自己对楚王的期望一样。这就是所谓的"寄心文帝说"。可是,我认为,这个说法也很难成立。为什么呢?原因很简单:

首先,曹丕并不是曹植理想中的君主,而且,曹植还曾经与曹丕争夺过太子之位,最终失败了。这必然会在曹植心中留下阴影,有这样的心理阴影,曹植怎么可能用洛神的形象比拟君主,用向女神求爱的方式暗喻渴望君主重用自己呢?

其次,曹丕当了皇帝之后,迫害同胞兄弟。比如,曹植进京见曹丕这一年,曹植与兄弟曹彪同时返回各自的封地。由于曹丕多疑,兄弟二人被迫分手。曹植非常难过,写下了《赠白马王彪》一赋。在这篇赋里,曹植表达了对曹丕的强烈不满。通过《赠白马王彪》我们还了解到,曹植的哥哥曹彰死在京都,而曹彰就是被曹丕毒死的。《洛神赋》与《赠白马王彪》同时创作,在如此心情之下,曹植怎么可能将曹丕比作洛神,以向女神求爱的方式,希望得到曹丕的赏识呢?

果真如此的话,那么,曹植岂不成了谄媚之人,他的人格与作品的价值都将大打折扣。所以我认为,《洛神赋》就是一篇纯粹表达人与神之间相爱情感的作品,是一篇为艺术而艺术的传世佳作,不容许人间的阴谋、绯闻和诬蔑亵渎她。

那么,顾恺之又是怎么理解《洛神赋》的呢?这完全可以通过《洛神赋图》得到回答。《洛神赋图》用长卷构图的方式将曹植与洛神的传奇爱情生动地描绘出来。顾恺之不理会民间的各种绯闻和传说,只从《洛神赋》内容本身出发,紧扣神女的美丽和曹植与神女的爱情,将文学艺术形象转化为视觉形象。

比如,此图分三个部分展开。

第一部分,神话环境。这个部分虽然篇幅很短,但是着色浓艳,笔法怪异,显然是为了营造神话色彩,将夕阳西下之后的洛水之滨以及洛神与曹植相逢的环境完美地描绘出来。

第二部分,相爱过程。这是这幅作品的核心内容,通过双鸟惊飞的形象，将洛神与曹植初次相会的惊喜烘托到极致。在画面中，曹植身着华服，头戴梁冠，身体微微前倾，气宇轩昂，在不经意间双手拦住随从，全神贯注于美丽女子，神态惊讶又专注。

第三部分，与神分别。这是此画的点睛之笔，曹植眼中充满依恋与不舍，这种眼神将人神殊途，想爱又无法相聚的悲怆与惆怅，淋漓尽致地表现出来。

通过《洛神赋图》我们可以得出结论，顾恺之的确是从作品本身理解作品，不加任何穿凿附会。当然，那些社会流传的种种说法，也无法用绘画语言加以表达。正是因为绘画艺术自身的特点，无法表现谜团和争议，更不纠缠历史悬案和政治阴谋，所以显得《洛神赋图》的主题纯粹、干净、一目了然。

真正的艺术是超功利的，为艺术而艺术，为心灵自由而创作。曹植的《洛神赋》营造了一个唯美的神话世界，一个凄美的爱情故事，一个纯粹的人神相爱的情节，打动了顾恺之，所以才使他不怕费力不讨好，用他的画笔，将他理解的神话世界、曹植与洛神之间的爱情表现出来。

这是两个艺术家之间，相隔200多年之后的共鸣。一个杰出的文学家的经典作品《洛神赋》，经过另一个杰出的绘画艺术大师的再创作，形成了这幅流芳千古的伟大作品《洛神赋图》。诗与画的完美结合，这在中国绘画史上是首次，在世界绘画史上也不多见，所以《洛神赋图》的艺术价值，难以估量。

而且，顾恺之的绘画技巧也特别值得一提。就是所谓的"高古游丝"，就像春蚕吐丝一样，使得《洛神赋图》中的人物，表情、神态和衣饰，都清晰可辨，形神兼备。比如，洛神手持羽扇，衣带飘飘，神态委婉从容；飘然而至，似来又至，眼神脉脉含情。

顾恺之毕竟是绘画艺术大师，他知道如何发挥绘画艺术的特长，弥补文学艺术的不足。比如，顾恺之笔下的曹植，就与《洛神赋》中的曹植有很大区别。当然，曹植对自己没有一个字的描述，因为是第一人称。可是，顾恺之以他的理解和想象画出了曹植的形象。只见他头戴梁冠，身穿宽衣大袖,在打着华盖的随从的簇拥之下,有一种贵族的气质和诗人的优雅。

原作《洛神赋》很有画面感,这就为顾恺之的再创作提供了坚实的基础。比如,《洛神赋图》将《洛神赋》中用来衬托女神的景物基本都画了出来,其中有云中的明月,天边的彩霞和出淤泥而不染的荷花。

但是,必须指出的是,绘画与文学毕竟是两种不同的艺术创作方式,它们各有所长,各有局限。顾恺之在《洛神赋图》中虽然弥补了《洛神赋》的不足,却也表现出绘画艺术的无能为力。比如,曹植在《洛神赋》中形容洛神:"翩若惊鸿,婉若游龙。"意思是,洛神一回身如鸿雁惊飞,一挪步似游龙戏水。那么,顾恺之又如何表现"翩若惊鸿,婉若游龙"的呢?他实在是无能为力,只好在洛神身边,画一只大雁,再画一条龙。这种办法的确很笨拙。所以我说,用绘画艺术改编文学作品,的确是件费力不讨好的事。

《洛神赋图》尽管有这些不足,但瑕不掩瑜,并不影响这幅作品的意义和价值。可是,令人遗憾的是,顾恺之的《洛神赋图》流传至今,真迹早已散失,保存下来的,共有4卷,都是宋代的摹本。它们分别收藏在故宫博物院、辽宁省博物馆和美国弗利尔美术馆。尽管如此,它们依然是国之瑰宝。

第20讲

素纱禅衣之谜

在湖南省博物馆的展厅里有一件精美的丝织品，名叫"素纱禅衣"。它的面料没有上色，因此称"素纱"，由于纱衣里没加衬，所以叫"禅衣"。这件"素纱禅衣"整体长128厘米，通袖长190厘米，由上衣和下裳两部分构成，典型的汉代款式。此件素纱禅衣的丝缕极细，共用料大约2.6平方米，重量却只有49克，还不到一两重。在领口和袖口还镶着夹层缘边儿。如果除去这些缘边儿，那么，全衣重量仅有20克左右。古人经常用"薄如蝉翼"、"轻若烟雾"形容丝织品的轻薄，后人都以为是文学夸张，但是，看了这件素纱禅衣之后，就会觉得此言不虚。其实，这种比喻并不准确，因为，蝉翼比此纱衣僵硬，烟雾也没有此纱衣通透。可是，这件国宝却差点儿毁在一个盗贼的手里，那么究竟是怎么回事呢？这还得从湖南省博物馆发生的一起盗窃案说起。

1983年10月23日清晨，长沙下了一整夜的大雨终于停了。湖南省博物馆的讲解员一大清早赶来上班，当他打开陈列大厅的时候，却被眼前的场景惊呆了，只见陈列厅里六个展柜的玻璃全部被砸碎了，里面的文物被盗劫一空。讲解员立刻报警，长沙市公安局接警之后，迅速派人赶到现场，湖南省公安厅、省文化厅的有关人员也闻讯赶来，马上展开现场勘查。

经过警方勘查得出结论：盗窃者在10月22日下午6点至10月23日上午8点之间，潜入博物馆的院内，在附近搬来一架竹梯，爬上陈列厅的通风窗户，打破窗户玻璃，进入陈列厅。盗窃者砸碎了六个陈列柜的玻璃，盗走包括"素纱禅衣"在内的31件珍贵文物。从作案手法看，此案不像惯犯所为，因为盗窃者不但胆大妄为，而且技术含量非常低，有的柜子明显被撬过几十次，在作案过程中将厚厚的展柜玻璃都砸碎了，这会发出很大的响声，盗窃者难道不怕被人听见吗？

这个时候一个疑问在警察的脑海中产生，如此笨拙的盗窃手法，这么大的砸碎玻璃的声音，博物馆的值班人员为什么没有任何察觉呢？一种职业的敏感，使得警察立刻将怀疑的目光锁定在博物馆内部的工作人员身上。于是，省博物馆的工作人员全都接受了调查。经过一番排查之后，博物馆内部并没有发现任何可疑的线索。显然，侦破的思路不对，使此案的侦破陷入了僵局。

此案很快惊动了公安部，部长亲自过问，并派出两名侦查员迅速赶往长沙协助调查；国家文物局得知消息之后，局长亲自赶到长沙；湖南省委、长沙市委、省市有关部门立即抽调干部和侦查员，由长沙市市长牵头，成立了专案领导小组，进驻博物馆坐镇指挥，并限期破案。

与此同时，公安部发出紧急通知，对全国各海关、港口、机场、车站等地实行严格控制，防止被盗文物走私出境。人们也许感到不解，不就丢了几件文物吗，至于如此兴师动众吗？因为，丢失的这批文物的确太珍贵了，它们都是长沙马王堆一号汉墓中出土的珍贵文物。说起马王

素纱禅衣

堆一号墓,读者朋友都知道,可是,它的发现过程就鲜为人知了。

1971年底的一天,长沙当地驻军在长沙市东郊马王堆附近的山脚下建造医院,施工中遇到塌方,一位工人用钢钎进行钻探时从钻孔里冒出一股呛人的气体,另一位工人想试一下冒出来的是什么气体,就划着了火柴凑近钻孔,结果一股蓝色的火焰喷了出来,现场围观的人大惊失色,谁也没有遇到过这种事情。部队领导立刻向上级汇报,并且向当地的地质部门咨询,可是谁也说不清楚是什么原因。

直到地下的火焰变得越来越微弱的时候,有人才想起通知湖南省博物馆。考古专家侯良立刻意识到冒火的地方很有可能有古代墓葬。可是,当他赶到现场时,已经是火焰喷出的第三天了,火苗已经很微弱了,侯良试图用氧气袋收集地下冒出的气体,但没有成功,因此人们再也无法知道地下冒火的真正原因了。

经过仔细的探测,考古专家判定,马王堆下埋藏有三座古墓。第二年元旦过后不久,湖南省博物馆组织了考古工作队,正式对神秘的墓葬进行科学挖掘。推土机清理掉封土之后,露出了古墓的大致轮廓。这三座古墓的占地面积,南北长20米,东西长17米,属于大型古代墓葬群。这么大规模的古代墓葬群,在中南地区并不多见。在潮湿多雨的长沙,挖掘工作艰难地进行着。

10天之后,考古队员挖开了其中的一座古墓,并且将其命名为"马王堆一号墓"。一号墓有四层台阶,考古专家们顺着墓坑的台阶向下挖。几天之后,挖到第三层时,一个盗洞出现在人们面前,而且打着手电都看不见底。难道此墓已经被盗?辛辛苦苦地挖掘一个被盗一空的古墓,这是考古人员最不愿意见到的场景。

马王堆博物馆

不过，大家还是继续坚持挖掘，当挖掘到17米深的时候，盗洞消失了，这说明盗贼半途而废，这座古墓并没有被盗。现场的工作人员，不由得松了一口气。

就在考古队员向下仅仅又挖掘了40厘米的时候，出现了白膏泥，这是一种不渗水，气密性非常好的胶泥，是秦汉时期南方墓葬经常用来密封棺木的材料。因此专家们推测，这座古墓很有可能是汉代的，距今至少有2000多年的历史了。可是，有人在白膏泥中挖出了绿色的树叶，周围的人不敢相信这是古时候的树叶，说一定是刚从树上掉下来的。可是，在随后的发掘中，人们又在填土中陆续发现了翠绿的树枝和黄绿色的竹笙，让人们不得不相信，这些都是2000多年前的东西，一切都那么不可思议。人们预感到，这个墓葬一定还会有更多令人惊异的东西出现。

马王堆棺椁

一米厚的白膏泥清理完之后，露出厚厚的黑色木炭。这些木炭装了整整四卡车，估计超过五吨重。清理完木炭之后，一张很大的金黄色的竹席露了出来，揭开竹席，一个完整的棺椁呈现在考古专家们的面前。

令人惊叹的是，棺椁保存完好，棺木材质如新，让人不敢相信自己的眼睛！椁板被揭开了，包裹着棺材的三层椁板之间塞满了陪葬品。此棺共有三层，每一层都绘有精美的图案，在最里面的内棺棺盖上，还铺着一幅精美的帛画。这一切都证实了专家的判断，这座古墓的确是西汉时期的。

随着清理工作的进行，人们发现了以前极为少见的丝织品。为什么少见呢？因为，丝绸纤维属动物蛋白质，极易腐烂，因而丝绸也最难保存。可是，这些丝绸看起来却光亮如新。在这批丝绸织品中，最珍贵的

马王堆帛画

就是今天我们讲述的"素纱禅衣"。那么,这个古墓的主人是谁呢?这件素纱禅衣是否就是她平时穿着的衣服呢?

人们怀着极大的期待与好奇,将棺木打开了,抽掉深红色的棺液之后,一具用丝绸包裹着的尸体露了出来。让专家感到非常惊讶的是,这具尸体居然没有腐烂,而且保存得很完整,肌肉还有弹性。根据身上的衣着判断,她是一位汉代的贵族夫人。这位贵族夫人究竟是谁呢?专家在墓中的一些器皿上发现了"轪侯"的字样。这位轪侯又是谁,他与墓主人究竟是什么关系呢?

根据史书记载,轪侯名叫利苍,曾经被西汉皇帝派到长沙国担任丞相,后来在平定叛乱的过程中立了功,被封为轪侯。轪侯所封之国属江夏郡,大致在今天河南省的光山、罗山二县之间。但是,轪侯并没有到他的封地生活,却留在了长沙,最后也死在了长沙。

而马王堆一号墓的主人就是长沙国丞相、轪侯利苍的妻子,她的名字叫辛追。马王堆其他两座墓也打开了,根据墓中的文物确认,二号墓的主人就是长沙国丞相、轪侯利苍,三号墓由于被盗,因此专家们只能推测其墓主人很有可能是他们的儿子利豨。专家们推断,马王堆墓葬的年限大致在西汉惠帝二年至文帝三年,距今已有2100多年的历史了。

那么,这件素纱禅衣显然就是2100年前这位侯爵夫人辛追曾经穿过的衣服了。可惜的是，辛追在历史上没有留下文字记录，她的一切只能根据墓中出土的文物，展开推测和想象。好在她的尸体没有腐烂，为我们提供了恢复她相貌的依据。后来，应湖南省博物馆的请求，中国刑警学院法医系教授赵成文依据辛追颅骨的 X 光片、出土时拍摄的面部照片，以及帛画和相关历史文献资料，经过一段时间的努力，在电脑上完成了辛追形象的重构。

根据尸体的身长，还可以推断出辛追年轻时大约有 1.60 米左右，在当时的中国女子中，算得上是中等偏上的身高。从恢复的相貌看，辛追是一位地道的中国古代美女。

软侯究竟从哪儿娶来这样一位身材窈窕的美女呢？没有记录可以证明，所以人们无法知道辛追的来历。考古专家只是推断出这位美女大约在 15 岁时嫁给了比她年长 20 多岁的利苍，不过这个时候利苍还没有被封为侯爵。由于辛追的尸体保存比较完好，通过对尸体的解剖，人们得知，辛追曾经生过孩子，他也许就是那个三号墓的主人利豨。

当辛追 30 岁左右时，丈夫利苍去世，儿子利豨继承了侯爵的封号，但年仅 10 多岁的利豨，还不能被委任官职，长沙国的丞相由别人担任，辛追和她的儿子继续留在长沙。虽然，没有史料证明辛追当年的故事，但是，马王堆一号墓中那些琳琅满目的陪葬品，把主人生前所有的荣华富贵都记录下来了，我们根据这些陪葬品，完全可以想象出辛追的生活状况。

随她下葬的陪葬品一共有 3000 多件，足以显示她高贵的身份和地位。在这些陪葬品中，有丝织的衣物，高档的乐器，精美的漆器和酒具，甚至还有大量的美味佳肴和时令水果。

在这些随葬品中，最有价值，也最为珍贵的是各种款式的漂亮衣服。专家们整理出 50 多件丝织成品，其中保存完好或基本完整的有 20 多件。这是中国考古史中，出土古代服饰最多的一次。

人们不禁要问，这位侯爵夫人为什么把这些好东西都埋在地下呢？这就与当时的社会风气有关了。西汉时期，厚葬成风。据《汉书·地理志》卷二十八下记载："列侯贵人，车服僭上，众庶仿效，羞不相及。嫁娶尤崇侈靡，送死过度。"意思是，那些有爵位的贵族们，坐的车和穿的衣服，都不按制度，超过标准，普通百姓也争相仿效，互相攀比，不但婚事十分铺张，而且丧事也非常奢侈。因此，《史记·孝文本纪》记载汉文帝下诏批评道："厚葬以破业，重服以伤生。"意思是，厚葬死者，影响了后代的生活。

正是在这种厚葬之风的影响之下，马王堆一号墓中才会出现如此多的丝织品，在这50多件丝织品中，两件素纱禅衣最为珍贵。其中一件重48克，另一件重49克，两件重量均不到一两的素纱禅衣，是世界上最轻的丝织物品，而且有2100多年的历史，的确是价值连城的国宝。

可是，这两件国宝，却被盗贼偷走了。时间一天一天地过去了，文物被盗案却一点线索都没有，专案组的每个人都感到压力很大。就在案子一时没有头绪的时候，专案组接到长沙市烈士公园的报告，在与省博物馆交界的墙角里，发现了一包东西，打开一看，里面正是部分博物馆被盗窃的文物。过了几天，长沙市五一路邮政局寄送包裹的柜台上，又发现一个无人认领的包裹，上面写着"湖南省博物馆收"，打开一看，也是博物馆的被盗文物，其中就有最珍贵的"素纱禅衣"。至此，大部分被盗的文物被不明身份的人送了回来。

国宝虽然送回来了，专案组的人却并不能松口气，为什么呢？因为，盗贼还逍遥法外，必须将其捉拿归案，这个案子才算了结。可是，这个盗贼藏在哪儿呢？一时间又没了线索。有一天，一名侦查员在韭菜园派出所无意之中得知，该派出所不久前抓获了一名盗窃长沙友谊商店的小偷，在他身上搜出一把折断刀尖的三角刮刀。这位侦查员立刻想到，在博物馆文物被盗的现场，曾经发现一颗米粒大小的三角刮刀的刀尖。这位侦察员立刻将被盗现场发现的刀尖与小偷身上三角刮刀进行比对，结果二者完全吻合，这说明这个小偷就是博物馆文物的盗贼。随后，公安干警在盗贼的家中搜出了一批失窃的文物。面对证据，这位盗贼对自己的犯罪事实供认不讳。

据盗贼自己交代，那天晚上他砸碎展柜玻璃之后，把文物装在一个蛇皮口袋里，然后大摇大摆地从正门走出博物馆。当时天下着大雨，博物馆正在施工，人员进出很杂，所以他的行为根本没有引起工作人员的注意。盗贼能够轻易得手，说明博物馆的工作人员虽然没有监守自盗，也实在是太大意了。

可是，人们不禁又有疑问了，既然盗贼被警察当作小偷关进派出所，那么他盗窃的文物又是怎么自己回来的呢？原来，这些都是盗贼的母亲干的。一开始，这位母亲见儿子盗窃博物馆的文物，不但不报案，反而替儿子晾干淋湿了的文物，并和儿子一起将文物收藏好。有母亲包庇和窝赃，盗贼的胆子更大了。他在盗走博物馆文物之后，专案组立案调查的时候，仍然继续作案，终于在盗窃长沙友谊商店时被抓获。儿子被抓之后，母亲以为是博物馆盗窃案被破获，为了减轻儿子的罪责，她悄悄将儿子盗窃的文物送到博物馆墙外，并且用邮寄的方式将文物还给博物馆。可是，两件素纱襌衣却被盗贼用来包裹被盗文物，破损严重，其中一件经过修补恢复原貌，另外一件彻底毁坏无法修复，的确让人非常痛心！

惨重的损失给国家文物局敲响了警钟，文物局立刻向全国的博物馆下达紧急通知，要求加强保卫工作，防止类似案件再度发生。全国各地的博物馆迅速扩大保卫人员编制，各地的武警部队也随即进驻。国宝的保卫工作终于得到了重视，国宝也得到了妥善的保护。

可是，当马王堆汉墓出土文物重新向社会开放，供人们参观欣赏时，人们面对軑侯夫人奢侈的陪葬品，不禁要问：不过是一位侯爵夫人，生活怎么会如此奢华呢？这就得说说这位利苍侯爵了。利苍是长沙国的丞相，长沙国是西汉初年封的诸侯国之一，国王是世袭的，可是，丞相却是朝廷任命的。他一方面辅佐国王统治封国，另一方面代表朝廷监督国王。诸侯王的丞相是王国统治集团中的第二号人物。

由于利苍代表朝廷治理长沙国有功，所以，朝廷封他为軑侯，虽然封户七百，但是位居列侯，级别很高。那么，什么是列侯呢？按汉初的封爵制度，最高的是诸侯王，诸侯王之下有二十个等级，列侯是其中最高一等。也就是说，列侯是仅次于皇帝、诸侯王的第三级贵族。汉初的列侯在政治上相当有势力。当初轪侯受封时，全国的列侯才只有一百四十多人，其中不少人兼任重要的官职；没有官职的列侯多住在长安，参与国家大事。朝廷有大事，就命丞相同列侯共同商议，可见列侯地位的重要。

列侯权势显赫，地位重要，使得他们的家属不但生活奢侈，而且横行霸道、作威作福。比如，《汉书·文帝纪》记载汉文帝曾经下诏："令列侯太夫人、夫人、诸侯王子及吏二千石，无得擅征捕。"意思是，列侯的妻子和母亲，诸侯王的儿子以及二千石的官员，不得擅自征捕百姓。由此可见，这些列侯的妻子、母亲以及他的儿子们，平常是何等骄狂。权限可比二千石，就是一郡之守。汉代的郡守，相当于今天的省长了！

马王堆汉墓主人辛追，就生活在汉文帝时期，地位也正是列侯夫人。利苍担任长沙国丞相大致十六七年，最后死在任上。她儿子利豨虽然没有继续担任长沙国丞相，但是继承了父亲的爵位，那么，辛追就既是列侯夫人，也是列侯太夫人。她生前会不会擅自征捕百姓呢？从她生活的奢侈程度看，可能性很大。

可是，当人们观赏马王堆一号墓出土的陪葬品时，不禁又产生了一个疑问，什么疑问呢？以往挖掘的汉墓，都会有大量的青铜礼器出土。可是，马王堆一号墓属于西汉早期，而且是一位尊贵的侯爵夫人的墓，日常生活又是那么奢华，为什么在出土的文物中，没有一件青铜礼器？除了竹简、漆器、木俑、乐器、陶器以及一些农产品之外，主要是各种丝织品，其实都是侯爵夫人的生活用品，这是为什么呢？

据有关专家分析，在马王堆一号墓中，发现随葬的食物中有杨梅和瓜果类食品，由此可以推断，这位侯爵夫人死于夏季。夏天气候炎热，尸体难以久放，入殓和下葬都很迅速。通过尸体解剖，诊断出辛追死于心肌梗死，也就是说，这位侯爵夫人死得很突然。所以，在这座墓葬中，大多数随葬品都是平时使用之物，冥器较少，而且制作粗糙，大概是由于时间仓促的原因。

正是这种仓促性，使得墓中的陪葬品更接近于墓主人的日常生活，也更准确地反映了西汉初年的时代风气。比如，马王堆一号墓中出土的丝织品，种类繁多，其中包括锦、绮、绫、罗、纱、绢等，而且花纹也是多种多样，其中包括云纹、鸟兽纹、花卉纹、吉祥文字纹以及各种几何图形纹，而且件件制作精美。尤其是这件素纱襌衣，更是精美无比，令人叹为观止！所以，出土大量精美的丝织品，是马王堆汉墓最重要的价值。

当然，在以往发现的汉墓中，不是没有丝织品随葬，而是没有保存下来。因为，中国自古以来就有贵族才能穿丝绸的规定，丝绸是地位的象征，也是富裕的代表。所以，丝绸文化是中华文化的一个重要组成部分。早在三千年前的商代，就有了种桑、养蚕、缫丝的技术，在商代的青铜器上常见到丝织品的痕迹。西周、春秋和战国以来，关于丝织品的文献记载越来越多，而战国时期的丝织品在考古发掘中也屡有发现。到了汉代，丝织品的质量更高，产量更大，成为主要的出口商品，西方各国喜爱我国的丝织品，因此称中国为"丝绸之国"，中国也是世界丝绸文化的发源地。

可是，蚕丝的成分是动物蛋白质，极易腐烂。所以，以往发现中国古代的丝织品，往往是在西北的干旱地区的墓葬中。那么，长沙地处中南，潮湿多雨，这件2100多年前的素纱襌衣，以及几十件丝织衣物，居然能够保存完好，古人究竟是怎么做到的呢？

这就与马王堆一号墓防腐技术有关了。据专家分析，主要原因是埋葬深度与密封措施。比如，此墓大约埋葬于20米左右深度的地下，外围填满了大量的木炭和白膏泥，这些措施使得墓葬内处于真空状态。所以，2100年前的墓主人，尸体不但保存完整，而且还有弹性。正是在这样的防腐环境中，辛追平常穿着的衣服都保存了下来。这正是马王堆一号墓中保存大量丝织品的原因之一。

通过素纱襌衣，我们可以了解到西汉时期中国古代丝绸制造业的发达。虽然这件素纱襌衣制作于汉武帝通西域之前，但是西汉初年高度发达的丝织技术为汉武帝时期通西域，让绚丽的丝绸通过"丝绸之路"逐渐传播到世界各地，奠定了基础。

可是，由于盗贼破坏，素纱襌衣只剩下一件，成了孤品，而且如何有效地保护这件丝绸制品，令专家们非常头疼。素纱襌衣在出土之前，

鸟兽纹

云纹

几何纹

在地下保存了两千多年而不朽，是因为处于密封的真空状态。当它重现天日的时候，如何保证它不被腐蚀和降解，就成了一个巨大的难题。

为了既有效地保护素纱襌衣，又能够展示其最佳效果，专家建议对素纱襌衣进行复制。最终，国家文物局采纳了专家的建议，决定复制素纱襌衣。并且作为一项重点的科研项目进行。

复制素纱襌衣，这可是一个系统工程，必须从养蚕开始。首先，专家们培养了一批特殊的桑树，完全采用西汉时期的植桑工艺，空气、水、肥料都尽可能地接近两千年前的环境。可是2000多年前的蚕种无法复活，当时的蚕种体量较小，吐丝更细，专家们只好通过药物控制蚕的生长，从而得到了目前最细的蚕丝。

然后，制造了一台特殊的织机，专门用来制作素纱襌衣。在著名丝绸专家的指导之下，在经历了一道道复杂的工序之后，一件全新的素纱襌衣的复制品出现在人们面前。无论从款式还是织造工艺来看，几乎与原件没有任何差别，但是令人遗憾的是，它重49.5克，比素纱襌衣重了0.5克。又经过了二十多年的努力，依然减不掉这0.5克重量。由此可见，西汉时期中国的丝绸织造工艺所达到的高度，至今让人望尘莫及。

可是，如此珍贵、令后人难以企及的素纱襌衣，国宝级的文物，其中的一件却被贪婪、无知、愚蠢的盗贼毁坏了，实在令人痛心！

第21讲

敦煌卷子之谜

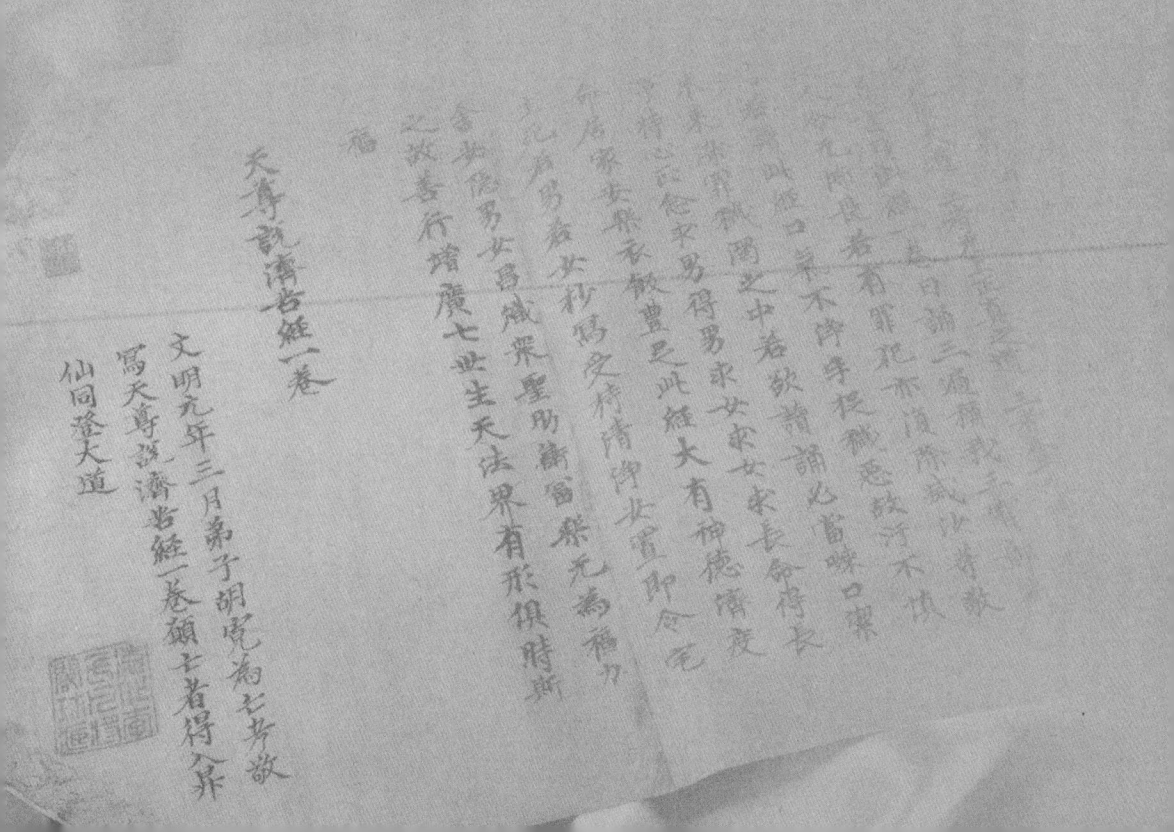

> 1900年6月22日的清晨，在敦煌莫高窟的一座石窟的甬道里，一个姓王的道士和一个雇来的伙计，一起清除甬道内堆积的沙子。由于西北风的长年作用，流沙不断通过洞窟四周的缝隙吹进来，甬道内的沙子日积月累，最终将洞窟的门都封住了。由于清理沙子的工作量太大，所以王道士只好雇一名伙计来帮忙。读者朋友一定会感到不解，敦煌莫高窟可是佛教圣地，怎么会由一个道士雇人清理沙子呢？

这位道士名叫王圆箓，湖北省麻城县人，光绪初年来到肃州（今甘肃酒泉）当兵。光绪年间，肃州的道教势力很强大，甚至能够在驻军士兵中传播道教。王圆箓就是在肃州服兵役期间，皈依了道教。王圆箓退役后没有生计，只好以道士的身份，四处化缘求生。有一天，王圆箓化缘来到敦煌莫高窟，当时的莫高窟十分荒凉，崖间上的通道多数已经毁于战火，一些洞口已经崩塌，底层的洞窟已被黄沙掩埋，稍微完好的洞窟住着藏传佛教的喇嘛。王道士看到莫高窟中千佛洞里的佛像和精美的壁画之后，觉得自己仿佛来到了西方极乐世界，于是他决定就在莫高窟住下了。

人们一定会感到不解：一个道士怎么会被佛像所感动，并且定居在佛教圣地呢？其实，这种现象并不奇怪，西北地区一向有佛道两教相互融合的传统，这个传统可以追溯到唐代的莫高窟。王道士在莫高窟定居之后，由于

王圆箓

莫高窟千佛洞

他为人忠厚、朴实、诚信，逐渐赢得当地分不清道教、佛教的信众们的敬重。没有人任命，他自然而然地就成了莫高窟的住持，而且香火也渐渐兴盛起来。

然而，王圆箓毕竟是道士，他在莫高窟住下之后，每天四处募捐，几年之后有了一些积蓄，他要干什么呢？他想将莫高窟这佛教圣地，改造成道教的圣地。这一天，王道士雇伙计清理洞窟甬道中的积沙，就是看中了这个洞窟，准备将其改造成道观。

经过几天的努力，沙子基本清理完毕，伙计在甬道北面的墙壁上发现一个裂缝，草棍插进去却探不到底，伙计怀疑墙壁后面可能有暗室，立刻将这个发现告诉了王道士。于是，王道士在有裂缝的地方，铲掉壁画和覆盖的泥皮，果真露出一个土坯垒砌的洞窟门。洞窟门高1.8米，宽0.9米。二人将土坯拆除后，一个复洞呈现在眼前。王道士爬进洞窟之后，被眼前的景象惊呆了。

藏经洞入口

敦煌卷子

这是一个面积不到 8 平方米，整体空间不到 20 立方米的洞窟，洞窟内堆满了无数叠放整齐的白布包裹。还有许多佛像铺在白布包裹之下，堆积的包裹周围还有不少珍贵的各类文物。王道士打开了几个包裹发现，每一个包裹里都有十几卷经书。

这就是后来闻名世界的敦煌莫高窟的"藏经洞"，洞内所藏书籍总数大约 5 万卷，被后人称为"敦煌卷子"或者"敦煌遗书"。这些敦煌卷子包括从 4 世纪到 11 世纪，上下将近 800 年的各种文本，以佛教经典为主，还包括天文、历法、历史、地理、方志、文学等非佛教文本。这些珍贵的文献除用汉文书写之外，还有藏文、梵文、龟兹文、粟特文、突厥文和回鹘文等等的典籍。

面对这样的文本，王道士自然根本不懂。因此，就开始四下里寻找密室封存者的线索和封存的原因。经过一番搜索和观察，王道士发现在洞窟的北壁，有一座长方形的禅床。显然，这是一个禅窟，也就是僧人修行和起居的地方，不是为收藏这些文献专门开凿的洞窟。那么，究竟什么人曾经在这里修行呢？这个修行者会不会就是这些文献的所有者，或者这个洞窟的封闭者呢？

经过进一步的搜寻，王道士发现洞窟西壁嵌着一座石碑。通过碑文王道士了解到，这座洞窟本来是洪䇹和尚的修行处。洪䇹和尚俗姓吴，幼年时随父亲吴绪芝镇守敦煌。唐建中二年，吐蕃攻占沙州，即今天的敦煌市，吴绪芝隐居在家，拒绝担任吐蕃的官职。不久，吴绪芝的小儿子在莫高窟出家为僧，法号洪䇹。

洪䇹在认真研读佛教经典的同时，熟练掌握了梵文和藏文，成为一名出色的译经僧，并且在吐蕃人主持的寺院里，教授佛教经典，主持佛经翻译。然而，洪䇹和尚虽然一心事佛，却并没有辜负父辈的期望，积极参加并且领导了敦煌人民反抗吐蕃统治的斗争。

唐大中二年，敦煌地方豪强张议潮率众起义，号称"归义军"，驱逐吐蕃人。经过几年的努力，收复了吐蕃占据的大唐领土。张议潮派使者进京朝见皇帝，洪䇹也派弟子同赴长安。唐宣宗为了表彰洪䇹的贡献，任命他为河西地区的佛教领袖。

唐咸通三年，洪䇹在沙州去世，莫高窟的僧人们根据皇帝的敕令，将他平日起居的禅室改造为洪䇹纪念堂。王道士当然知道这位洪䇹和尚，因为，他在另一个洞窟里见过洪䇹和尚的真人塑像。显然，洪䇹和尚既不是这些宝物的所有者，也不是此窟的封闭者。

那么，究竟是什么原因，让寺里的僧人将洪䇹和尚的真人像从此窟中移走，然后将纪念堂变成藏经洞，并且将它密封起来呢？由于没有发现任何可信的文字记载，藏经洞的封闭时间及其原因，就成了一个谜。中外学者提出许多假说，试图解开这一千古之谜。

最早讨论这一千古之谜的是法国汉学家伯希和。他由敦煌卷子有当地各种文字，却没有一卷是西夏文的事实得出结论，藏经洞的封闭时间是公元 1035 年，即西夏占领敦煌之前。而且，洞中的各类卷子和文物，堆放得毫无秩序，说明藏经者惧怕敌寇入侵，在仓皇出逃之前封闭此洞。

有些中国学者接受了这一观点并进一步论证说：敦煌曾经被吐蕃人统治多年，所以洞内保存着吐蕃人使用的藏文经；敦煌同样被西夏人统治多年，西夏人有自己文字而且信奉佛教，可是，洞中却看不到西夏文字的经卷。这说明，公元1035年西夏占领敦煌的时候，藏经洞已被封闭了。

可是，这种说法有两个疑点：首先，藏经洞的混乱不是藏经人仓皇出逃的结果，因为，伯希和进入藏经洞时，距离王道士发现它已经将近八年，在这段时间里，有许多人进入洞窟胡翻乱找，必然将整个藏经洞搞得乱七八糟。其次，如果僧人们为了仓皇逃命将卷子胡乱堆放，又怎么可能有时间将洞口封闭，还涂上泥皮绘制壁画呢？

为了回答这些质疑，有学者解释说，当时西夏日益强大，攻下甘州，即今天的甘肃张掖，大有侵吞整个河西走廊之势，甘州到敦煌虽然千里之遥，但是，军事力量根本无法与西夏匹敌。于是，敦煌王曹贤顺率众向西夏皇帝李德明请降。李德明接受了曹贤顺的请降，却并没有立刻派兵占领，因为，第二年李德明就死了。

李德明死后，太子李元昊继位。李元昊先忙父丧，然后又挥师东进，根本无暇顾及河西一带。这个时候，敦煌还是曹氏的天下，但既然已经向西夏请降，迟早要被西夏占领。为了避免佛教经典被占领者毁灭，僧众们就将佛家经卷放入洪辩纪念堂，然后封闭洞口，抹上墙泥，绘制壁画，巧妙伪装。

可是，有学者认为，这个说法有问题。因为，西夏文字是李元昊于公元1036年才创立的。一种文字从初创到广泛使用，须经过相当长的时间。况且敦煌地区主要是汉族，西夏文的流行会更晚一些。从莫高窟的西夏文题记可知，西夏占领河西各郡30年之后，西夏文还没有流行。所以根据藏经洞中没有西夏文而推断藏经洞的封闭时间是西夏占领敦煌之前，这个说法很难成立。况且，西夏人信奉佛教，莫高窟的佛教僧人有必要在西夏人占领敦煌之前，将佛教经典封存于洞窟之内吗？

显然，藏经洞封闭另有原因。有位学者遍查敦煌卷子中标明日期的材料，发现日期最晚是北宋咸平五年，即公元1002年。这个日期提供了藏经洞封闭的时间下限，也就是说，藏经洞的封闭时间不可能比这个时间早。由此可以推断，藏经洞的封闭时间，应该在1002年以后不久。

那么，公元 1002 年以后不久，敦煌一带发生了什么重大的事变，足以让莫高窟的僧人将近五万卷的经典封存在藏经洞中呢？这位学者认为，当时西北地区最重要的历史事件就是公元 1006 年于阗国被黑韩国灭亡了。于阗国灭亡之后，大批于阗人向东逃到沙州，也就是敦煌，同时带来了黑韩国人准备东进的消息。这个消息对敦煌莫高窟的僧人而言，比听说西夏人到来要可怕得多。为什么呢？

因为，黑韩国经过近 40 年的血战才攻下于阗国。由于黑韩国人不信仰佛教，因此对于阗国的佛教实施了毁灭性的打击。因此，躲避黑韩国人的入侵，有可能是藏经洞封闭的直接原因。由于黑韩国并没有马上东进，所以，封存活动是主动而有序进行的，并且在封好洞门之后，用壁画做必要的掩饰。

可是，有位学者在敦煌卷子中发现了新的线索，推翻了这个观点。这就是一副养生的方子，其中有一味药的名字叫"山药"。山药原名"薯蓣"，因宋英宗叫赵曙，为了避英宗之讳，将"薯蓣"改名为"山药"。既然敦煌卷子中出现"山药"的名称，那么藏经洞封闭的时间，就只能在宋英宗登基当皇帝之后。

这个时间已经是公元 1063 年以后了，因此就否定了公元 1006 年躲避黑韩国东进的说法，也否定了公元 1035 年躲避西夏人占领的说法。那么，藏经洞究竟什么时间封闭，又为什么要封闭呢？

这位学者认为，藏经洞的封闭还是与哈拉汗国的东进有关，但不是公元 1006 年，而是宋绍圣年间，即公元 1094 至 1098 年，黑韩国此时对宋朝称臣，因此请求宋朝允许他们出兵攻打西夏。由于西夏一直与宋朝为敌，因此，宋朝表示赞许。当时敦煌已经被西夏占领，以西夏人在敦煌的实力，根本不是黑韩国的对手。因此，这一消息在敦煌莫高窟的僧人中引起恐慌，因而封闭了藏经洞。覆盖藏经洞最表层的壁画属于西夏早期风格，为判断藏经洞封闭的时间提供了依据，即公元 1097 年，黑韩国进攻敦煌之前。

以上各种说法，虽然对藏经洞封闭的时间和原因的解释不尽相同，却有一个共同点，就是躲避战乱和被占领。因此，被笼统地称之为"避难说"。但是，许多学者对这种说法提出质疑。理由很简单，既然是避难，就应该将所有经典都封存，那么，为什么佛教圣地的藏经洞，却没有佛家重要的经典《大藏经》呢？有人反驳说，《大藏经》卷帙浩繁，敦煌地处西部边陲，怎么可能拥有《大藏经》呢？

其实，敦煌莫高窟的确曾经拥有《大藏经》。比如，曹宗寿统治敦煌的时期，大致在公元1002至1014年，敦煌莫高窟的寺院，曾经向内地要求配齐了《大藏经》，甚至还曾经向朝廷乞求到一部金银字《大藏经》，如果是为了避难，这些经典理应珍藏在藏经洞内。

可是，藏经洞中不仅没有《大藏经》这样的佛家经典，而且收藏的文献有很多是残卷断篇，还有不少伪经，甚至还有一些抄错的废卷，以及随意涂鸦，作废的文书与过时的契约等等。因此，有人认为，藏经洞藏的并不是经典，而是一些没有实用价值的文献和废弃物。这就是所谓的"废弃说"。

有人反问道，既然是废弃物，为什么不扔掉或者烧掉，却封存在藏经洞里，而且还要用壁画掩盖呢？"废弃说"的主张者概括了三大理由，为自己辩护：

理由一，古代纸张比较珍贵，抄经者领取纸张都要记账，如果抄错必须凭废纸换好纸；中国古代又有"敬惜字纸"的传统，废纸不能抛弃。

理由二，佛经长期阅读难免破损，破损的佛经更不允许抛弃。

理由三，莫高窟的寺院有《大藏经》之后，一方面佛教经典大为丰富，另一方面藏书的空间有限，于是寺院对藏书进行清点，清理出一大批无用的残卷、文书与废纸，挑选一个较小的洞窟，封存进去，然后在外面画上壁画。

可是，"废弃说"包含着许多无法解释的疑点：

疑点一，敦煌莫高窟在公元920至987年，抄写了大量的佛教经典，被称之为"抄经高潮"。从抄经高潮到封闭洞窟，时间只有几十年。佛经不是畅销书，虔诚的佛教徒不可能这么快就将认真抄写的佛经读成"废纸"。

疑点二，洪䛒和尚是皇帝任命的河西地区的佛教领袖，对莫高窟有重大贡献，他圆寂的时间距离洞窟被封闭也就一百多年。如果不是情况紧急，只是为了存放废弃物，为什么选择洪䛒的纪念堂？

疑点三，藏经洞里的确发现很多毫无价值的废弃物，但是不能因此得出整个藏经洞封存的都是废弃物。况且洞窟内的卷子包裹严密，堆放整齐。世间有如此处理废弃物的吗？

疑点四，既然是废弃物，为什么封存之后，绘制壁画加以伪装呢？

有人为了解释"废弃说"中的疑点，提出了"书库改造说"。意思是，大约在公元1000年的时候，折页式的刊本经卷，从中原传到敦煌。显然，折页式佛经比卷轴式佛经更方便阅读，也更便于整理和存放。因此，莫高窟中的藏书逐渐由折页式取代了卷轴式。为了适应新式佛经的阅览和存放，就必须对原有的书库进行改造。书库改造之后，卷轴式的佛经就都被淘汰了。

可是，这些被淘汰下来的卷轴式的佛经又不能丢弃，于是就将它们集中存放在一个规模较小的石窟内，所以就选中了洪䛒和尚的纪念堂，将洪䛒和尚的真人塑像移出，然后将淘汰下来的经卷包裹好，整齐地存放在纪念堂内。

可是，莫高窟每年都有许多庙会和佛教节日，四面八方的来客很多，人多手杂。入藏者毕竟是古物，对于后世僧侣们来说，这些东西都很神圣，少了哪一件也不行，为了防止已经被淘汰的佛经被人拿走，每次庙会或节日都得派人看守"藏经洞"，可是庙里人手少，看守不过来，

藏经洞壁画（摹本）

最后干脆将洞口封了起来。

显然,"书库改造说"比较合理。为什么呢?因为,这种观点,首先,合理解释了藏经洞没有《大藏经》的原因;其次,合理解释了将洪䇖纪念堂改造为藏经洞的理由;再次,合理解释了为什么封闭藏经洞之后有时间绘制壁画;最后,这种观点丝毫没有降低敦煌卷子的意义和价值。

只是,说藏经洞中都是被淘汰的佛经未必准确,我认为这些佛经不是被淘汰,而是退出了流通。因为,任何图书馆都有两个功能,一个是书籍流通,也就是借阅,一是书籍收藏。当卷轴式佛经被折页式佛经取代之后,卷轴式佛经就不再有流通功能,成了纯粹的收藏品。所以,我们所见到的敦煌遗书,基本以卷轴形式为主,因此人们一开始就称这些敦煌遗书为"敦煌卷子"。我认为,叫"敦煌卷子"比叫"敦煌遗书"更为准确。

总之,无论封闭藏经洞的原因是什么,封存的具体时间为何,以及被封存的是经典还是"废弃物",这个藏经洞中毕竟封存了从4世纪的东晋十六国开始、经历北朝、隋、唐、五代到北宋,将近800年的近

敦煌卷子经文

五万件古代文献资料，因此敦煌莫高窟藏经洞，被誉为20世纪最有价值的文化发现。

对于这一点，当时的王道士无论如何也想不到。但是，王道士还是意识到他的发现非同寻常，他请来敦煌本地的乡绅父老征询意见。大家一致认为，这些都是先人们的功德物品，应该妥善保存不能流失，否则就是罪过。为了避免流失，还是留在窟内为好。

可是，在破败的莫高窟，面对藏经洞珍贵的文物，王道士觉得仅靠自己的力量保护不好。于是，他决定向官府反映，以求得到支持。决心下定之后，王道士挑选了两卷经文，步行50里，专程拜见敦煌县令严泽。可是，这位县令却把两卷经文当废纸丢弃了。因为，当时北京传来消息，八国联军攻陷北京，慈禧太后、光绪皇帝带着大臣和家眷逃出北京。在这国难当头之际，谁还有心思关心不知所云的敦煌卷子？王道士失望而归。

三年之后，敦煌县来了一位名叫汪宗翰的新县令。王道士听说消息之后，立刻来到县城向新县令汇报情况。汪宗翰是一位进士，满腹经纶且精通金石学，到敦煌当县令，是因故被贬。当汪县令踏入藏经洞时，立刻被这满洞的经文震撼了，这个读了半生经史子集的文人，从来也没有见到过这么多历史久远的古籍文献。汪县令挑选了一批经文之后，对王道士说："就地保存，看好藏经洞。"说完这话之后转身回了县城，从此没了下文。

王道士不甘心，县令不管就去找道台。于是，他挑选了几卷佛经，从莫高窟赶赴肃州，即今天的甘肃省酒泉市。从莫高窟到酒泉，直线距离将近800里，王道士一路风餐露宿，跨越沙漠戈壁，终于见到了他当兵时的老上级，肃州道台廷栋。这位道台仔细看了经卷之后不屑地说："这字还没我写得好。"尽管如此，他还是念及老部下的辛苦，将发现藏经洞的消息上报给甘肃的藩台，一位负责财赋和民政的省级领导，建议将藏经洞中的敦煌卷子，运到省城妥善保存。

其实敦煌县令汪宗翰离开藏经洞之后，并没有闲着。他向甘肃学政，一位主管文化教育的领导叶昌炽，汇报了藏经洞的情况。叶昌炽非常重视，立刻通过敦煌县衙要了一些经卷。叶昌炽也是一位金石学家，他看到敦煌卷子之后，深知这些文物的重要价值，立即向甘肃省藩台建议，把藏经洞的全部文物运送到省城兰州保管。

甘肃藩台先后收到叶昌炽和廷栋文武两位官员的报告之后，没有理由再推脱；但是，从敦煌到兰州的直线距离是2100多里，路途遥远，运费估计要五六千两银子。甘肃藩台以银两难筹为由，向敦煌县令汪宗翰发出一道命令："就地封存，由王道士看管。"然后再无下文，此时已经是藏经洞发现之后的第四年了。显然，事情又回到了原点，县、道、省三级政府都采取了不作为的态度，将保护敦煌莫高窟藏经洞五万卷敦煌卷子的任务交给了一个普通道士，实在是太不负责任了。

难以担当此大任的王道士，万般无奈之下给慈禧太后写了一封信，向当时中国的最高领导人反映情况。这封信自然是石沉大海。因为此时，爆发了日俄战争，战场在中国东北，清政府宣布中立，战争的结果是日本战胜了沙俄。国人普遍意识到君主立宪制优于君主制，要求清政府建立君主立宪制；与此同时，孙中山在日本成立了"同盟会"，提出"建立共和"的革命口号，国内革命运动愈发高涨。为了维持统治，慈禧太后做出要走君主立宪道路的姿态。1905年派五位大臣出洋考察，1906年宣布预备立宪，1908年颁布《钦定宪法大纲》。在这多事之秋，民族灾难深重之时，风雨飘摇中的清朝政府，如何顾得上几千公里之外的藏经洞！

肃州道台廷栋虽然是一位有学问的官吏，但由于觉得敦煌卷子的字还没有他写得好，就因此轻视了这些经卷的价值。这时正好有个比利时籍的税务官要回国，来向廷栋辞行，于是廷栋把一部分经卷送给了这位比利时人。从此，莫高窟发现藏经洞的事，就被外界所知。

一个名叫斯坦因的英国探险家，得知敦煌莫高窟发现藏经洞的消息之后，于1907年3月16日，横穿整个中亚来到敦煌莫高窟。此时距王道士发现藏经洞已经七年了，王道士给藏经洞安装了门并且上了锁，亲自掌管着门锁的钥匙。

王道士显然对这个洋人没什么好感，拒绝了斯坦因参观藏经洞的要求。斯坦因身边有一个姓蒋的师爷，为斯坦因担任秘书、向导和翻译。两个人一起编造了一个谎言，骗王道士说：斯坦因崇拜玄奘，为此他循着玄奘的足迹，从印度出发，翻过崇山峻岭，穿越戈壁荒漠，路过此地，想要了解一下盛唐时期敦煌莫高窟的情况。王道士显然被二人编造的谎言感动了，于是，向斯坦因打开了藏经洞的大门。

斯坦因　　　　伯希和

斯坦因给了王道士一些银两作酬劳，一心想募集资金将莫高窟改造成道观的王道士，立刻被金钱所打动，从此开始了出卖敦煌卷子的勾当。人们一定会问：三级地方政府都责成王道士看管好藏经洞，他怎么敢私卖国宝呢？对这种举止，地方政府为什么不出面干预呢？因为，当时敦煌县的百姓暴发了抗粮抗税的民变，造反的百姓捣毁了县衙，并且出了人命，事态非常严重。陕甘总督接到电报之后，一面派兵赶赴敦煌弹压百姓造反，一面撤职查办敦煌知县。这个时候，谁还顾得上藏经洞的敦煌卷子。斯坦因正是利用这样的机会，先后多次来到莫高窟，总共盗买敦煌卷子9000多卷。这可真是"趁火打劫"啊！

1908年2月，法国汉学家伯希和率探险队到达敦煌。伯希和花500两银子买下了他挑选出来的最有价值的敦煌卷子，大约2000多卷，以及一些珍贵的文物。由于斯坦因不懂中文，他带走的敦煌卷子价值相对不太高；伯希和通晓包括中文在内的13国语言，因此他选出的敦煌卷子全是珍品。显然，有文化的强盗更可怕！

敦煌卷子的散失从此一发不可收拾。法国的沙畹，日本的内藤虎次郎，俄国的孟什科夫和丘古耶夫斯基等这些打着学者旗号的强盗，将80%左

罗振玉

右的敦煌卷子盗买出境，流向世界各地。

1909年，伯希和把他盗买的敦煌文物安全运回国之后，带了极少一部分汉字版的敦煌卷子来到北京，给罗振玉等文人学士观看，罗振玉等人被震惊了，立刻向朝廷有关部门反映。与此同时，汪宗翰回到北京，通过他的个人关系，上下运作，终于说服清政府将敦煌文献运至北京保管。在众人的努力之下，1910年，清政府终于决定拨款6000两白银，命令敦煌知县将敦煌藏经洞的文物尽数运回北京。

这个时候，藏经洞中的敦煌卷子只剩下10000余卷了。当地政府官员将这些珍贵的敦煌卷子用席子草草包捆，用大车装运。当大车停在敦煌县衙门的时候，经卷被人偷去不少，沿途大小官吏更是层层盗窃。当这批敦煌卷子运到北京时，只剩下8600多卷。这8600多卷敦煌卷子落到学部官员手里，结果更惨。这些官员们有文化却无操守，比有文化的流氓更坏。他们挑选出有价值的卷子据为己有，然后把比较长的卷子撕成二三卷，以凑足原来的8600多卷的数字。

敦煌卷子的散失，对中华文化造成了难以估量的损失。这些流失的敦煌卷子散存于世界13个国家的几十个机构以及不少私人收藏者手中，至今无法回归。当听到日本学者叫嚣"敦煌在中国，敦煌学在日本"的时候，我不是扼腕叹息，更不是义愤填膺，而是心头滴血啊！

好在，这一切都已经成为历史，而且这样的悲剧永远不会再重演！

参考文献

陈振裕：《越王勾践青铜剑发现记》，《光明日报》2016年4月7日第16版。

泓月：《国之重器讲述荆楚文化深厚底蕴》，《中国艺术报》2006年12月1日第4版。

韩晓玲、胡秋、梁昌杰：《专家解说越王勾践剑不锈谜》，《湖北日报》2004年8月2日。

乔媛媛：《古代剑文化的历史寻绎》，《辽宁体育科技》2016年第6期。

李仲操：《石鼓最初所在地及其刻石年代》，《考古与文物》1981年第2期；

宋鸿文：《石鼓文新探》，《贵州文史丛刊》1993年第4期。

李铁华《石鼓新响》，三秦出版社，1994年。

裘锡圭：《关于石鼓文的时代问题》，《传统文化与现代化》1995年第1期。

刘江：《1979年以来宋徽宗书画研究综述》，《中国史研究动态》2012年第2期。

郑珉中：《读有关宋徽宗画艺文著的点滴体会》，《故宫博物院院刊》2003年第5期。

刘楠楠：《易培基与故宫盗宝案》，《中国档案》2014年第6期。

王祖龙：《秦"书同文"传统与中国早期书体嬗变考论》，《三峡大学学报》2015年第2期。

朱绍侯：《对李斯功过的述评》，《河南大学学报》2005年第3期。

温燎原：《论李斯的功过是非与悲剧成因》，《中州大学学报》2013年第3期。

李祥俊：《"书同文字"下的秦篆书法》，《衡水学院学报》2015年第2期。

王春阳、王胤颖：《"和氏璧"当为南阳独山玉考论》，《南阳师范学院学报》2016年第5期。

陈二玉：《试论中国古代政治生活中的恋玉情结》，《传承》2010年第5期。

王春云：《和氏璧材质研究述评》，《珠宝科技》2003年第3期。

王壮凌：《传国玉玺和氏璧探源》，《科技潮》1995年第10期。

陈传席：《〈清明上河图〉的创作及收藏流传》，《美术史研究》2009年2月。

吕少卿：《〈清明上河图〉的社会历史情境——张择端"北宋院人"身份介入》，《中国书画》2009 年第 3 期。

陈传席：《〈清明上河图〉创作缘起、时间及〈宣和画谱〉没有著录的原因》，《美术史研究》2008 年 4 月。

刘凯：《张择端〈清明上河图〉创作时间刍议——兼与曹星原先生商榷》，《阅江学刊》2015 年第 2 期。

罗建中：《〈大盂鼎铭〉解读》，《四川师范大学学报》1997 年第 3 期。

李山、李辉：《大小盂鼎制作年代康王说质疑》，《北京师范大学学报》2012 年第 2 期。

徐伯璞：《毛公鼎得失记》，《钟山风雨》2001 年第 6 期。

田率：《历经坎坷的国宝重器毛公鼎》，《瑰宝档案》2013 年第 9 期。

周春玲、张洪钢：《〈永乐大典〉的流散与回归历程》，《图书馆学刊》2010 年 10 月。

张升：《关于〈永乐大典〉正本下落之谜》，《北京师范大学学报》2010 年第 2 期。

赵爱学：《国图藏嘉靖本〈永乐大典〉来源考》，《文献》2014 年第 3 期。

张升：《梁启超、叶恭绰与〈永乐大典〉的收藏》，《中国典籍与文化》2012 年第 2 期。

王小红：《黄公望与〈富春山居图〉》，《东方博物》第三十二辑。

李诚：《传世名画〈富春山居图〉的前世今生》，《冶金企业文化》2010 年第 3 期。

周军：《〈富春山居图〉离散录》，《文史精华》2011 第 8 期。

刘红：《安徽寿县蔡侯堂出土重要青铜器铭文的文化意义》，《殷都学刊》2011 年第 3 期。

李绍文：《蔡国历史、地理与蔡人的迁徙论考》，《中州学刊》2013 年第 9 期。

张树国：《蔡国旧事——关于春秋蔡国兴亡的三种文本解读》，《中华文史论丛》2014 年第 1 期。

乔保同、李长周：《南阳发现蔡侯申簠》，《中原文物》2009 年第 2 期。

邓淑兰：《关于赵孟頫生平几个问题的考论》，《船山学刊》2007 年第 3 期。

李乐源：《险遭焚毁的〈鹊华秋色图〉》，《书画艺术》,2015 年 12 月。

赵志成：《赵孟頫〈鹊华秋色图卷〉新考辨证》，《新视觉艺术》,2010 年第 1 期。

黄鸿琼：《古代女书家简论》，《泉州师范学院学报》2016 年第 5 期。

柏世英：《唐代及以前的中国女性书法艺术探析》，《衡阳师范学院学报》2007 年第 4 期。

庄希祖：《卫夫人及其书作、书论考》，《南京高师学报》1996 年第 2 期。

张硕：《曾侯乙编钟与曾随之谜》，《江汉考古》2017 年第 2 期。

方勤:《曾国历史的考古学观察》,《江汉考古》2014年第4期。

张昌平:《曾国铜器的发现与曾国地域》,《文物》2008年第2期。

刘昱午:《元青花"鬼谷子下山"图罐主题纹饰探源》,《寻根》2006年第3期。

杨广源:《青花瓷的特点及装饰风格》,《景德镇高专学报》2009年第2期。

程红:《元明青花瓷器的纹饰特点》,《文物鉴定与鉴赏》,2014年第9期。

唐启翠:《"玉石之路"研究回顾与展望》,《上海交通大学学报》2013年第6期。

卢兆荫:《试论两汉的玉衣》,《考古》1981年第1期。

吴杏全,赵卫平:《试以文物史志析刘胜》,《文物春秋》1996年第4期。

陈书国:《邬彤和怀素关系考》,《荣宝斋》2013第12期。

葛建伟、李中合:《简论张旭、怀素草书的不同表现》,《商洛学院学报》2008年第4期。

刘正成:《张旭怀素论——兼论唐代草书》,《中国书法》2016年第4期。

何志国:《甘肃武威市雷台出土铜奔马年代考辨》,《考古》2008年第4期。

张翼:《马踏飞燕折射出的马神崇拜研究》,《兰州学刊》2017年第9期。

曹定云:《武威雷台奔马铜雕应是"天马逮乌"——兼论"天马"的由来和发展》,《考古与文物》2004年第4期。

江晓辉:《曹植〈洛神赋〉对洛神原型的袭用与改造及期背后之意义》,《中国韵文学刊》2013年第3期。

邹清泉:《顾恺之研究述论》,《美术学报》2011年第2期。

戴燕:《〈洛神赋〉:从文学到绘画、历史》,《文史哲》2016年第2期。

水丽淑:《西汉丝绸之路走向繁荣的原因及启示》,《兰州大学学报》2014年第6期。

袁建平:《辛追墓随葬衣服与深衣、汉服的探讨》,《文物天地》2017年12月。

马雍:《軑侯和长沙国丞相——谈长沙马王堆一号墓墓主人身份和墓葬年代有关问题》,《文物》1972年第9期。

刘进宝:《20世纪敦煌藏经洞封闭时间及原因研究的回顾》,《敦煌研究》2000年第2期。

刘永增:《藏经洞的发现与敦煌文物之流失》,《敦煌研究》2000年第2期。

钱伯泉:《一场喀喇汗王朝和宋朝联兵进攻西夏的战争——藏经洞封闭的真正原因和确切时间》,《敦煌研究》2000年第2期。

陈乐道:《敦煌卷子流散见闻录》,《档案》2007年第1期。

王冀青:《1907年斯坦因与王圆禄及官员之间的交往》,《敦煌学辑刊》2007年第3期。

王冀青:《斯坦因在安西所获敦煌写本之外流过程研究》,《敦煌研究》2015年6月。